労働市場と景気循環

恐慌論批判

小幡道昭［著］

東京大学出版会

Critical Studies on the Marxian Theory of Crisis:
The Labor Market and the Business Cycle
Michiaki OBATA
University of Tokyo Press, 2014
ISBN978-4-13-046113-9

はじめに

本書は、マルクス経済学で長らく「恐慌論」とよばれてきた理論領域に対する批判的研究である。今ではどこか時代がかってきこえる「恐慌論」にかえ、「景気循環論」とよぶ人も多いようだが、よび方を変えてみても内容が新しくなるわけではない。本書の狙いは、「労働市場」の構造分析を基礎に、その内容を再度刷新することにある。好況を通じて労働力に対する需要が増加すれば賃金が上昇すると考える素朴な需給説を疑ってみることから出発し、好況、恐慌、不況と時系列的に叙述する既存の恐慌論からの脱却を目指す。通説の限界を衝く本書は、徹底した「恐慌論批判」の書といってよい。

この試みを「再度」の刷新といったのは、過去に一度、大きく刷新された経緯があるからである。事の起こりはやはり『資本論』だった。マルクス（Karl Marx, 1818-1883）は、眼前で急速な発展を遂げつつあるイギリス資本主義が、同時に一〇年周期の恐慌を繰り返し、階級対立を深めてゆく現実をふまえ、「恐慌」を文字通り資本主義の「危機」として位置づけた。そして、この『資本論』の見解が、その後長らくマルクス経済学の核心をなすものとして受け継がれてきたのである。

宇野弘蔵（一八九七―一九七七）は、この恐慌＝危機説を次のようなかたちで刷新した。資本主義は、他の商品のように資本が直接生産できない労働力を商品として処理せねばならないという基本矛盾を抱えている。ただ純粋な資本主義ならば、この矛盾を恐慌に媒介された周期的な景気循環を通じて自らの内部で解決する能力をもつ。その意味で恐慌を、資本主義の自立的発展に不可欠なバネと位置づけたのである。そして、一九世紀中頃のイギリスはこうした純粋な資本主義にもっとも近い発展期の資本主義を典型的に示すものであり、逆に周期的な恐慌の消失こそ、資本主義が没落期にさしかかった証だと捉えなおした。いわば写真のポジとネガの如き鮮やかな反転といってよい。

私が経済学を学びはじめた一九六〇年代末は、このような「宇野理論」が一世を風靡していた。この時期までの日本経済は、好況期に賃金が上昇すると物価も上昇し、それが貿易収支の赤字を増大させ、やがて金融の引き締めを通じて不況に転じるというストップ・アンド・ゴーを繰り返しながら、高度成長の道を邁進していた。宇野自身は原理論を安易に現実に当てはめることを戒めていたが、循環を発展の不可欠な契機と捉える恐慌論に、妙なリアリティを感じたのを覚えている。しかし、あれから五〇年、いまではそれが懐かしく思いだされるほど、事態は様変わりした。

一九七三年の石油危機で高度成長は終焉し、七九年の二度目の石油危機を相対的にうまく切り抜けた日本経済も、八九年のバブル崩壊以降、長い不況に苦しむことになる。今この時期を長期の観点にたって鳥瞰してみると、先進資本主義諸国の周辺で新たな地殻変動が胎動していたことがわかる。それは当初、局所的で目立たぬ動きだった。安いなと思って買ったシャツが台湾製だったり、サンダルが香港製だったりで、輸入品＝高級品というイメージは崩れていった。やがてこれら諸国や地域は、ＮＩＣｓとかＮＩＥｓとよばれ、資本主義的な工業化の動きがはっきり見えてくる。そして、こうした底流に、巨大な人口を抱えた大国がマウントし、ＢＲＩＣｓなどとよばれるようになっていたのである。

かつて過剰人口は、それが貧困を生み、貧困はさらなる人口増加を生む悪循環をひきおこすことから、低開発の宿痾《しゅくあ》をなすと考えられていた。しかし、歯車は逆に回りだした。工業化する都市に向かって低賃金の若年労働者が流れ込み、生産が急激に拡大するなかで、巨大な人口は潜在的市場として累進的発展のバネとなる。そこに紆余曲折はあろうが、大きくみれば、この時代、先進資本主義諸国が合衆国を中心に「新自由主義」や「経済の金融化」への転換を余儀なくされる背後で、一九世紀末を凌ぐような新たな資本主義化の大波が立ちあがっていたのである。植民地支配や南北問題などのかたちで、一貫して第三世界の資本主義化を抑圧してきた構造の瓦解といってよい。新興資本主義の勃興こそ、やがて「グローバリズム」というラベルがはられるようになった、世界的な地殻変動の正体だったのである。

このグローバリズムの現実は、周期的景気循環を要《かなめ》に単一不変の純粋資本主義像を構築し、それを基準に、生成・発展・没落の三段階の発展段階論を構成する、私の慣れ親しんできた「宇野理論」では、どうしてもその視野に収めることはできないように思われてきた。もはや、新たに第四段階を継ぎ足せばよいというのではすみそうにない。単一の純粋資本主義像に接近し乖離するという枠組そのものからつくりかえる必要がある。そして、発展段階論の抜本的な再構成は、原理論そのものの再構築ぬきには果たしえない。マルクスの恐慌論を宇野が刷新したように、宇野の恐慌論を刷新すべき時代なのである。

しかし、なぜ、恐慌論にまで遡らなければならないのか。それは、歴史的事実のなかに理論が未整理なまま埋没しているからである。たしかに「恐慌論」の対象は、たとえば直接見ることのできない抽象的な世界を扱う価値論などに比べれば、それ自体はけっして馴染みにくいものではない。資本主義が同じペースで成長するわけでなく、好況と不況を繰り返しながら発展してきたことはだれもが知っている歴史的事実である。そして、好況が不況へとなだらかに移行するのではなく、しばしばその変わり目に、銀行への取付や企業の連鎖倒産、商品投機の瓦解や株価の崩落など、激しい恐慌現象を伴うこともよく知られている。いわば、向こうに景気循環という山並みはみえている。そこに山があるのはたしかなのだ。

ところが、恐慌とは何か、と正面切ってきかれると、ちょっと答えに詰まる。好況から不況への転換点に現れる特異な混乱だと答えるにしても、前提となる好況と不況の区別がけっこうむずかしい。恐慌の前が好況で、後が不況だ、というのは辞書的定義、辞書というのはこれほどあからさまではないが、所詮巨大な同義反復の書なのだ。そしてそもそも、景気循環といっても、景気という概念がはっきりしない。資本家がよいと感じるか、悪いと感じるか、アンケート調査して判断しているような次第で、とても理論的な説明にはなっていない。要するに、景気循環に関しては、経験的に馴染みやすいことが裏目となり、理論の基礎となる概念がきわめてアヤフヤなのである。そのため山並みはみえているが、いつも雲がかかっていて全容がつかめない。もしかしたら、麓からみえぬところに、ほんとうの頂上は隠れているのかもしれない。全容を知りたければ、けっきょく自力で登ってみるほかないのだ。というわけで、基礎の基礎たる麓から山頂目指し、一歩一歩登ってみた山旅の記録が本書ということになる。

＊

登山口はおよそ「労働力商品の価値」あたりと見当をつけても、そこから頂上に続く道を見つけるのに、いつものことながら、一苦労する。なにごともはじめがむずかしい。「労働力商品の価値の大きさは、他の一般商品と同じように、その再生産に直接間接に必要な労働時間によって与えられる」という命題を批判的に処理できないと、登り口は見つからない。「労働力商品は、資本主義のもとでも資本が直接生産することのできない、唯一の（少なくとも主要な）商品である」という命題が登り口の目印となる。景気循環論へと続くのはこの道だ。迷わず進めばよさそうだが、この先にさらに見落としやすい分岐点が隠れている。資本の生産物ではないという労働力商品の特殊性は、ただちに、「労働力商品には一般商品のような一定の大きさの内在的な価値は存在しない」という価値不在説に導くものではない。「労働力商品の価格である賃金率は、需要と供給の関係で変動する。労働力商品の価値の大きさは、景気循環を通じて賃金が上昇下落を繰り返すなかで、結果的に与えられるのだ」という、一見もっともに思える方向に進みたくなる。しかし、この道は麓をめぐる遊歩道に繋がっている。こっちに進むと、けっきょく俗化された道をあちこち歩きながら、いろいろにみえる山容をスケッチすることで満足するほかなくなる。

ここは「労働力商品は、一般商品とは異なる原理によってでだが、一定の大きさの価値をもつ」という価値実在説の方向に進まなくてはならない。この先はあまり人が通った形跡がなく、藪漕ぎの状態になる。「商品の価格はその時々の需要供給が均衡する点に決まり、その均衡点は日々変動する。一般の資本主義的商品の場合には、生産条件に規定された一定の重心となる価格が存在する。ところが、労働力商品は労働生産物ではない。だから、一般商品のようなかたちで重心となる価格は存在しない。つまり……」と後戻りしたくなる。しかし、この種の通俗的な需給均衡論をしっかりカットして前進する必要がある。この先、迷路のような細い道をたどることになるが、ついてきてほしい。

実は、私はかつてここを歩くうちに、大きな鍾乳洞の存在に気づいた。それは、マルクス経済学で「価値論」とよばれてきた領域に通じていた。労働力商品の価値規定を独自に与えるには、商品価値そのものの概念を見なおすことが実は不可欠だった。私は長い間、この洞窟探検に没頭してきた。『価値論批判』（小幡［二〇一三］）はその探検ドキュメントだ。これを読んだある友人は、私をして、日の当たらぬ洞窟探検を好む、風変わりなスペシャリストだと評したが、当人はいたってプラクティカルな人間だと思っている。この藪原を潜り抜けるには、どうしても地下の構造を正確に調べる必要があったまでの話である。

この草地帯を抜けると、労働市場という巨大な樹林帯に行き当たる。労働力が商品として価値を具えているのは、この独自の市場の存在による。さまざまな技能を具えながら、産業予備軍という独自のバッファを通じて型づけの変更が円滑に進むことで、大量の労働力が同種の商品として売買される単一市場が形成される。この「労働市場の構造」の解明が第一の課題となる。眺望のきかぬ退屈な樹林帯の道を登ってゆくと、突然、倒木が密集し、一瞬視界が開けるところがある。生態系の常として、この樹林帯も状態遷移を繰り返し、自己を維持しているようだ。労働市場も、通常は独自の方式で労働力を商品として処理しえているが、時としてその価値が規制力を失い、激しい賃金上昇に見舞われる。資本蓄積の進行するなかで、時に機能麻痺を伴って変容する「労働市場の動態」の解明が第二の課題となる。問題を解くカギは、産業予備軍の存在を原理論のうちに明示し、それが労働市場のバッファであると同時に、労働者の生活過程において、独自のバッファとして二重にはたらいている点にある。この開口部の構造を理論化することが、この樹林帯を抜けでるポイントとなる。以上が第Ⅰ部の内容である。

樹林帯を抜けると、目の前に巨大な岩壁が二つ重なっているのがみえる。第一の岩壁は、産業資本の利潤率に関するものであり、第二の岩壁は利子率の水準決定に関するものである。いくつか登攀ルートは考えられるが、今回は最短距離を垂直登攀で一気に登る。最初の手がかりは、個別資本の観点にたって利潤率の概念を捉え返してみることである。ここから出発して、「相対的に需要が高い部門では平均以上に利潤率が上がり、その逆の部門から資本が流入して供給が増え、利潤率が下がる。一般的利潤率はこのような変動の重心である」という需給説的な利潤論を乗りこえる必要がある。個別資本の利潤率に対する「一般的利潤率の規制力」を分析的に捉えきることが、好況と不況を概念的に区別する基礎となるからである。

第二の岩壁でも、利子率に関する需給説的な捉え方を乗りこえられるかどうかがポイントになる。「利子率もまた、資金という特殊な商品の価格である。その水準は、一般的利潤率を上限とするのみで、そのもとで何パーセントになるかは、需給関係で変動する市場利子率の平均として結果的に与えられる」といった捉え方を全面的に払拭することがここでの課題である。利子率水準に関する需給論的把握は、単純化すれば、好況期を通じて、あるいはその末期にともかく利潤率が下落するなかで、利子率が上昇し、両者が交叉するところで恐慌が発生するといった安易な解説につながる。しかし、これは好況と不況という状態概念と、恐慌という転移概念の論理レベルの違いを不明にする、いわば、いつも頂上を覆い隠してきた雲のような存在だったのである。

二つの岩壁を登り終えると、その向こうにほんとうの頂上が現れる。景気循環は、好況と不況という二つの基本的な相と、その相転移というかたちで捉えることができる。これまで検討してきた、労働市場の動態が二つの相の基底をなし、利潤率の構造が相の判別基準となる。景気循環のすがたは、好況、恐慌、不況という三つの過程で構成された単一の循環パターンに集約されるものではない。相と相転移という抽象レベルの差異を確定することで、歴史的に変容する景気循環の形態を分析する階層化された理論を再構築することがはじめて可能となる。以上が第Ⅱ部の内容である。

この頂上に立つことで、はじめに述べたような、資本主義の生成、発展、没落という三段階で構成された発展段階論の限界もはっきりみえてくる。この限界を知ることで、今日のグロバーリズムを射程におさめうる、新たな資本主義の発展段階論も展望することが可能となる。この第Ⅲ部は同時にまた、向こうに見える連山のスケッチであり、そこにはかつてアタックした懐かしい山々が連なっている。『マルクス経済学方法論批判』（小幡〔二〇一二〕）はそのときの山歩きのドキュメントである。

今回は以上のルートを二泊三日の日程で踏破する。第Ⅰ部のメインテーマは産業予備軍が実在する「労働市場の構造」（第2章）と「労働市場の動態」（第3章）だが、そこにたどりつくにはまず「労働力商品の価値」（第1章）という迷路を抜けなくてはならない。例の樹林帯を越えたところで一泊ということになる。第Ⅱ部では「一般的利潤率の規制力」（第4章）と「利子率の調整力」（第5章）という二つの岩壁をよじ登り、「相としての景気循環」（第6章）という尾根道を頂上に向かう。頂上付近でもう一泊し、翌朝は第Ⅲ部で「原理論からみた段階論」（第7章）を遠望して一気に麓まで下山する。かなりの強行軍だが、余計な装備はもたず体力勝負でチャレンジしてみよう。

目　次

第Ⅱ部　景気循環

凡例

一、引用／参照した文献は、著者名の後〔 〕内に初出の刊行年を入れ、そのあとにページ数を付し、さらに邦訳のある場合はそのページ数を漢数字で添えるかたちで略記した。詳しい書誌は、巻末の「参照文献一覧」で特定されたい。

二、頻出の『資本論』第一巻に関しては、初版の刊行年を用いてMarx〔1867〕と略記したが、引用・参照の対象となっているのは、一般に流布しているエンゲルスの校訂になる第四版（一八九〇年）である。ページ数はこの第四版に基づくディーツ社発刊の『マルクス・エンゲルス著作集』第二三巻（一九七二年）のもので、訳文は岡崎次郎訳『資本論』(一)－(三) 大月書店国民文庫版（一九七二年）および資本論翻訳委員会訳『資本論』Ia, Ib, 新日本出版社（一九九七年）を一部変更し用いた。

第Ⅰ部　労働市場

第1章　労働力商品の価値

はじめに

労働市場に理論的に接近するルートを探る下準備として、この章では、労働力商品の価値規定に検討を加えてゆく。マルクス経済学では一般に、商品には一定の大きさの価値が内在し、それは売り手によって貨幣価格で表現され、買い手によって実現されることで不可逆なものに確定されると考えられてきた。こうして価値実在説を基礎に、販売に期間を要し、商品在庫が存在する独自の市場像をつくりあげてきたのである。これから試みるのは、同じ価値実在説的アプローチを労働力商品にも拡張し、産業予備軍が実在する労働市場の理論を新たに構築することである。これにより、一般商品の価格には再生産を通じて一定の基準が与えられるのに対して、労働力の価格である賃金率は、所与の労働人口に対する需要の変化に応じて上昇下落するのであり、労働力の価値はその平均として結果的に与えられるとみる二分法を脱却することが可能となる。

しかし、このようなアプローチで労働市場を原理論の俎上に載せることには大きな障害がある。『資本論』をただ読んでみても、こうしたアプローチは浮かびあがってはこない。労働力も他の一般商品と基本的に変わるところはないとする捉え方が、こうした拡張を拒むからである。このアプローチは、労働力商品の価値の大きさは、一般商品と同様に、その再生産に要する労働時間によって決まるという基本規定に立脚する搾取論とどこかで抵触せざるをえない。「労働市場」を正面に据えるには、けっきょく『資本論』第一巻の前半部分の核心をなす、この搾取論に遡り剰余価値論のロジックを洗いなおしてみる必要がある。

そこでまず第1節で、労働力に生産概念を適用する搾取論の問題点を明らかにし、逆に生産概念を外すことで搾取本来の意味が鮮明になる点を示す。これはマルクス経済学の核心に触れることなので、『資本論』のテキストに即して、労働力の価値規定を少し丹念に解釈し、生産概念を拡張することの問題点を摘記してみる。すぐに目につくのは、労働力の価値が、子どもを中心にした他者の「養育費」を含むという主張である。これは、労働者個人の「労働力の再生産」を、次世代の労働人口の維持を含むものに拡大解釈するかたちになっている。しかし、労働者が自分の労働力を「再生産」するということと、子どもを生み育てることを「再生産」とよぶこととの間には大きなギャップがある。両者を同じ「再生産」という範疇に含めることは、労働人口と労働市場の関係を視野から隠すことになるのである。

さらに深刻なのは、労働力の価値が、労働に必要な技能を身につけるための「養成費」を含むという主張である。第2節では、労働者の技能ないし熟練に生産概念を適用する「複雑労働」をめぐる議論を検討し、そこからさらに機械化による「単純労働化仮説」にも考察を進めてみる。技能の問題に関しては「機械と大工業」におけることの仮説のほうが『資本論』の本筋をなすと思われるからである。こうした検討を通じて、「労働過程」で提示された人間に特有の目的意識的活動としての労働は、目的に適合した活動の型を身につけることを要請するのであり、この意味での技能を労働からすべて除去することはできないことが明らかになるであろう。これにより、異なる技能を具えた労働を、同種の労働力商品として処理することが、労働市場が市場として機能する基本的な前提となることが明らかになる。

こうして、労働力の価値は、一般商品の場合と同じように、その再生産に必要な労働時間によって決まるという基本規定を批判的に検討してみると、労働力の商品化にまつわる開口部が浮かびあがってくる。こうした認識にたち、第3節では、労働市場と生活過程を架橋する産業予備軍の独自の存在意義について考察する。これにより、労働人口の問題も、労働者の技能の問題も、ともに産業予備軍を内包した労働市場の独自の構造に深く結びついていることが明らかになる。

第1節　労働力の生産と労働者の維持

■生産概念の適用　労働力商品と労働市場の理論を組み立ててゆくうえで、『資本論』第一巻の全体像を鳥瞰しておくことは役にたつ。第一巻は、思い切って簡略化すれば、二つの命題に集約される。すなわち前半の核をなすのは、等価交換の原理が貫徹する結果、必然的に剰余価値が形成される、という搾取論であり、後半の核をなすのは、こうして形成された剰余価値の蓄積が、資本の集中・集積と同時に産業予備軍の累積をもたらす、という窮乏化論である。

マルクスは、冒頭の商品論で価値概念を厳密に規定し、等価交換の意味を明確にすることで、資本の価値増殖は、等価交換のルールに反するものではなく、逆にこのルールが労働力に貫徹する結果、可能となるのだと主張する。すなわち、剰余価値は非商品経済的な「収奪」ではなく、商品経済のルールに基づく「搾取」の結果だというのである。次いで、個々の資本は競争の圧力のなかで、その剰余価値を可能なかぎり蓄積に振り向け、新たな生産方法を次々に導入せざるをえないため、資本主義的蓄積は、資本構成の高度化を加速化するという。その結果、雇用量は収縮し、産業予備軍が累増する。すなわち、一方には少数の大資本家が生き残り、他方に失業者の群れが膨れあがり、両者が対峙する極相に突き進む。こうして、資本主義は、その歴史的限界を自ら告知するにいたると結ばれる。この意味で、『資本論』第一巻は、剰余価値論と蓄積論を軸にして、一つの閉じた世界を構成している。それは、第二巻、第三巻、そしてそれに続くものとして構想されていた「経済学批判」のプランに対して、相対的に完結した小宇宙を形成しているようにみえる。

このような第一巻における搾取論の根幹をなすのは、労働力商品に対する独自の価値規定である。第四章「貨幣の資本への転化」は、そのハイライトをなす。ここでは、単なる貨幣所有者が資本家になるためには、「商品をその価値どおりに買い、その価値どおりに売り、しかもなお過程のおわりには、彼が投げ入れたよりも多くの価値を引き出さなければならない」（Marx〔1867〕181）が、これは可能か、という問題が提起される。この解答は、第一巻第一章「商品」で詳細に論じられた使用価値と価値の区別を、労働力商品に厳密に適用するかたちで与えられる。すなわち、労働力の使用価値は労働そのものであること、その労働が新たに形成する価値は、労働力が商品としてもつ価値とまったく別のものであること、こうした区別を明確にすれば、労働力と労働生産物がともに価値どおりに売られることで、剰余価値が必然的に生みだされることが明らかになるというのである。

では、この解答のカギを握る労働力商品の価値の大きさは、どのように決まるのか。それは、第四章第三節「労働力の購買と販売」において、次のように規定される。

〓A〓①労働力の価値は、他のどの商品の価値とも同じように、この独自な品目の生産に、したがってまた再生産に必要な労働時間によって規定されている。それが価値であるかぎりでは、労働力そのものは、ただそれに対象化されている一定量の社会的平均労働を表しているだけである。②労働力は、ただ生を営む個人の素質として存在するだけである。したがって、労働力の生産はこの個人の存在を前提する。この個人の存在が与えられているならば、労働力の生産は彼自身の再生産または維持（Erhaltung）である。自分を維持するためには、この生を営む個人はいくらかの量の生活手段を必要とする。③すなわち、労働力の生産に必要な労働時間は、この生活手段の生産に必要な労働時間に帰着する。言い換えれば、労働力の価値は、労働力の所持者の維持のために必要な生活手段の価値と一致する（bestehen in）。（Marx〔1867〕184－5）

ここでは、まず①で労働力が商品となった場合にも、他の商品の場合と同じ原理が貫かれる点が宣言される。労働力はその使用価値からみれば、「独自な品目」（spezifischen Artikel）だが、その価値に関するかぎり、再生産に必要な労働時間によって規定される点で、他の諸商品と何ら変わることがない、というのである。ただ、なぜ同じになるか、その理由が説明されているわけではない。その意味でこの第一命題は、一種の宣言ととるべきものだろう。

次に②では、労働力そのものは、実は、生命活動を営む個人の素質として自ずと存在するのだから、労働力の生産は労働者の自己維持にほかならず、それには一定の生活手段が必要となると論じられる。繰り返しでてくる「存在」(Existenz) は、単に物理的に存在しているという意味ではなく、「生を営む個人」(lebendige Individuum) を示唆し、「生きている」こと、すなわち「生存」を含意する点で、そのまま生命の「維持」につながるとみてよい。こうしたなかで「再生産」も、①における「労働力の生産または再生産」から切り離され、「労働者自身の再生産または維持」に移行されている。おそらくこれにより「労働力の生産」と「労働者の維持」を結びつけようというのであろうが、その論理ははっきりしない。

③では、労働力の価値はこの生活手段の生産に必要な労働時間と等しくなるという結論が述べられている。「すなわち」also を直前の文の言い換えととれば②と③に分かつことはできない。しかし、この「すなわち」は、直前の一文ではなく②の四つのセンテンス全体を総括したものと解すべきであろう。③に含まれる二つの文は、その真偽は別として、意味することは明快である。おそらくこの結論が先にあって、それを導くために②における、《Pである、「したがって」Qである》、《もしR「ならば」Sである》といった推論形式の展開があとから追加されたのではないかと思われる。

引用=A=を一読すると、なにか三段論法を思わせる強力な論理で

労働力商品の価値量＝生活手段に対象化された労働量

という命題が導出されている印象をうけるが、一歩踏み込んでみると、これは《人間は死ぬ、ソクラテスは人間である、ゆえにソクラテスは死ぬ》式の三段論法とは些か趣を異にしていることに気づく。《労働力の価値は労働力の「生産」に必要な労働時間で決まる》という①の命題と、《その労働時間は生活手段の生産に必要な労働

時間である》という③の命題とはそう簡単に結びつくわけではない。

たしかに、労働力が労働者の目的意識的な労働を通じて、直接に生産されるのであれば、この一般的な規定がその生産物である労働力にも妥当する、というのも論理上は筋が通る。労働力も他の商品と同じように労働過程を通じて生産される生産物である、故に、その価値の大きさも、対象化された労働量によって与えられる、という論理になる。しかし、②の内容は、むしろ労働力は一般商品のように「生産」されるわけではない、という否定形の規定になっている。労働がなされるためには生を営む個人が前提となり、それには生活手段が必要であることはたしかだとしても、それはただちに労働力が生産されるということを意味するわけではない。推論として合理性をもつと思われるのは、《労働者の自己維持が労働の条件である、それには一定の生活手段の取得が前提となる、故に、労働力の価値は生活手段の価値に規定される》という②→③の展開である。①はこの推論を外側から覆うかたちで独自の意味付与をしているにすぎないように思われる。

たしかにここで、②を補足事項にすぎぬとして括弧に入れ、①→③を直結させて読むことも不可能ではないだろう。ただこの場合には、《労働力も他の一般商品と同様、労働生産物である、ゆえに同じ原理にしたがう》と主張することになる。そして、そのためには、労働力を労働生産物として位置づけることに付随する難問に答える覚悟がいる。この困難は、たとえば棉花にはたらきかけて綿糸をつくるといった、一般の生産物の場合と対比してみれば、だれにでもわかる。労働力が、綿糸のように合目的的な活動の目的でないことは明らかである。生活手段は、文字通り生活のために消費されるのであり、棉花のように生産的に消費されるわけではない。また綿糸を生産するには、棉花だけではなく、それを綿糸にする生きた労働が不可欠なのだが、労働力の生産という場合には、この生きた労働の存在がスッポリ抜けおちる。棉花の価値は合目的的な労働に媒介されてはじめて綿糸の価値の一部を構成するものとなるとされるのであるが、生活手段の価値は生きた労働の媒介なしに、そのまま労働力の価値に移転するかたちになる。こうした不整合が解決されなければならないのである。

このようにみてくると、『資本論』の労働力の価値規定のまさに核心に、断層が走っていることがわかる（表1.1）。労働力は本当に一般商品と同じ意味で「生産」され「再生産」されると考えるのか、あるいは労働主体が生活過程を営むなかで結果的に「維持」されるものなのか、この点はあらためて問いなおす必要がある。私自身は、後者の立場にたつ。これから論じてゆくように、この引用［A］の背後に隠された「生活過程」という地層を発掘することが、労働市場の構造を理論的に解明するカギとなる。しかし、『資本論』は、反対に「生産」概念を修正することで、労働力を投入と産出の関係で捉える方向に展開される。

表1.1　労働力の生産と労働者の維持

第1命題	労働力の価値規定	=	一般商品の価値規定
第2命題	労働力の生産	=	労働者の維持
第3命題	労働力の価値量	=	生活手段の価値量

■プルードン批判　いくつかの困難が予想されるにもかかわらず、マルクスがあえて「労働力の価値は、他のどの商品の価値とも同じように、この独自な品目の生産に、したがってまた再生産に必要な労働時間によって規定されている」と述べ、生産概念の適用に固執したのはなぜか、問うてみることは意味のないことではない。そこには、『資本論』に結実する永年の基本的主張が集約されているだけではなく、さらにマルクスの意図をこえて、結果的に、二〇世紀の社会主義を方向づける力が秘められているからである。

事の起こりは、プルードン（Pierre Joseph Proudon, 1809－1865）に代表されるような「搾取なき市場」論批判であった。マルクスが経済学研究に踏みだす一つの重要な契機となったのは、大陸における市場社会主義的な潮流に対する理論的批判であった。こうした潮流においては、利潤の源泉が資本主義経済のもとにおける市場の歪みに求められ、これを是正することによって、等価交換のルールに則った自由で平等な商品生産者による市場ベースの社会主義が実現できると考えられていたのである。

これに対してマルクスは、資本主義経済は市場経済の発展の帰着点であり、そこでは商品経済の原則が侵犯される結果、利潤が生じるのではなく、逆に「商品交換に内在する諸法則」すなわち「等価物どうしの交換」が貫かれるが故に、必然的に資本の自己増殖運動が可能となるのだという立場を鮮明にした（Marx〔1967〕180）。それは、利潤の源泉を市場における不等価交換のうちに求め、労働時間に比例した商品交換が実現すれば搾取はなくなるというかたちで、市場経済を積極的に評価する当時の社会主義の主流を鋭く批判するねらいがあった。この種の社会主義は、マルクスの目には、資本主義経済の歴史的発展を無視し、自己の生産手段と自己の労働で生産過程を独立に営む小商品生産者の観点から、商品経済を理想的につくりかえようとする、後向きの社会主義としか映らなかったのであろう。

こうした批判の原点は、『哲学の貧困』に求めることができる。書名にプルードン批判を仄《ほの》めかし、マルクスが二九歳のときに出版したこの書は、彼に代表される当時の「市場社会主義」の限界を告発することを目的としており、そのためドイツ語ではなくフランス語で刊行されたのである。ただその内容は、リカード（David Ricardo, 1772-1823）のスミス批判、あるいはブレイ（John Francis Bray, 1809-1895）による「リカード学説の平等主義的適用」（Marx〔1847〕98）を巧みに引用し、彼らをしてプルードン批判を語らしめる体裁になっている。その意味でこの書物は、プルードンが海峡の彼方で発展した経済学を、いかにいい加減に理解して輸入しているかを、フランス語圏の読者に暴いてみせるというジャーナリスティックな性格が濃厚で、マルクス自身の考えが直接表明されていると言い難いところがあり、正面切って論評しにくいが、しかし引用〔**A**〕のポイントが二〇年前にもう芽をふいていたことは知れる。

ここでマルクスは、リカードの賃金論を参照しながら「商品の相対的価値がその商品を生産するために必要な労働量によって決定されるものとすれば、そこから自然に、労働の相対的価値または労賃も、やはり、労賃を生産するために必要な労働量によって決定される、という結論が生まれる。そうであれば、賃金は、言い換えれば、労働の相対的価値または価格は、労働者の生活維持に必要なあらゆるものの生産に要する労働時間によって、決定される」(Marx〔1847〕82)と述べ、これを根拠に「私的交換もまた一定の生産様式に照応している。そして、この生産様式そのものがまた、階級対立の敵対関係に照応している。だから、階級対立がなければ私的交換はありえない」(Marx〔1847〕105)という結論を引きだすのである。

こうした批判を貫くためには、売買の対象とされる労働力を、この商品の使用価値である労働から概念的に分離する必要があった。この分離によってはじめて、労働力商品を対象にすえることが可能になり、この商品の価値規定ならば、他の一般商品の価値規定とぴたりと平仄《ひょうそく》が合うといえるからである。搾取論に拘泥しない古典派経済学ならいざしらず、マルクスの場合には、労働者の維持費説ではすまない。それでは、一般商品とは異なることになる。一般商品の価値が、その生産に必要な労働時間によって規定されるとするならば、労働力商品の価値もそれと同様に、その生産に必要な労働時間によって規定されなくてはならない。等価交換の原則を犯すことによってではなく、それが厳守されるがゆえに利潤が生じるのだというためには、引用〔**A**〕における③の結論は必須要件となる。労働力の価値決定の原理が問題なのではなく、同時にそれが一般商品と同じ原理に服することが決定的だったのであり、それを示すためには、労働力への生産概念の適用が大前提となるのである。

■市場廃絶論　こうしたプルードン批判は、『資本論』にいたる過程で深化され、古典派経済学批判に立脚した確乎たる基礎を与えられる。マルクスの主張は経済学的な深度において、他の社会主義の諸潮流を圧倒し、市場のもとでの公正を求め、資本主義を「倫理的」に批判してきた旧来の社会主義のスタンスを根本から覆すことになった。そして、ロシア革命を経てマルクス主義が社会主義の代名詞となるなかで、この批判は市場廃絶論に骨化し、社会主義とは計画経済のことだ、という通念が広く浸透していったのである。

ただこのことは、市場社会主義批判にはじまる搾取論が、一方的に二〇世紀の社会主義を決定づけたということではない。およそ、いかなる理論もこのような単純なかたちで、ストレートに歴史的現実を規定しうるものではない。二〇世紀の社会主義が計画経済に傾斜していった直接の原因は、資本主義諸国が帝国主義的な膨張を進めるなかで、ロシア革命を起点に、その後ほとんど資本主義を経験したことのない諸地域に社会主義の中心が移行したことにある。二〇世紀に社会主義の名のもとに独自の産業的発展をめざした諸国では、帝国主義に対抗するナショナリズムの高揚を背景に、強力な国民国家の経済過程への介入を不可欠とした。ここに計画経済を要請する理由が独自に存在したのであり、この要請を根拠づけるいわばイデオロギーとして、『資本論』のなかに見いだされる搾取論が抽出され、市場廃絶論に純粋培養され利用されたというべきであろう。

ここには社会科学の歴史負荷性が如実に示されている。すでに述べたように、マルクスの搾取論は市場をベースにした社会主義の可能性を追求する潮流に対する批判に起源をもつものだった。それは当初、「搾取なき市場」

の不可能性を説くためだけの、消極的で限定された理論だったが、マルクス主義の二〇世紀的展開のなかで積極的な市場廃絶論へと転換されていった。この転換にはまた、窮乏化法則に端的に示される内部崩壊論のさまざまな危機論へ展開が対応していた。『資本論』第一巻は、搾取された剰余価値が次々に蓄積され、生産力が発展するなかで、同時に雇用量が絶対的に収縮するという矛盾を資本主義が抱えており、内的発展のうちにこの矛盾を深化させてゆくという観点を核心に抱えていた。この自己崩壊論も、マルクス以降のマルクス主義においては、資本の集中・集積から独占資本の理論、さらには金融資本論に基づく帝国主義論など、さまざまなタイプの資本主義の危機論に拡充されていった。われわれの知る二〇世紀のマルクス主義は、剰余価値論と蓄積論をコアに閉じたかたちの第一巻的小宇宙が、時空的な状況において転換・拡充され骨化した一つの歴史的産物だった。そして、今日求められているのは、こうした歴史的文脈をふまえ、『資本論』のテキストを批判的に読むことで、新たな可能性を探ることなのである。

■新たな市場像　このような観点から読みかえすと、マルクスのプルードン批判は、「階級対立がなければ私的交換はありえない」という市場と搾取の不可分性を説くだけではなく、次のように市場社会主義者の限界を突く新たな市場像を蔵していることが重要な意味をもってくる。

> 供給と需要が均衡を保っている場合には、任意の一生産物の相対的価値は、その生産物のなかに固定されている労働の分量によって正確に決定される。……ところがプルードン氏は、ものごとの順序をひっくりかえす。まず最初に――と、彼は言う――生産物の相対的価値をその生産物のなかに固定されている労働の分量によってはかりたまえ、そうすれば、供

給と需要とは必ず均衡を保つだろう。生産は消費に照応するだろう。生産物はいつでも交換されるだろう。……天気のよいときには散歩する人が多い、とみんなといっしょに言うかわりに、プルードン氏は、まず散歩したまえ、そうすれば、きっとよい天気になることうけあいだ、と周囲の人々に言うのである。（Marx〔1847〕90）

ここではなおプルードンの揚げ足取りという観が否めないが、『資本論』にいたると、供給と需要がつねに均衡を保ち「生産物はいつでも交換される」という市場に対して、何でも買える貨幣が実在し、反対に商品の販売に偶然性を伴い期間を要する市場構造が独自に理論化されることになる。これを基礎に第三巻における商業資本や銀行業資本が分化し発達した資本主義的市場の分析が示される。第二巻では、こうした分析に不可欠な、資本の運動に付随する期間や流通費用の基礎理論も用意されたのであった。こうした全三巻的大宇宙のうちに浮かびあがってくるのは、資本主義の歴史的発展を理論的に捉える変容論的なアプローチの可能性である。資本主義は不正義の故に改められるべきものでも、また歴史必然的に自壊するものでもなく、そのすがたかたちを変容させ熟成するなかで別の社会の可能性を開示するのである。それには、第一巻的小宇宙の壁を打ち破り、第二巻、第三巻を含む大きな体系で原理論を再構築してゆく必要がある。本書のねらいは、こうした拡張を原理論レベルで実装してみせることにあり、労働市場を独自の理論的対象として確立することはその重要な突破口となるのである。

■**労働支出の増加と必要生活手段**　さて、以上のような経緯で、マルクスの場合、労働力に生産概念を適用することが必須とされたのであるが、それはすでに＝**A**＝の②にみたような、ある種の修正ないし拡大解釈を媒介にしていた。これに続く説明ではさらに不適合が露わになる。逆に、そのアノマリーを正確に捉えることは、労働力の商品化と労働市場の特殊性を理論化する手がかりとなる。〓A〓には次の一節が続く。

〓B〓だが、労働力は、ただその発揮によってのみ実現され、ただ労働においてのみ実証される。しかし、その実証である労働によっては、人間の筋肉や神経や脳髄などの一定量が支出されるのであって、それは再び補充されなければならない。この支出の増加は収入の増加を条件とする。労働力の所有者は、今日の労働を終わったならば、明日も力や健康の同じ条件のもとで同じ過程を繰り返すことができなければならない。だから、生活手段の総量は、労働する個人をその正常な生活状態にある労働する個人として維持するのに足りるものでなければならない。(Marx〔1867〕185)

ここでは労働力の「発揮」(Betätigung)である労働の場に考察が広げられ、支出(verausgaben)と補充(ersetzen)が繰り返される再生産の側面に焦点が当てられている。支出されるのは「人間の筋肉や神経や脳髄などの一定量」であり、その増加の前提になるとされる「収入」(Einnahme)には、金銭的な支出に対する収入という意味もあるが、栄養などの「摂取」の意味もある。この文脈では心身レベルでいわば代謝が想起され、綿糸をより多く生産するには、より多くの棉花を消費しなくてはならないのと同じように、より多くはたらくにはより多くの生活手段を消費しなくてはならないというかたちで、生産概念が適用されているようにみえる。

しかし、一歩踏み込んで考えてみると、労働力の価値の大きさは、売られた労働力の使用価値である労働とは別物だという〓A〓の大原則に反して、この〓B〓では労働力の発揮、すなわち労働支出の増加が労働力の価値の大きさに影響を及ぼすかのような説明になっていることに気づく。たしかに、ここで問題にされているのは、支出した労働力の消極的な「補充」であり、「正常な生活状態」の「維持」である。労働と労働力の区別は、労働力の価値と労働力が形成する価値とを切断するために強調されたものだった。この本義に則れば、売買される労働力商品が「人間の筋肉や神経や脳髄の一定量の支出」から切断されるべきところで、反対に「この支出の増加は摂取の増加を条件とする」という。たしかにここでいわれているのは、《支出の増加には摂取の増加が必要だ》ということまでで、《摂取を増加すれば支出が増加する》という逆の関係をいっていることにはただちにならないかもしれない。しかし、それでもこれは、労働力の価値規定にとって、余計な補足である。「絶対的剰余価値の生産」の本義にたてば、モノの生産と生活手段の量と生きた労働とは別物だと明言すべきところで、逆に両者を結びつけてしまったのには、生産との類推で労働力に生産概念を適用したことが災いしているように思われる。

これにはさらに次のような周知の補足が加えられる。

〖C〗食物や衣服や採暖や住居などのような自然的な欲望そのものは、一国の気象その他の自然的な特色によって違っている。他方、いわゆる必要欲望の範囲もその充足の仕方もそれ自身一つの歴史的な産物であり、したがって、だいたいにおいて一国の文化段階によって定まるものであり、ことにまた、主として、自由な労働者の階級がどのような条件のもとで、したがってどのような習慣や生活要求をもって形成されたかによって定まるものである。だから、労働力の価値規定は、他の諸商品の場合とは違って、歴史的かつ社会慣行的な一要素を含んでいる。とはいえ、一定の国については、また一定の時代には、必要生活手段の平均範囲は与えられているのである。（Marx〔1867〕185）

ここでは、〖B〗における「同じ条件のもとで同じ過程を繰り返す」というのと同様の再生産的観点から、自然的な要因に還元できない歴史的文化的要因に論及している。この追加条件は、後にもふれるように（本書七六頁）、しばしば、労働力の価値の特殊性を示唆するものと考えられてきた。しかし、この要素の導入は労働力商品の価値規定に対するアノマリーを意味するものではない。「歴史的かつ社会慣行的な一要素」は「生活手段の平均範囲」に影響するのみで、しかもそれは「与えられている」のである。「他の商品の場合とは対照的に」というが、それは生活手段の物量の決定にかかわるかぎりのことである。ひとたびその総量が前提されれば、他の商品と同一の原理が労働力商品にも貫くというのであり、生産に必要な労働時間が価値を決めるという決定原理に関しては、他の商品との間に少しの違いもないのである。

■世代交代と再生産　マルクスはこれに続く段落で、労働者の世代交代に要する「養育費」を対象に、生産概念の拡張を試みる。

〓D〓消耗と死とによって市場から引きあげられる労働力は、どんなに少なくとも同じ数の新たな労働力によって絶えず補充されなければならない。だから、労働力の生産に必要な生活手段の総量は、補充人員すなわち労働者の子どもの生活手段を含んでいるのであり、こうしてこの独特な商品所持者の種族が商品市場で永久化されるのである。（Marx〔1867〕186）

〓A〓では「個人の存在」が問題だったのに対して、ここでは「種族」の存続が問題にされ、「個人の素質」とされた労働力（labour power）の「生産」は、労働人口（labour force）の「再生産」に拡張される。それと同時に‖B‖では「この支出の増加は収入の増加を条件とする」と個人レベルでの代謝だった関係も、ここでは労働人口のレベルの「消耗」と「補充」に拡張されている。

しかし、マルクスの議論のたて方にはある種の不自然さが否めない。マルクスが一方で鋭く批判した古典派の人口法則に接近する内容に事実上なっているからである。もし、古典派の人口法則を棄却するのであれば、かりに生産という概念を適用するにせよ、ともかく《「労働力」の生産と「労働人口」の生産は関係ない》と明言すべきなのである。生産概念が融通無碍であるが故に、本来峻別すべき範疇に混乱を招く結果になっているのである。

この混乱は、‖D‖における「少なくとも同じ数」という限定が、《人口が減少するようなら、労働力には価値以下の賃金が支払われており、増加するようなら価値以上の賃金が支払われている》という意味なのか、と問うてみればはっきりする。生活手段の分量と人口をこのように関連づけて理解する立場こそ、古典派の人口法則そのものであった。おそらくマルクスの意図は、こうした因果関係は否定したうえで、ただ生活手段の分量は直接雇用された個人の存続のためだけではなく、子どもの養育などの費用をプラスαで含みうると補足したかったにすぎないのだろう。しかし、このような補足を加えれば、「労働力の生産に必要な生活手段の総量」というときの「必要」に量的限定の意味はなくなる。本来、子どもの養育は家族や地域社会のなかで営まれるのであり、そこには労働者と生活を共にするさまざまな人々の存在を支える生活手段も含まれると考えなくてはならない。子どもだけではなく、労働者自身も共同性を帯びた生活過程を通じて、結果的に「維持」されるのであり、そしてこの生活過程には産業予備軍に属する人口もさまざまなかたちで関与するとみるべきであろう。この点は後に労働市場の構造を考察するなかで詳しく述べるが、要するに労働力の供給は、古典派の人口法則を否定しようとすれば、本来、産業予備軍を含めて労働者と生活を共にする広義の労働人口N人をベースに、そこから全体として引きだされる労働力の総量T時間として捉えるべきなのである。養育費で子どもを「生産」するという方向に拡張し、狭義の労働人口を再生産するという観点を維持するのはどうみても無理だといえよう。

第2節　技能の生産

■複雑労働の単純労働への還元論　『資本論』では養育費を労働力商品の価値を規定する要因に加えたあと、さらにいわゆる技能や熟練の養成費を論じた一節が続く。ここでは多少観点を広げ、技能と熟練一般の問題について考えてみることにする。技能や熟練の存在を理論的にどう扱うか、『資本論』には大きくいって二つの展開があるように思われる。一つは複雑労働の単純労働への還元論であり、もう一つは機械化による単純労働化仮説である。しかし、いずれも技能と熟練の核心を覆い隠す結果に終わっているように思われる。両者の問題点を明確にし、その間隙を突破することで、労働市場の変成を理論化する途を拓くこと、これがこのあとの展開の基本線である。

まず、複雑労働の単純労働への還元問題のほうから検討をしてみよう。この問題は、ベーム＝バヴェルク(Eugen von Böhm-Bawerk, 1851 - 1914)によるマルクス価値論批判の源泉の一つであり、これに対するヒルファーディング(Rudolf Hilferding, 1877 - 1941)の反批判とともによく知られている。『資本論』では次のようにこの還元問題が提示されている。

〔E〕ところで、ブルジョア社会では将軍なり銀行家なりは大きな役割を演じ、これにたいして人間自体はごくみすぼらしい役割を演じているが、この場合の人間的労働もそのとおりである。それは、平均的に、普通の人間ならだれでも、特殊な発達なしに、その肉体のうちにもっている単純な労働力の支出である。……より複雑な労働は、何乗かされた、あるいはむしろ何倍かされた単純労働としてのみ通用し、そのために、より小さい分量の複雑労働がより大きい分量の単純労働に等しいことになる。この還元が絶えずおこなわれていることは、経験が示している。ある商品はもっとも複雑な労働の生産物であるかもしれないが、その価値は、その商品を単純労働の生産物に等置するのであり、したがって、それ自身、一定分量の単純労働を表わすにすぎない。さまざまな種類の労働がその度量単位である単純労働に還元されるさまざまな比率は、生産者たちの背後で一つの社会的過程によって確定され、したがって生産者たちにとっては慣習によって与えられるかのように見える。(Marx〔1867〕59)

ベーム＝バヴェルクはこの箇所を、一日の複雑労働の生産物が五日の単純労働の生産物と交換されるということを通じて、結果的に「一日の複雑労働＝五日の単純労働」という関係を導いていると理解し、労働時間から交換比率を説明するのではなく、逆に交換比率で異なる労働時間を「還元」すれば、換算された労働量が等しくなるのは自明だが、それはそう「見なされる」(gelten) といっているにすぎず、真に等しい何かが「ある」(sein) ことの説明にはならないと批判する (Böhm-Bawerk〔1896〕104, 一三九)。市場における交換によるのではなく、「生産者たちの背後で一つの社会的過程によって確定され、したがって生産者たちにとっては慣習によって与えられる」のだと補ってみても、その決定過程が明示されない以上、問題に答えたことにはならないというのである。

たしかに、二商品の等置関係の背後に抽象的人間労働の存在を読みとるというかたちをとっている、『資本論』第一巻冒頭における〚E〛の論証方法では、交換比率から労働量の還元比率が逆に算定されているにすぎないというベーム＝バヴェルクの批判に応えることはむずかしい。それゆえヒルファーディングは、『資本論』の次の箇所を手がかりに反批判をこころみた。

〚F〛社会的平均労働に比べてより高度な、より複雑な労働として意義をもつ労働は、単純な労働力と比べて、より高い養成費がかかり、その生産により多くの労働時間を要し、それゆえより高い価値をもつ労働力の発揮である。もし労働力の価値がより高いならば、それゆえ労働力はより高度な労働においてみずからを発揮し、それゆえに同じ時間内で比較的高い価値に対象化される。とはいえ、紡績労働と宝石細工労働とのあいだの等級上の区別がどうであろうとも、宝石細工労働者が彼自身の労働力の価値を補塡するにすぎない労働部分は、彼が剰余価値を創造する追加的労働部分と質的には決して区別されない。前者〔紡績労働〕の場合も後者〔宝石細工労働〕の場合も、剰余価値は、労働の量的な超過によってのみ、同じ労働過程の、すなわち一方の場合には糸生産の過程の、他方の場合には宝石生産の過程の、時間的延長によってのみ生じてくるのである。(Marx〔1867〕211－13)

ヒルファーディングによれば、〚E〛における「生産者たちの背後で一つの社会的過程によって」確定されるというのは、このような複雑労働の形成過程を念頭においたものである。それは基本的に二つの問題として展開されている。第一に、ここで述べられているのは、「複雑労働をおこなう労働力の価値が高いから、それゆえ、その生産物の価値もそれに比例して高い」という命題ではない。いわゆる「修正主義論争」における論敵ベルンシュタイン（Eduard Bernstein, 1850 - 1932）も、ベーム゠バヴェルク同様、このように解釈しているが、それは誤りだと論駁する。『F』はエンゲルスが校訂した第四版からの引用であるが、実は、傍点を付した「それゆえ」（*daher*）は、初版から第三版までは「しかし」（*aber*）となっている。ヒルファーディング自身は第三版を常用していたようで、それに基づいて、ここを「複雑労働で、通常より賃金が高ければその分、剰余価値が減少するはずだが、それにもかかわらずより多くの価値を生みだす」といっているのだと解釈する。複雑労働の賃金が高いからではなく、高いにもかかわらず、その労働が生みだす価値が大きいと実際に書かれているのであり、「労働賃金から労働生産物の価値を推論する（schließen）ことは、マルクスの理論ともっともはなはだしく矛盾する」（Hilferding〔1904〕149, 一七三）という。たしかに、投下労働価値説の核心は、まず投下労働量で商品価値の天井が与えられており、実質賃金が上昇してもこの商品価値が不変であるので、その結果、剰余価値が圧縮される、という理論にある。ベーム゠バヴェルクのような解釈では、高賃金が商品価値を高めることを、部分的にであれ認めることになり、その点でマルクスの価値論の基本原理と相容れないというのである[1]。

　では、ヒルファーディングのように解釈した場合、なぜ複雑労働は高い価値を形成するのか、これが第二の問題になる。ヒルファーディングは、複雑労働の還元問題は交換比率→還元比率というかたちではなく、引用『F』にみられるように「養成費がかかり、その生産により多くの労働時間を要し、それゆえより高い価値をもつ労働力の発揮」であるという事実によるのだと答える。こうして、複雑労働の還元問題は、技能と熟練の形成に要する費用と、それが新たに形成する価値を峻別したうえで、両者の関係をどう理解するか、というかたちで定式化され、その後長らく、マルクス経済学に伏在する難題として、さまざまな議論が積み重ねられることになったのである。

■技能の養成費　そうした議論の基礎とされてきたのが、＝D―に続く次のような養成費ないし修業費である。

＝G―一般的な人間の本性を変化させて、特定の労働部門で技能と熟練とを体得して、発達し特化した労働力になるようにするためには、一定の養成または教育が必要であり、これにはまた大なり小なりの量の商品等価物が費やされる。労働力がどの程度に媒介された性質のものであるかによって、その養成費も違ってくる。だから、この修業費は、普通の労働力についてはほんのわずかだとはいえ、労働力の生産のために支出される価値のなかにはいるのである。（Marx〔1867〕186）

ここでは、全体を通じてみれば基本的に、労働力の生産の一環として、技能と熟練が生産の対象とされているといってよい。しかし、仔細に読めば、前半でいわれているのは、労働に必要な能力の養成ないし教育の問題であり、特定のモノの生産ではない。たとえば、指で抓む、手で握る、腕で押す、歩く、見る、話す、数える、等々の「一般的な人間の本性」（allgemein menschliche Natur）を組み合わせて、糸を紡ぐ、布を織る、針で縫う、旋盤を操作する、帳簿をつける、キーボードで入力する、といった特定の労働部門で求められる「技能と熟練」（Geschick und Fertigkeit）を具えた「発達し特化した労働力」（entwickelte und spezifische Arbeitskraft）にするには、「一定の養成または教育」（einer bestimmten Bildung oder Erziehung）が必要であるというのである。このような養成ないし教育であれば、それは特殊な労働部門でのみ必要になるわけではない。それはどのような「職種」にも求められるいわば研修やトレーニングのようなものといってよい。これは、後に述べる資本主義に特有な労働の「型づけ」の問題（六〇頁）に発展するのであり、労働市場を理論化する基礎となる。

しかし、このような含意をもつ「G」の労働能力の発達に対する洞察は、ただちに「労働力の生産」という枠組で覆われ、養成ないし教育の活動は費用概念に縮小されてしまう。たしかに、養成・教育には「商品等価物」(Warenäquivalenten) が費やされるかもしれないが、それはあくまで必要条件にすぎない。モノさえ与えられれば、労働能力は「発達」するのかといえば、簡単にそうとはいえない。養成ないし修業という活動を養成費ないし修業費という費用に還元することで、主体的な能力の形成過程が看過されることになる。迂遠に思われるかもしれないが、複雑労働の還元問題を解決するには、単に労働価値説との形式的な整合性を追求するだけではなく、人間に固有な労働能力という根源のレベルに遡って考える必要がある。

このような観点から従来の還元問題をふり返ってみると、この養成費には生きた直接的な労働が入るか否か、という問題が核心に浮かびあがってくる。養成費が練習のための機材やマニュアル本のような「商品等価物」の購入費だけではなく、教習や指導をおこなう労働者に対する賃金も含むのか、という点である。もし養成費が、こうした第三者の生きた労働を含まず、ただ物的費用だけで構成されているならば、特別な問題は生じない。それはけっきょく「技能」というかたちをとって、その労働の生産物に「移転」するだけである。技能といっても、それはいわば労働者が身につける作業着のようなものであり、それを労働者が自前でそろえてくれれば、資本家はその分を賃金に含めて支払うことになるだけの話で、それは資本が作業着を生産手段として購買し、労働者に着用させるのと同じことになる。

ところが、マニュアル本を買っただけでは技能は身につかない。それを読んで習得する必要がある。ここに真の問題がある。マニュアル本と技能を区別し、技能を生産物だといえば、マニュアル本→技能という過程で、習得活動としての労働が顔をのぞかせる。生活手段のみで価値規定されていた労働力の再生産では、空白化されていた自己労働である。もし、自分で自分の技能を磨くために費やした時間も、技能の価値を形成するならば、自分の労働力の一部を技能の「生産」に振り向け、それだけ自分の労働力を高く売ることもできることになる。さらにその場合、必要労働を越える剰余労働を自分の「技能」に対象化し、その分は搾取を免れることができることになるかもしれない。技能の「生産」といっても、そのために費やされた自身の活動を労働としてカウントしようとすると奇妙なことになる。『資本論』の枠内でこうした袋小路を抜けるには、労働力商品の価値規定の基本にもどり、労働力の生産といっても、その生産には生活手段の消費にかかわる自己労働は一切かかわらないとしたことに倣うほかない(2)。そうすれば、仮に技能という媒介項をおいてみても、マニュアル本→技能→資本の生産物というかたちで、一定の養成費がそのまま移転してゆくだけの話で、複雑労働に特別な問題はなくなるのである。

ところが、養成費に物品費だけではなく、熟練の養成にたずさわる労働者に対する賃金を含めると、もはや技能形成に要する労働を自己労働として消去するわけにはいかなくなる。この労働者が、四時間分の賃金vで、八時間の生きた労働$v+m$をおこなったとき、ここに含まれる四時間の剰余労働mは、だれによって、どのようにして取得されるか、この点が問題になる。もちろん、他人の熟練を養成する「労働」も、その実態は、客観的な基準がない、技能の修得にかかわる活動であり、明確な生産技術が存在するモノの「生産」と同定しようとするところに、そもそも無理があるのであるが、その点はひとまず伏せ、これまで複雑労働論の流れに沿って整理すると、その根底には、技能の形成にたずさわる労働者の剰余労働の処理という問題が潜んでいることがわかる。そしてそれは、資本主義の内部で、しかし資本の生産過程の外部で展開される、労働者と労働者との直接的な関係をどう理論的に考えるかという問題に発展するのである。

この問題は、シンプルなかたちに圧縮すれば次のようになる。いま労働者Aと労働者Bが存在し、両者はともに八時間の単純労働をするものとする（v_a+m_a、v_b+m_b）。①両者が資本家に直接雇われて、それぞれ四時間分の賃金で八時間はたらくとすれば、これは単純労働者を二人雇ったかたちになる（（v_a+v_b）+（m_a+m_b））。雇われた労働者Aが、同じく雇われた労働者Bの教育に専従し、労働者Bが熟練労働をおこなったとしても、資本家が（v_a+v_b）を支出し、剰余労働（m_a+m_b）を取得する関係に変わりはない。

これに対して、労働者Aが労働者Bの技能の形成のために八時間はたらき、その八時間が労働者Bの技能に対象化され、この技能を具えた労働者Bが、資本に雇用され、そのもとで八時間の複雑労働をおこなうものとしよう。この場合、労働者Aの労働は、いちどBの技能（v_a+m_a）のかたちをとって、B自身の八時間労働（v_b+m_b）と同時に発現し、合計一六時間分の価値を形成する。このときAの労働に対してBがどのような支払をなすのか、が問題となる。②もし、BがAの八時間労働全体（v_a+m_a）に支払いをするのであれば、八時間の養成費が技能の価値を規定することになる。したがって、Bはこの八時間+自己の必要労働時間四時間=一二時間（$v_a+m_a+v_b$）の賃金を得て、八時間はたらき、資本は四時間分の剰余労働時間（m_b）を取得する。

これは、資本が直接にAとBとを雇った①のケースとは当然異なる。①のケースと同じ結果になるようにするには、③まずBが、Aに四時間分の賃金を支払って八時間はたらかせ、次にその四時間（v_a）+自己の必要労働四時間（v_b）=八時間の賃金を得て、資本のもとで八時間はたらく必要がある。これにより、B自身の剰余労働（m_b）と同時に、技能に体化されているAの剰余労働（m_a）が、資本のもとで八時間（m_a+m_b）の剰余価値を形成すると考えられる。言い換えれば、③では労働者Bが、まず労働者Aから四時間（m_a）を「搾取」し、次に資本が労働Bから、この四時間を再「搾取」するという二重の関係を想定せざるをえないことになる。これは技能に関して、事実上、不等労働量交換を認めることを意味する。

複雑労働の問題は、労働価値説との整合性という観点からながめるかぎり、些末な修正ないし拡張以上の意義を見いだすことはできない。ただ、そこには重要な論点が潜んでいる。一言でいうなら、労働者と労働者の直接的な関係をいかに処理すべきかという問題である。労働者AとBが資本家に雇われて労働するのではなく、労働者Aが労働者Bに雇われてBの技能を生産し、その成果として技能を具えた労働者Bが資本のもとで複雑労働をおこなうという二重の関係(労働者A－労働者B)－資本家)である。問題の核心は、二人の単純労働者を同時に直接雇うのではなく、労働者間にヨコのつながりを考えることは、資本が必要労働を支払って剰余労働を取得するという論理に根本で抵触するという点にある。

要するに、技能の形成を生産に見立てようとすると、事実上、技能という生産物を生産する「独立小生産者」を想定せざるをえないことになる。その存在を否定しようとすると、養成する単純労働者を、養成された複雑労働者と一体化して同時にはたらかせる関係を想定せざるをえなくなる。技能を生産物と捉え、これを生産して販売するというように捉えようとすると逃れられないジレンマに陥らざるをえないのである。同様のジレンマは、技能にかぎらず、生きた労働が「対象化」された生産物として労働力を捉えるかぎり、広汎に発生する。養成労働に潜在していた、資本に雇用された労働者と、その労働者を維持する労働者の関係は、商品として売られる労働力を生産するためになされる生きた労働の問題となり、いわゆる家事労働にそのまま重なるのである。複雑労働論の背後には、技能の形成を含め、社会的生活過程において労働力の涵養にあたる労働者間の多面的な関係が広がっている。これが、社会的生活過程を視野に収めた労働市場論の再構築という次章のフィールドとなるのであるが、そのまえに技能とは何かという問題をもう少し考察しておこう。

■機械化による単純労働化論　複雑労働論は、技能ないし熟練の存在を前提に、それをどう価値論に整合させるか、という議論の組み立てになっていた。しかし、『資本論』の展開において、複雑労働の還元問題自体はあくまで補足的修正にすぎず、基本をなすのは、その存在自体が資本主義的生産様式の発達とともに消滅するという議論である。一般に、第一三章「機械と大工業」の章を中心に、『資本論』では労働の単純化が極端に進むとみる解釈が支配的である。

だが、この章は注意して読まれるべきである。『資本論』第一巻はすでに述べたように、草稿としての性格が強い第二巻、第三巻とは異なり、マルクス自身の手で公刊され、フランス語版、第二版の刊行の過程で改訂されたものであり、著作としての完成度は高い。ただ、その第一巻のなかでも叙述スタイルは大きく変化している。前半は、冒頭部分に代表される、価値概念を中心にした抽象度の高い理論ではじまり、演繹的な議論がこれに続くのに対して、後半では次第にマルクスが眼前にした当時の事例が豊富に盛りこまれ、イギリスの最新事情をドイツ語圏の読者にレポートするという性格を強めている。そのため第一三章は単独で『資本論』第一巻全二五章中、ページ数で約二割を占める分量に膨らんでおり、このことは、記述のスタイルにも反映している。この第一三章をもう一度、第一章「商品」と読み比べてみれば、その間には歴然たる違いがある。

そのためこの章は、ページ数が増えた分、それを貫く理論展開はさまざまな事例の陰に埋もれつかみにくく、またマルクス自身も、使用価値と価値を商品の二要因として対置し内的関連を解明したときのような論理を意識的に追求しているようにはみえない。しかし、この章は第二四章「いわゆる資本の原始的蓄積」などと同様、歴史的発展や現状報告の背後に、抽象化されるべき理論を隠している。たしかに、書かれている事実は過去の出来事になってしまったが、今日の視点から『資本論』を再読するなかで、この第一三章は、第一一章「協業」第一二章「分業とマニュファクチュア」とともに、理論化を読み手の側が積極的に試みるべき重要な内容を含んでいるのである（小幡〔一九九七〕、小幡〔二〇〇二〕）。

労働の単純化という論点に絞って考えてみても、第一三章は、一般に考えられているように、機械化による熟練解体論に還元できない展開を含んでいる。この章に示される生産システムを通例にならって「機械制大工業」とよぶとすると、その分析は人間の労働ではなく機械の分析からはじまる。先行する第一一章「協業」や第一二章「分業とマニュファクチュア」がいずれも労働の分析からはじまったのとは対照的である。そこに示された機械の本質をなすのは、「機械のシステム」（System der Maschinerie）が自動的な原動力で駆動される一つの大きな「自動装置」（Automaten）に発展するという「自動性」である（Marx〔1867〕402）。このような把握は、当時最新とされた局所を拡大し、ユア（Andrew Ure, 1778-1857）『製造業の原理』（一八三五）などに触発されて、それを一般化したきらいがある。そして、このように機械の本質を自動性に求めるかぎり、機械は熟練を細分化するのではなく、一気に丸ごとリプレースすることにならざるをえない。すなわち、熟練解体論ではなく、次のような置換論が基調となるのである。

〓**H**〓産業革命の出発点となる機械は、一個の道具を扱う労働者を、一つの機構と取り替えるのであるが、この機構は、多数の同一または同種の道具で同時に作業し、単一の原動力——その形態がどうであろうと——によって動かされる。（Marx〔1867〕396）

〓**I**〓労働手段は、機械として、人間力に置き換えるに自然諸力をもってし、経験的熟練に置き換えるに自然科学の意識

的応用をもってすることを必須とする、一つの物質的実存様式をとるようになる。（Marx〔1867〕407）

こうした機械化による熟練置換論は、雇用との関係でいえば労働者の一方的な排出を意味する。自動装置の一般化は、蓄積論における資本構成高度化の蓄積による産業予備軍の累積という捉え方と親和的なのである。ただこの章でそれが目立たない一つの理由は、第三節「労働者に及ぼす機械経営の直接的影響」のなかで「資本による補助的労働力の取得、婦人労働および児童労働」の増大が強調されるためである。だがこれは、熟練に関するかぎり、その分解による単純化を意味するものではない。熟練労働者の労働は、単純労働に細分化されるのではなく丸ごと駆逐され、かわって補助的労働力が吸収されるにすぎない。新たに吸収された婦人労働および児童労働は単純な労働かもしれないが、それは既存の熟練が部分に分解された結果ではない。マルクスとしては、当時低賃金で酷使され社会問題化していた、イギリスにおける児童労働や婦人労働の実態をドイツの読者に、やがて訪れるであろう未来のすがただ、「おまえのことをいっているのだぞ」（Marx〔1867〕12）と警告する狙いがあったのであろう。しかし、資本主義の生産システムを考えるうえで、自動化が進んだ機械装置が大量の補助的労働力を必要とする状態を一般化することは難しい。

むろん、機械制大工業を包括的に論じたこの章のなかに、機械を通じた熟練の単純化を示唆する説明がまったくないわけではない。たとえば、第四節「工場」では、次のように「自動化工場」（automatischen Fabrik）の特徴が捉えられる。

〔J〕労働道具とともに、それを操縦する巧妙さも、労働者から機械に移行する。道具の作業能力は、人間労働力の個人的諸制限から解放されている。それとともに、マニュファクチュアにおける分業の土台をなしている技術的基礎が排除される。それゆえ自動化工場では、マニュファクチュア的分業を特徴づけている専門化された労働者たちの等級制（Hierarchie）に代わって、機械の助手たちがおこなわなければならない諸労働の均等化または平準化の傾向が現われ、部分労働者の人為的につくり出された区別に代わって、年齢および性の自然的区別が主要なものとして現われる。（Marx〔1867〕442）

機械制大工業をマニュファクチュアと対比的に総括したこの説明は、一読したところでは熟練労働の解体論のようにみえる。しかし、よく読んでみると基本はやはり置換論であることがわかる。道具を「操縦する巧妙さ」というのがスキルだとすれば、それは分解され一部が機械に転換されるのではなく、丸ごと全部、人間労働から機械に「移行する」（übergehen）という。専門化された労働者たちのタテの等級制（Hierarchie）が分解され、標準化された互換性のある単純労働に変わってゆくのではない。自動化工場で現れる「諸労働の均等化または平準化の傾向」というのは、「専門化された労働者」が駆逐されたあとに、それに代わって登場する「機械の助手たち」すなわち先述の「補助的労働力」の特徴なのである。要するに、マルクスがマニュファクチュアとの対比のうちにみたものは「工場全体への、すなわち資本家への、労働者の救い難い従属（hilflose Abhängigkeit）」（Marx〔1867〕445）であり、分解による単純労働化とは基本的に別のラインの話なのである。

■労働組織の多型性　もし機械制大工業を基礎とするとすれば、そこに現れるのは補助的労働力としての単純労働である。それは自動化工場がなお不完全であるために付随するものであり、自動化が進めばこれらの補助的労働力も含めて雇用が全体として縮減し、産業予備軍が累積すると考えるのが自然である。自動化された機械装置のもとで大量の単純労働が雇用されているというすがたはなかなか描きにくい。『資本論』の自動化工場の説明には、ベルトコンベアのまえで組み立て作業に従事するような労働編成は実は登場しない。機械制大工業が単純労働を生みだすという主張は、二〇世紀に普及するさまざまな組立型の生産システムを導入し、そのイメージを暗に重ね合わせることによる。しかし、この生産システムは機械制大工業ではなく、概念的にいえば「分業に基づく協業（die auf Teilung der Arbeit beruhende Kooperation）すなわちマニュファクチュア」（Marx〔1867〕385）である。

ただ第一三章でも、その第八節「大工業によるマニュファクチュア、手工業、および家内労働の変革」において、一方で「手工業と分業に基づく協業の廃絶」を謳いながら、同時に他方で「近代的マニュファクチュア」や「近代的家内工業」の存在に言及している。ここで「近代的」というのは「本来的なマニュファクチュア時代」(eigentlichen Manufakturperiode)（Marx〔1867〕389）に対する「大工業」の時代をさすのであろう。『資本論』の記述は、そこでの悲惨な労働条件を告発する事例で埋めつくされているが、それでも「近代的マニュファクチュア」や「近代的家内工業」は「大工業」と並存する生産システムという面をもつ。たとえば綿工業で紡績・織布などで機械制大工業が成立しても、それを最終生産物として消費するまでには、さらに加工過程が続く。ある意味で組立生産という性格をもつ「衣服マニュファクチュア」（Marx〔1867〕385）は、「近代的マニュファクチュア」として今日まで存続する。一般に、川上の素材生産部門で大量生産が進展すれば、それに伴って川下の加工組立においてマニュファクチュアや家内労働も同時に拡張する。それはやがて駆逐されることになる古いシステムの残骸ではない。

マルクスは、こうした部面においても「機械の時代を告げる鐘が鳴った」と述べ、「決定的に革命的な機械――それはミシンである」(Marx〔1867〕395) という。ただミシンは「機械」かどうか、違うといえば語義矛盾になるかもしれないが、ここには微妙な問題がある。たしかにミシンは縫い針のような道具ではないが、しかし、自動機械とは異なり、運針自体は労働者に任される。型紙にしたがって裁断する作業も、はさみによるにせよ機械によるにせよ、ともかく一定のスキルを要するし、そうした部品をミシンで縫い合わせる作業には、まさに完成品をイメージして、目的意識的にそれを追求する人間労働の特性が色濃く現れている。こうした操作操縦を不可欠とする機械は、ミシンだけではない。旋盤にせよ、自動車にせよ、人間によるコントロール、操縦・運転を伴う機械の導入は、スキルにある種の標準をもたらすことになるが、それは脱スキルとしての単純化とは異なるのである。

こうした並進性は『資本論』の時代にはまだ射程に収まらなかったような重化学工業の発達のもとでも、より大規模に観察される。装置産業的な性格をもつ鉄鋼業の発展は、たとえば自動車生産などにマニュファクチュア的分業を簇生させ、上流部門での雇用の収縮は下流部門で吸収されてゆく。ベルトコンベア型の労働編成は、下流部門を特徴づける加工組立における二〇世紀的展開とみるべきものであろう。ブレーバマン (Harry Braverman, 1920-1967) が「労働の衰退」(degradation of work) (Braverman〔1974〕29, 三一) として描いた対象も、二〇世紀に本格化したマニュアル・レーバーにおけるスキル解体の歴史であった。

『資本論』の第一二章「分業とマニュファクチュア」では、熟練労働の問題が等級制による労働編成のみに重きがおかれ、その後の歴史的展開のなかに現れた、分業を通じた熟練の分解と、それに基づく新たな「平均化ないし平準化の傾向」を理論的に捉える視角を欠いている。社会的な生産系列の全体を視野に収めて考えれば、一方における熟練労働の排除は、他方における新たな熟練を必要とする面があり、単純労働化が一方的に進むというわけではない。マルクスが「労働過程」で指摘した目的意識的な人間労働のあり方自体、目的に対する手段を客観化し、さまざまな道具や機械を介して間接的に外的対象を操作するスキルを必然的に生みだす。とりわけ分業関係のもとでは、他者によって作りあげられた手段の体系を、自己の心身に同化し自由に操作するという意味でのスキルが不可欠の契機をなす。このスキルは、自ら固有の道具を生みだしその用法に熟達していくといった自己完結型の名人芸的熟練とは異なり、あくまで外的な手段の体系への順応を基本とする社会化された技能である。

要するにこの種の技能は、ある意味で人間労働に多かれ少なかれ随伴するのであり、資本主義のもとでもその処理が独自に求められることになると考えるべきなのである。たしかに、剰余価値形成の基本原理を理論的に分析するとき、時間を単位に合算可能な同質の労働量を仮定することは必要である。しかし、それはあくまで理論上の「仮定」である。ここに熟練の問題をもちこみ、一つ鍋ですべてを煮炊きするように生産概念を拡張し、複雑労働の理論として労働価値説と辻褄を合わせる必要はない。かといってまた、純粋な資本主義のもとでは、機械制大工業を通じて労働の単純化が徹底化するのであり、この種の技能の存在は無視してよいとして、スキルの問題を原理論の埒外に追いやる弊害もまた大きい。資本主義における労働市場の理論は、こうした社会的なスキルに対する独自の処理機構という側面をも含めて再構築する必要があるのである。

第3節　生活過程と産業予備軍

■生産概念の回避　熟練の問題は、このあと労働市場の理論化を進めるうえで一つのポイントとなるので、本題から離れることになるが、多少立ち入って検討してみた。最後にもう一度、労働力の価値規定という本題に即し、本章の内容をまとめておこう。

これまでみてきたように、労働力商品の価値規定には幾重かのアノマリーが観察される。その淵源をたどってゆくと、労働力に生産概念を適用したことの無理にゆきあたる。それはさらに、労働力の価値に関する「基本規定」に刻まれた断層に達する（表1.1）。

それでもあえて、マルクスが生産概念の適用にこだわったのは、一般商品と同じ商品経済のルールに基づいて剰余価値は形成されるという命題を主張せんがためだった。それは、独自の搾取論をベースに窮乏化論で『資本論』第一巻を閉じるためのキーストーンだったのである。しかし、この小宇宙の限界は突破されなくてはならない。そのためには「労働力の生産」が引きおこすアノマリーを生産概念の拡張解釈で回避することを止め、意識的にそれを棄却する必要がある。

ただし、この棄却は剰余価値論そのものを否定することにはならない。むしろ逆である。必要労働時間をこえて労働日が延長できるという「絶対的剰余価値の生産」の概念には、どれだけ生活手段を消費するかということと、何時間労働するかということの間には、「本源的な弾力性」があるという認識が不可欠である。この弾力性は、一定量の生産手段を一定量の労働が生産的に消費することで一定量の生産物が産出されるという関係とは決定的に異なる。この決定的相違を曖昧にすれば、小麦を生産手段として「生産される」労働力の搾取がいえるのなら、それと同様に、労働力を「生産手段」として生産される小麦の搾取もいえる、といった議論（Bowles〔1981〕）を否定することもできなくなるのである。

■産業予備軍　一般商品の市場とは異なる労働市場の特性は、労働力商品から生産概念を滌除《てきじょ》することで鮮明に浮かびあがってくる。養育費で問題にされた労働人口の形成も、養成費として問題にされた熟練の形成も、「労働力の生産」という外皮を剝がすことで対象がクリアになり、理論的な深化が可能になる。労働者の維持は、広く生活過程を通じて実現されるのであり、そのなかで労働力は結果的に涵養される。そうした生活過程には、資本に雇用されないかたちの労働がひろく存在する。この過程は、個々の家族といった狭い枠に閉じ込められるわけではない。それは多かれ少なかれ、広い意味での地域社会を介しさまざまなレベルで重層的に営まれる。

このような社会的生活過程において産業予備軍は、さまざまな形式でそれを支える労働に従事する。それは、資本に雇用されていないという意味で失業者ではあるが、無為徒食の寄食者ではない。そこには非商品経済的な固有の意味での家事労働という形式だけではなく、場合によっては雇用された労働者との間に賃労働サービスを提供する形式や、ＮＰＯのように組織的活動を展開する形式も含まれる。教育、医療、育児など、生活過程に深くかかわる公的サービスに従事する労働者も、資本との関係では、すでに複雑労働の還元問題を追及するなかで顔を覗かせた、広義の産業予備軍に含まれるのである。

むろん、資本主義の構造と運動を解明する原理論にとって、こうした個々の形式を分析することが直接の課題となるわけではない。それは、資本主義的な労働市場からみれば、利潤を追求する資本の活動には服さない、その外に広がるいわば資本主義の「開口部」を形づくる。原理論の観点からすれば、生活過程と産業予備軍という一般的な概念のうちに、可能なかぎり抽象化すべき外部の領域である。ただ、そのことはそれが小規模で無視できるとか、原理的には捨象してよいということではない。

「純粋資本主義のもとで、失業者はどうやって食べていけるのか」といった問いかけは、かつて「世界資本主義論者の愚問」と一笑に付されてきた。たしかに、産業予備軍の実在形式にこだわり、そこに歴史的事実を投影し、外部を空間的な世界市場としてイメージすることしかできない「世界資本主義論」は理論として落第である。しかし、「だから、そうした問題は原理論から捨象し、資本主義的発展の歴史に即し段階論で改めて分析すればよい」というのも、優等生の模範解答のようでいただけない。これからの原理論に求められるのは、あくまでも資本主義的な市場の視点から、こうした開口部を構成する諸契機——たとえば養育費の背後に潜む労働人口の更新とか、養成費として問題にされた、労働能力の維持形成にかかわる労働一般といった——をできるだけ抽象化して示すことなのである。

資本・賃労働関係に基づく競争的な労働市場は、産業予備軍を含む特殊なバッファにくるまれることではじめて機能する。そこで売買される労働力は、社会的生活過程を通じて維持されるのであり、こうした開口部を具えた労働市場の原理像は、『資本論』における労働力商品の価値規定を見直し、「労働力の生産」という外皮を剝ぐことではじめてみえてくる。次にこうした労働市場の構造分析に進むことにしよう。

註

（1）和田〔二〇一四〕第4章は、「複雑労働の単純労働への還元」を「異種労働の抽象的労働への還元」一般に解消したうえで、次に述べるヒルファーディングの積極説を「価値加算説」に含め、これに対して、労働力の価値量が大きければ、その労働が新たに形成する価値量もそれに比例して増大するという立場を、自説も含め「価値比例説」とよび対置している。私自身は、労働力商品の理論化において熟練の問題は重要な要素であるが、これを「複雑労働の単純労働への還元」というアプローチで処理することにそもそも根本的な難点があるという立場にたっている。そのうえであえていえば、本文に述べた意味でヒルファーディングのベーム＝バヴェルクへの反批判に一定の妥当性を認めるものであり、「価値比例説」では総じてベーム＝バヴェルクの批判に応じえないのではないかと考える。

（2）「教育労働を受ける側が主体的に努力し、したがって特殊に発達した労働力が実際に生産された場合には、単に教育労働が価値形成労働としてその労働力に対象化されるだけではなく、その教育を受ける側も修業労働をしていることになり、その労働は彼自身の労働力に対象化される」（森田〔二〇〇九〕一八四‐五）というのは、本書とちょうど逆方向で一貫性を追求した場合の帰着点かもしれない。その立場から、「『労働力は労働生産物ではない』説をとる人々は、真っ先にマルクスを批判するべき」（森田〔二〇〇九〕二八一）というのは至極もっともであり、それゆえ、本書は労働力＝生産物説が『資本論』に不可欠とされた、歴史的経緯を詳らかにし、その内容を真っ先に批判することからはじめた。しかし、逆方向で一貫させる立場もやはり、「労働力の生産」における自己労働を空白化し、生活手段の価値に労働力の価値を帰着させたマルクスを、最後にでもかまわないから「批判するべき」だと思う。

第2章　労働市場の構造

はじめに

前章では『資本論』における「労働力商品の価値規定」を再検討し、生産概念の適用による形式的な処理の背後に隠されてきた、労働力商品に固有な特性を摘出した。こうした特性は、労働力が商品として売買される過程で、独自の困難を生みだす。そのため労働市場は、一般の諸商品が売買される市場とは異なる特殊な性格を具えることになる。この章では、このような労働市場の独自な構造を分析する。

第1節では、その準備作業として、まず一般商品の市場について概括してみる。マルクス経済学では、他の経済学とかなり異なった市場の捉え方がなされてきた。原点をなすのは、どの種類の商品も多数の売り手によってバラバラに販売されているという状況である。これが、商品にはある大きさの価値が内在するというマルクス経済学の基本的認識の基盤である。この商品に内在する価値は、売り手により、貨幣価格のかたちで〈表現〉され、支払能力を具えた買い手によって〈実現〉される。この不可逆的な販売を通じて商品価値の大きさも確定され計られるのである。そして、同種の商品を多数の売り手が競争的に販売しようとするこうした市場では、販売に要する期間が個々別々に変動し、そのため、相場からの値引きが散発するかたちで価格は下方に放散する傾向を示すことになる。労働市場は、こうした一般商品の市場構造の変成として分析する必要がある。

第2節では、「労働力の商品化」という概念を掘りさげてみる。本来商品でないものが商品になるという含意をもつ「労働力の商品化」という用語法は、実は『資本論』にはみられない。『資本論』では「転化」(verwandeln)という用語は頻出するが、「商品化」というのは日本語の世界にローカルな表現であり、おそらく日本のマルクス経済学の間で流布したものではないかと思われる。その出自が不詳なこともあり、この用語は曖昧で多義的に使われてきたが、そこには労働市場の構造を解き明かす手がかりが隠されている。ここでは宇野弘蔵の用法を例に、その意味するところを探ってみる。この節では、前章で考察した「労働力の価値規定」を別の角度から捉え返し、最終的に労働力が非生産物であることが示される。

第3節では、労働力を商品として処理する過程で、一般的な市場の構造がどのように変成せざるをえないのかを解明してゆく。ここでは、従来原理的な考察では捨象されてきた産業予備軍の存在を明示し、その複雑な性格を分析してゆく。すなわち、産業予備軍は、一方で技能の変更を媒介するとともに、他方で生活過程に不可欠な労働を担う二つの顔をもつ。労働市場は、このような産業予備軍という共用バッファを内蔵することで、労働力商品を一定の価値をもつ商品として処理することができる。資本が直接生産することのできない労働力商品の価格は、そのときどきの需要と供給の関係で決まるだけだとみる需給説的な賃金決定論は、これにより棄却される。これがこの章の結論である。

第1節　市場の緩衝理論

■緩衝と摩擦　マルクス経済学の市場は、販売期間の存在によって端的に特徴づけられる。この市場には、一方で外部から繰り返し商品が持ちこまれ、他方で外部に商品が送りだされてゆくのであるが、この過程で市場が空になることはない。大量の同種商品が市場に滞留し、つねに買い手をまち続けている。貨幣でいつでも買える裏面には、商品の待機という犠牲がある。すぐに買えるのは、需要と供給が均衡しているからではない。新たに市場に持ちこまれた商品は、待機している同種商品群に、新たな構成メンバーとして吸収される。そしてこの商品群の間には、先入れ先出しとか、後入れ先出しとかいった特定の規律が存在せず、まったくの無秩序状態が支配しているのである。

このような市場のもっともプリミティブなすがたは、次のような過程に置き換えて考えることができる。すなわち、箱のなかに一〇個の球が入っており、このなかから毎日一個の球が拾いだされ、そしてその後、新品の球一個が補充されてゆくという過程を想定してみるのである。ある種類の商品がいつでも買えるということは、手を入れさえすればいつでも何個かの球に触れるということに相当する。このことは、箱のなかに充分な数の球が入っていることによるのであり、市場にその種の商品群が充塡されていることに相当する。いま仮に、同種の商品群の間に個体差はいっさい認められず、異なった価格をつける理由もないものとしよう。この状況のもとで、いまこの種類の商品を欲しいと思う買い手が現れたとき、どの個体が売れるかはまったくの偶然によることになる。いわばどの球も1/10の確率で抽きだされるわけである。

ここで問題となるのは、ある特定の球の運命である。傍目には単純な確率的過程でも、個々の商品所有者にとっては、自分の商品の販売だけがぬきさしならぬ関心事となる。そこである特定の商品個体に注目した場合、それは何日目に売れるか、考えてみよう。球で実験してみればすぐわかるように、最初の日に売れる確率は〇・一、二日目までに捌ける確率は$1-0.9^2$で〇・一九、三日目までに捌ける確率は、$1-0.9^3$で〇・二七一四といった具合に伸び率を落としながら漸増してゆく。この確率は七日目で〇・五二とはじめて五割を越え、計算上では一〇日目には〇・六五まで増加してくるはずである。いずれにせよ、市場というバッファの存在は、個々の商品所有者には直接制御できないこうした確率的な過程を発生させる。市場の無規律性という概念のもっとも原始的なすがたは、乱雑で無秩序なバッファに内包された、このような特性なのである。ここでは、外部から観察するかぎり、商品の流入・流出がどんなに規則的であったとしても、バッファ内部の主体の目には不規則な変動として現れる。多数の主体が無計画にバラバラに生産する《生産の無政府性》に対して、あえて市場における《流通の無規律性》という概念を区別して用いる理由はここにある。

貨幣によって何でも買えるという現象は、このような商品のバッファを介してはじめて可能となる。そして、このバッファの存続は内部に一定の「摩擦」が存在する市場の内部構造に支えられている(1)。いま「摩擦」ということで念頭においているのは、ある売り手が他の売り手より価格を多少下げることで、ただちに販売の優先権を全面的に獲得できる保証はないという状況である。もしこのような「摩擦」が存在しないとすれば、売り手は次々に他より多少低い価格をつけることで即座に市場という箱を通過でき、その結果バッファは潰れることになる。

むろんこのことは、売値を下げることが販売期間に影響を及ぼす可能性を排除するものではない。売値を下げれば売れゆきがよくなる、という常識は否定はできないが、それがわずかな幅におさまるものであれば、その影響はほとんど無視できる。値引きは、特定の商品が買い手の視野のなかに入り、この選択肢のなかから最終的に取り上げられる、という二段階の抽出の後段の確率が高まることによるのであり、前段には依然として偶然的要素がつきまとう。そして、同じ買い手に売り向かう限られた数の売り手のなかには、値引きに値引きで応じる競争相手がいることを覚悟しなくてはならない。いずれにせよ、同種商品が多数の売り手によって競争的に売り捌かれる市場では、値引きによって解消できない摩擦があり、その結果、個々の商品はバラバラの期間をかけて売り捌かれることになる。

■価格の放散　さて、右の例でも、期間を無限にかければ、たしかに売れ残る確率はゼロに収束する。これは、一般に商品はいつかは売れるということを意味するわけであるが、この「いつか売れればよい」という自由度にもう少し限定を加えてみよう。すなわち、もう一段抽象のレベルを下げることになるが、この無規律的な市場が、たとえば生産過程のような規則性をもつ循環の一局面に組み入れられているものとしよう。この場合には、商品の販売は、循環の外にある純粋な余剰物の一方的な処理過程とは異なり、それゆえ「いつか売れればよい」ではすまない。

たとえば、次のように考える売り手がいたとしてみよう。いま想定しているケースでは、販売期間がゼロから無限大までバラつくが、このことは平均的な販売期間が存在しないということではない。もし列をなして販売すればだれもが一〇日目に売れるはずである。列をつくらないで自由に売る結果、一〇日よりはやく売れるもの

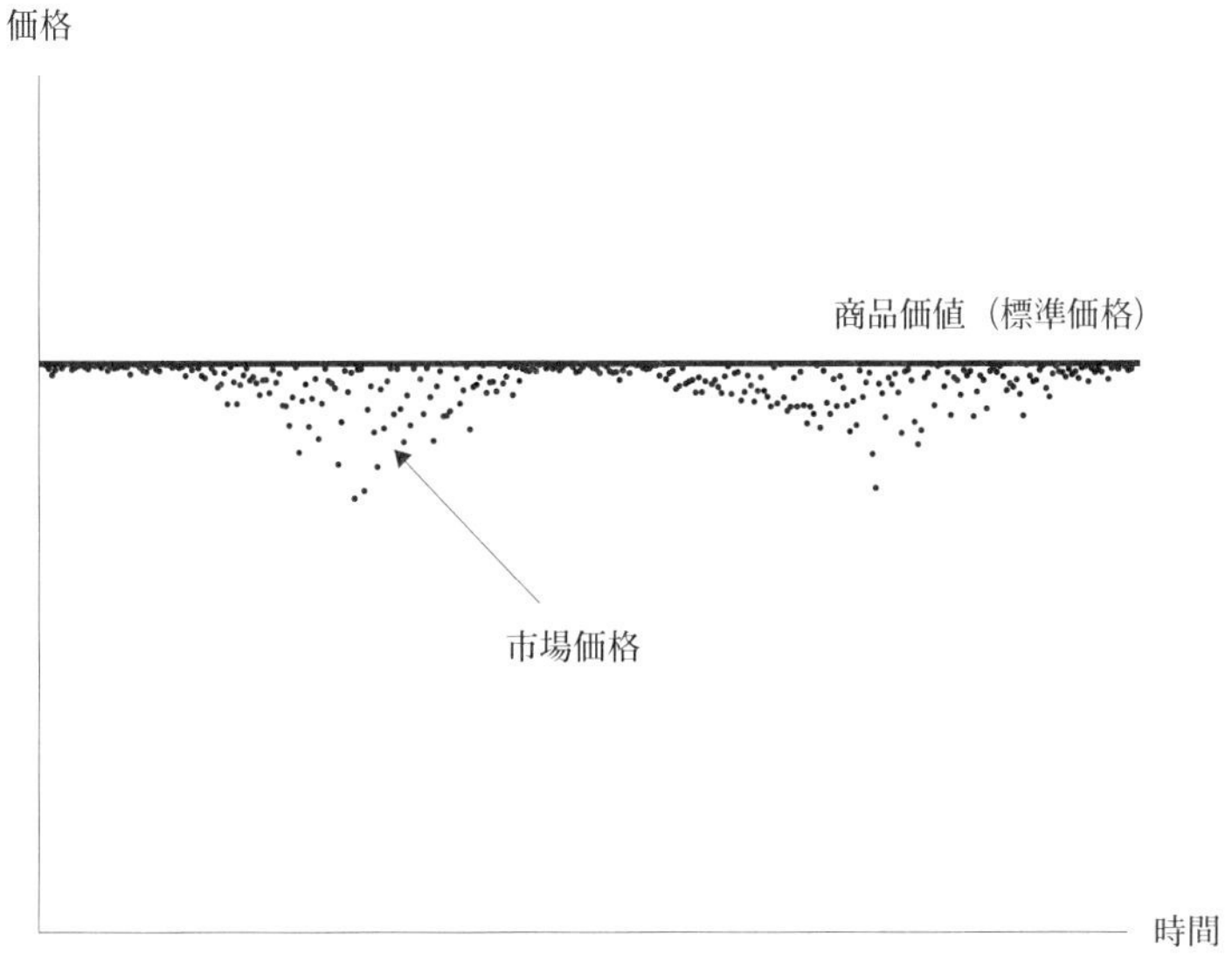

図 **2.1**　価格の下方放散

もでれば遅く売れるものもでるが、遅速は対称ではないが均等にバラつくはずだから、平均は一〇日で変わらない。[2] この売り手はこの平均期間を経験的に察知し、平均一〇日で売れるのだから、その倍の期間の準備をもっていれば不足することはないと錯覚し、二〇日分の準備で対応したとしよう。ところが、二〇日たっても売れないことは $0.9^{20} = 0.12$、つまり一〇回に一度以上の割合で起こり、目算の誤りに戸惑うことだろう。

実際、確率的にはどこまでいっても売れない可能性があるのだから、どんなに準備を積んでも、それでは危険を完全にはカバーできないのである。このため販売が遅れた売り手のなかに、周囲の追随を許さない大幅な価格引下げによって急場を凌がざるをえないものがでてくる。もしこのような値引きによる販売促進が、売れゆきのたまたま遅れた場合に一般的にみられるとすると、バッファ内部の全商品が等しい確率で無作為に抽出されるということも厳密にはできなくなる。これまで想定してきた〇・一という支配的部分の販売確率も、厳密にはこの一部の値引きの影響で低下することも顧慮しなくてはならない。だがいずれにせよ、販売期間に制限があるという条件のもとでは、ある時点で市場における価格を鳥瞰すると、支配的な通常価格のもとにこの種の値引きされた価格が下方に放散する状況（図2.1）がひろく観察されることになる。

むろん、買い手がすべての価格状況を瞬時に察知できるとすれば、こうした価格の放散は生じない。もし箱が透明であれば、だれでも一番安い値段のついた球を最初に拾いだそうとするし、またそれが可能なはずである。しかし、ここでは箱に手をいれて探ってみなくては、その価格の実勢も把握できないのである。買い手は、いわば、面で存在する価格を点でしかおさえられないのであり、しかも価格平面が時間とともにその態様を変えるなかでは、点のデータをどんなに積重ねていっても、いま必要とされている価格平面全体の認識に到達することはできない。見える部分を頼りに、見えない全体を想像するほかない。しかも、市場では、だれもが後ろ向きで前進することを強いられる。過去に向かって視界は開けているが、次の一歩を踏みだす先は見えないのである。

こうして市場が無規律なバッファであるために生じる販売期間のバラツキは、「いずれいつか売れればよい」というのでないかぎり、価格の下方放散を派生させることになる。しかし、このような価格帯の構造は、静的で安定的なバラツキにとどまるものではない。この点は、これまで伏せてきた商品の流入量と流出量の関係を明示することで顕在化する。すでに述べたように、市場の無規律性というのは、バッファ内部に原因をもつものであり、その点で生産の無政府性とは一線を画するものであった。それは、生産の無政府性が存在せず、毎日一個流出し同時に一個が流入するという規則的な関係を想定してみてもなお払拭し難い関係をいうのであった。だがもとより、これまで想定してきたこの規則性はあくまでも理論的な操作であり、実際の関係として一般化しうるものではない。

ではこの流量の変化を考えた場合、いかなる事態が生じるであろうか、先の球の例をもう一度思い浮かべて考えてみよう。いうまでもなく流入量が流出量を上まわれば、箱のなかの球の数は増大し、この結果、先の標準的な価格のもとでの販売確率は〇・一以下に低下してゆく。そのため、たとえば仮に二〇日を過ぎても売れなければ価格を引き下げてバッファから抜けるという行動が一般的であるとすれば、この範囲に入る商品群は増大し、その結果、値引きされる商品群の占める比率も、またそれらの値引きの幅も増大することになる。したがってこの時点で平均価格を計算すれば、標準価格の下に大きく割りこんでゆくであろうし、また価格の放散も以前に比して大きくなるであろう。だが、こうした値引きを強いられた部分から、次回の市場への商品の搬入は次第に滞ってくるのであり、時間の経過とともにバッファ内の商品数は再び減少することになる。

こうした増減運動を通じてバッファの存続は維持されるのであるが、ここで当然このバッファの基本容量はどのようにして決まるかという問題が生じてくる。ここにはなお未解決な点が山積しているが、暫定的な答はおよそ次のようなものである。この容量は技術的な客観性をもって直接決まるものでなく、この確率的なバッファの滞留期間を支えるための準備資金の形成に、緩いかたちでではあるが、連動していると考えられる。生産過程を通じてこのような資金が順調に形成されておれば、それを背景に充分な期間を見込んで商品の価値を実現しようとする傾向が強まり、バッファは膨らむであろう。バッファを支えるコストは、いわば社会的再生産の側の動向の反照として評価される関係にあり、それ自体に自己決定的な原理をもつとは考えにくいのである。しかも、この残留に対する持久力がそれ自体まちまちであるという私的性格に注意しなくてはならない。このように、無政府的な商品流入に私的耐久力の相違が重なることで、値引きに踏み切る時期自体にもまた分散が生じることになる。先の例でいえば、二〇日を過ぎたあたりでというのは、通常の目安であり、ずっと早い時期で値引きにでるものもあれば、じっと我慢するものもいるはずである。

この私的負担に由来する放散の態様の変化も含めて、バッファ容量は自律的に決定されるものではなく、基本的には背後の生産過程の順不順をうけとめるかたちで規定されるものと考えられる。このことは、市場が十全に作動するためには、けっきょく何らかのかたちで社会的再生産と連係した装置を介して自己を調整せねばならないことを意味する。社会的再生産のもとでの資金形成という規制原理をもつ資本主義経済において市場経済がそれ自体として機能するのに対して、いわゆる社会主義経済における市場の導入が予期した成果をあげえない理由も、一つには資金市場の脆弱性のゆえに商品市場を支える隠れたバッファ容量の調整問題がうまく処理できない点に潜むように思われる。

こうして容量の決定にはなお未決定問題が残るのであるが、しかしこのような私的無政府性がもたらす振幅の過程を通じて、新規に流入してくる商品も含めバッファに滞在した日齢の若い大半の商品には、従来からの標準価格を維持する一種の慣性が作用するとみなすことができる。個々の商品の価格が放散しうるがゆえに、逆に基準となる支配的な価格水準そのものは、そのときどきの需給関係に感応し、ただちに乱高下することにはならないわけである。特にこの標準価格が、技術的客観性をもつ生産費用にリンクしている場合には、このような関係はかなり一般性をもって成り立つことになる。新規に持ちこまれる商品の費用が一定しているかぎり、ある程度まではこの標準価格で捌ける公算が高いのであり、あえて周りで散発する、その場限りの値下げに同調する必要はないのである。

したがって、それ自体としては無規律的な市場というバッファの介在は、外部のいわゆる生産の無政府性に対しては、逆に間接的な安定化装置として作用する。ここでは、市場という特異なバッファを通じて、緩みが維持されるのであり、いわゆる需要供給の関係が一律に市場価格を変動させ、絶えざる均衡が実現されてゆくのではない。市場における価格の運動のうちに一定の安定的な基準があることを重視する、価値論ベースの経済学は、この意味において、古典派経済学にいたるまでの経済学が想定してきた、市場に流入する商品のもつ客観的な費用の存在を基礎としながら、同時にマルクスが価値の形態規定を通じてはじめてメスを入れた市場そのものの屈折した安定化作用を統合することで、はじめて確立されるのである。

■商品経済的富と転売　バッファを介した商品の販売に対応して、貨幣もまた特異なバッファをもつ。貨幣のバッファの特徴について考えてみよう。

商品の側からみて、こうしたバッファリングの存在を説明する有力な方法は、ここでもまたマルクス経済学が従来から主張してきた「商品には価値がある」という命題を積極的に適用してゆくことである。逆に、商品にある大きさの価値が内在するという命題を否定すれば、各時点ごとに、隔離された需要供給関係によって、瞬間的に「均衡価格」が点滅するだけで、それ以上のことはいえない、ということになる。仮に需給均衡を模索する期間を想定したとしても、基本的にはこうしたバッファはそれぞれの期間でいったんクリアされて消滅するはずである。要するに、均衡価格に解消できない価値が実存するからこそ、一時的に需要が減退しても、それは値引きをする部分を膨らまし価格の放散を促すのみで、支配的な部分は内在する価値量の実現を期して我慢する。標準価格は、需給変動によってただちに破壊されるにはいたらないのである。

このように価格の帯ないし束として発現する商品の内在的価値の大きさを表現し計量するためには、市場に流入し流出するようなタイプの商品ではなく、市場の内部に恒常的に滞留する商品によらざるをえない。貨幣は単に交換のための媒介物として機能するというだけではなく、同時に市場のバッファリング作用を拡張する独自の性格を具えることになる。

たしかに貨幣は、直接統御できない販売と、意図された購買との間にたまたまズレが生じたときに、これをつなぐ準備手段として機能する。だがこれはまだ、商品の側のバッファリングの裏面であり、その補助作用にとどまる。これがなければ、さきにみたような市場の特性は生じないかもしれないが、しかし貨幣の特質はこの反映を超えたところからはじまる。このような貨幣の背後には「商品経済的な富」、すなわち資産という性格が潜んでいるのである。

ただちにわかるように、もし貨幣が単なる予備にすぎぬのであれば、それを無制限に増大させようとすることはばかげている。ところが、貨幣の保有には特定の目的のための準備という量的制限を定めることを困難にする特質がある。そこには、際限なく追求されるといってよい面が潜んでいる。こうした無制限性を説明する一つの立場は、商品の基本属性たる交換を求める性質を起点として、この性質の内的な発展のうちに、貨幣を特徴づける自己目的性を導きだすアプローチである。①貨幣でなら「何でも買える」という関係が成立すれば、②何でも買えるものを「いくらでも欲しがる」という行動が、自然に派生すると考えることに不思議はないように思われる。

だが、①と②の間には論理的飛躍がある。この推論が成り立つためには、何でも買えるのであれば、なぜ、いまいちばん欲しいものを買わないのかという疑問に答えなくてはならない。この疑問に対するもっとも簡単明瞭な解答は、貨幣となっている商品の使用価値自体が、実はいちばん欲しいものであったというものであろう。この立場は、貨幣は価値の結晶だから、無限に欲されるとするのではなく、逆にそれ自体のもつ使用価値のほうを起点とし、ここから出発して、商品価値が結晶するためには、このような核になる使用価値が不可欠だと推論するわけである。

むろん、一見逆向きにみえる二つの立場は、相互の関連を明確にしてゆくべきものであり、二者択一ですますべき問題ではない。ただ、ここであえて第二の立場を対置したのは、諸商品の交換性が結晶する核となる貨幣商品の存在に光を当てるためである。こうした商品は何であってもよいわけではなく、貴金属に代表されるような特殊な性格をもっていなくてはならない。こうした商品はいわば市場での取引とは独立に、従来から社会的な富ないしは資産として保有されてきたものである。これらは、その誕生に遡れば、たしかに生産されたものであるかもしれないし、またその一部は消尽されてゆく運命にあるかもしれない。しかしその大部分は使用価値の形状を変えることなく保管される。そして、この種の財貨は、商品として市場に取りこまれると、その形状を維持しながら繰り返し転売されることになる。

たしかに、この種の商品の一部には、生産を通じて新規に市場に登場したばかりのものも含まれる。しかし、その大部分は異なる条件のもとで、はるか以前に生産されたもので構成されている。資産性を具えたこの種の商品群は、市場を経由して消滅してゆく商品群とは異なり、人工物に対する自然物のように、非生産物という性格を帯びている。貨幣商品も、こうした特殊な商品群を基礎に絞られてくる。このように考えてくると貨幣現象は、流通する一般商品が形成する諸市場と、資産性を強く帯びた商品群が転売される諸市場とがいわば交差する境界に屹立する複雑な構造物であり、貨幣制度として現れるその内部構造は両側圧を受けながら不可避的に変容することがわかる。

■資産の価値　このような転売を主とする商品群の場合、その商品価値はいかに捉えるべきか。一つの考え方は、商品として生産されたものではないという点に力点をおき、それらは需給関係に依存する価格はもっても、その変動の基準となる、一定の大きさの価値をもつものではないとするものであろう。市場というバッファが機能し商品価格が安定的な基準をもつのは、同種商品が一定の条件で再生産されて次々に流入するからであり、こうした関係がなければ、そのときどきの需給関係に応じて価格はバラバラの点に離散することになると考える立場である。

逆の考え方は、いかに少量たりといえどもこうした商品にも新規の流入部分がある点を重視し、そのかぎりでは一般商品と基本的には同じ規制原理が作動しているとみなし、程度の違いはあっても一般商品と同じ価値規定が適用できるとする立場であろう。この場合、転売される部分はすでに過去に異なった条件で生産された諸商品の集合であり、それらが直接価値の大きさを規定すると考えることは困難であるとする異論に対しては、いわゆる限界原理を適用して、商品の価値は基本的には需給調節的な役割を果たす部分によって規定されるのだと応じることもできよう。

しかし、これら両端はともに転売のもつ独自性を考慮したものとはなっていない。もともと、商品が安定した標準の下である幅の価格帯に放散するという価値現象は、流出に対して再流入する量は無政府的でも、それらの商品に客観的な大きさの経費がかかっているという契機と、これに対して市場において個々の商品は無規律的に捌かれながら商品群全体として一種のバッファリングをおこなうという契機、これら二重の契機の複合によるものであった。生産されない資産の価値は、この後者の契機が一方的に肥大化するかたちで規定される。転売されるなかで、滞留する全体の価値が評価され、このストックの存在が直接的な需要の変動に対して安定した価値の大きさをもたらすのである。

本節のこれまでの展開は、この第三の考え方にゆきつく。市場の内部には、こうした転売を目的に保有される「商品経済的な富」が存在し、そこでは一部の商品が実際に販売され、その過程で商品価値が表現され実現されると同時に、それを通じてこの一部を含む富全体の値打も絶えず再評価される。背後に再生産をもたないこの種の商品の場合、その価値現象を保証する先の第一の契機は、この再評価機構によって担われる。この種の商品に買い向かうのは、このような富を保有する者どうしの間の買い替えと、多種多様な一般商品の流入と流出の残差とから生じることになるが、全体の取引を刺激しその総額の動向を左右するのは後者である。ただ、この残差の変動は、はるかに大量の既存の富の存在に吸収されてゆく。

こうして転売される商品経済的な富を内包することで、一般商品の滞貨によるバッファリングは補強される。その意味で、こうした富の存在は、「バッファのバッファ」という機能を結果的に果たすことになる。しかし、この富は、さまざまな種類の商品の合成物であり、それらをどういう構成で保有するかに一律の基準は存在しない。そのため、商品経済的な富の価値評価を維持し高めるために、合成比率を繰り返し調整する動きが生じてくる。ここに転売というかたちで、資本の運動への萌芽が宿されているのである。

ただ実際には、一般商品と商品経済的富との間には画然とした境界が設けられているわけではない。市場に存在する商品は、負の意味での滞貨であると同時に、それ自体において富としての性格を多少なりとも残している。転売を通して自己のもつ商品経済的富の評価を高めようとする運動は、一般商品の滞貨をもその契機として一時的に取込んでゆく運動に発展する。こうして市場の原理は、最終的には資本の運動によって統括される動的な構造体を生みだすことになるのである。

以上のような「緩衝としての市場」の理論には、さらに掘り下げるべき論点がなお多く残されているが、労働市場の構造を分析する最低限の準備は、これでひとまず調ったと思われる。そこで次に、この市場一般に変形生成を引きおこす「労働力の商品化」とはそもそも何を意味するのか、という問題に考察を進めてみよう。

第2節　労働力の商品化

■用語の問題　「商品としての労働力」（Arbeitskraft als Ware）という用語は『資本論』第一巻の「貨幣の資本への転化」の章に登場する（Marx〔1867〕181）が、宇野弘蔵（1897-1977）が多用した「労働力の商品化」に相当する用語は『資本論』には見当たらない。マルクスは「貨幣の資本への転化」が成功するためには、その使用価値が同時に価値創造であるような特殊な商品を「発見する幸運にめぐまれなくてはならないであろう。そして、貨幣所有者は、市場でこのような独自の商品——労働能力または労働力——を、見いだす」（Marx〔1867〕181）と述べている。たしかに、「商品としての労働力」は「先行の歴史的発展の結果」であり、一般商品とは異なる特殊な存在ではあるが、「なぜ、この自由な労働者が流通部面で貨幣所有者に相対するのかという問題は、労働市場を商品市場の特殊な一部門として見いだす貨幣所有者には関心のないことである。そして、この問題はさしあたりはわれわれにとっても関心事ではない。貨幣所有者が実践的に事実にしがみつくのと同じように、われわれは理論的に事実にしがみつく」（Marx〔1867〕183）ことに徹すればよいというのである。前章でみてきたように、労働力商品の価値規定にも一般商品と同じ原理が貫くことに力点をおく『資本論』第一巻の流れからすれば、労働市場も一般の商品市場と基本は変わらぬ点が強調されるのは当然のことである。このため、労働力はすでに完全に商品となりきった状態で与えられており、後はただ、貨幣所有者に発見されるのをまつだけの存在とされたのである。第二四章「いわゆる資本の本源的蓄積」で主題的に論じられる近代的プロレタリアートの歴史的形成過程という意味での「労働力の商品化」は、理論の外部で完了しているのであり、理論の内部では「商品としての労働力」がすでに存在していることを前提に考察を進めればよい。これが『資本論』の立場であろう。

ところが、日本語の「労働力の商品化」という表現には、それ以上の意味が付随する。この表現には、「元来商品たりえないものが商品にされる」という変化が含意されてくる。「商品としての労働力」といっても、労働力はやはり一般商品とは根本的に異なる特殊な商品であり、それを商品として扱うことの無理、その処理の困難が伴うだろうという趣が醸しだされる。このように「労働力の商品化」という表現には、「商品としての労働力」にはない異質な内容が紛れ込んでいる。時間の流れを背景に異なる現象を暗黙裏に関連づける、この「…化」という語法は、近代の日本語を特徴づける語彙拡張といってよい。それは自然言語に特有な潜在的な問題発見の効能をもつが、逆に曖昧さを自覚しないと、語感に引きづられ論理の飛躍を看過させる。

このように自然言語によって無意識のうちに拡張された内容は注意深く分析し、明確な概念を与えてゆく必要がある。「労働力が商品になる」というのはどういう意味なのか、リンネルや上着と同じ一般商品の一つに最初から同定できるものなのか、それとも商品とはいっても、もともと不完全な商品に転化するにすぎないのか、あるいはただ、実際は商品ではないものが、ただ商品と見なされるにすぎないのか、といった問題がここには潜んでいる。宇野はこの問題に対して、労働力をひとまず商品であるとしたうえで、ただそれが一般商品とは異なり《なにか》ではないというかたちで答えている。いわば否定形によって繰り返しその特殊性が強調されるのである。こうしたかたちで探られている因子を明示的に分析してみよう。

■資本の非生産物　この否定されるべき《なにか》の第一の候補は、「資本の生産物」である。すなわち、労働力は資本が直接生産できないため、この商品に関しては需要の増大に対して、資本が生産の拡大で対処できないという結論が導きだされる。こうして、資本の運動は労働力商品を増殖の基礎としながら、生産を通じて自ら直接それを確保できないという基本矛盾を内包しているという主張につながる。けっきょく、この《なにか》の第一候補は、労働力商品の供給の非弾力性という量的側面に問題を絞ることになる。しかし、資本の生産物でないものが、はたしてどこまで商品の形態的特質を保持することができるのであろうか。宇野自身はしばしばこの否定形を肯定形にすべく、労働力商品は純粋な資本主義における唯一の「単純商品」であるという言い換えをはかっている（宇野〔一九五三〕六五）。これを額面通りにとれば、労働力は単純商品生産者としての労働者が生産した商品ということになる。しかし、こうした単純商品では、市場なるものの内部構造も、価値の概念も不純なものに終わらざるをえないことを強調したのも宇野自身である。すでにみたように、マルクスの場合には、たしかにこの種の単純商品生産者のイメージを労働者に事実上かぶせることで、その価値の大きさを特殊な意味で生産費と見なそうとするところがあった。だが形態としての価値という概念を純化し、価値の実体は「労働生産過程」をふまえて資本の「価値形成増殖過程」において論証されるべきものと主張した宇野にとって、労働力商品を単純商品になぞらえる必要は理論上まったくなかったはずなのである。

■非商品生産物　宇野はこの労働力商品がそうでない《なにか》を、単に「資本の生産物」に止めず、さらに「商品生産物」一般に拡張する。たとえば「労働力は本来商品として生産せられるものではない」、「本来は労働者自身が自ら使用すべきものが、使用しえないものとなり、商品とせられるのであって、商品経済の発展の極点として理解すべきである」（宇野〔一九五二〕一八一）というのである。ここで「本来」といっているのは、資本主義以前の社会においては「本来」という意味ではないであろう。宇野にしたがうかぎり、そもそも資本主義以前の諸社会では、労働力自体が商品ではないのであるから、それが「本来」商品として生産されたものか否かを語る意味ははじめからない。したがって、ここで「本来」というのは、労働力が商品という形態をとっている資本主義経済のもとでも、なおそれが商品として生産されたものではないことを指していると解するほかない。ここでは、この認識を基礎に「流通形式の面から労働力商品の特殊性を考察」する独自の試みが示されている。すなわち、中心問題が「商品として生産されたものでないものの商品化」という論点に絞られ、その意味で労働力商品は小生産者によって市場目当てに生産される商品とは基本的に異なった性格をもつものとして捉えられることになる。

■非生産物　宇野の場合、この《なにか》の範囲はさらに拡張され、労働力商品は「商品生産物」といえないだけでなく、そもそも「生産物」たることも否定されてゆく面がある。たとえば、『資本論』の労働力商品の価値規定（本書の七頁の‖A‖の①の部分）を引用して、これに「労働力は労働によって生産されるものではない」（宇野〔一九五九〕一二八）ことを含意するものだという評注を加えている。労働力商品が非生産物の商品化に通じる問題を抱えているという意味であろう。生産物として市場に流入し流出する商品に対して、市場には生産から相対的に独立し、市場に滞留する資産的な商品群が存在する点は前節でみたところである。もとより、生産物であっても商品化しないものもあれば、生産物でなくても商品化するものもあるわけであるから、この「非商品生産物」と「非生産物」の二つの《なにか》は縦に重なり、単純に限定を狭める関係にはない。労働力が生産物として市場を経由し一回ごとに消尽される流量《フロー》ではないという「非生産物」の側面は、労働力が意図的に商品として保有されるものではないという「非商品生産物」の側面と、正確に区別されるべきなのである。

いずれにせよ、「資本の生産物ではない」というだけではなく、「商品生産物でもなく」さらに「そもそも生産物でもない」というようなかたちで、労働力の商品性に関して限定を加えるとすると、そこから次のような理論構成全体にかかわる問題が発生してくる。すなわち、本来資本の運動を生みだすような性格を抽象的に含んだ純粋な商品を起点に据えることで、はじめて市場なるものの基本構造は理論的に導出できるのであり、したがって、こうした手順で理論化された市場に、すでに存在する一般商品の一種として、労働力を簡単に追加することはできないのではないかという問題である。

こうしてみると、けっきょく、労働力商品の特殊性の処理は、市場の側の独自の対応ぬきには困難なことがわかる。労働力は前節で概説した市場一般における商品の一つとしてはじめから参加しており、これが「発見」されるというようなものでもなければ、その流通形式に関するかぎり、他の一般商品と同等の資格をもち、ただ資本による供給が不自由であるといっただけのものでもない。労働力なるものが市場の原理に服するとすれば、実は市場そのものの変成が不可欠なのである。

第3節　労働市場の変成

■単純な労働市場　では、市場そのものは労働力を特殊な商品として取りこむことでどのような変成を遂げてゆくのであろうか。変成の契機となるのは、労働市場を特徴づける「産業予備軍」という特異なバッファの形成である。それは、単に失業者となり商品在庫の一種として機能するだけではなく、同時に、生活過程において、資本に雇用されている賃金労働者の労働力の維持に携わるとともに、労働人口の世代更新を媒介し、さらに技能や熟練の形成を促進する役割を果たす。以下では、こうした産業予備軍の二面性に着目しながら、労働市場の基本構造とその変成を追跡してみよう。

完全に同質な労働力が、一般商品と同様の原理によって売買される市場を想定することから出発してみよう。この場合、極端にいえば労働者は毎日いったん解雇され、翌日改めて再雇用される関係になる。ここでは、たとえば一二人の労働者が毎朝街頭をさまよい、このうちの一〇人が運よく職にありつくといった事態が繰り返される。どの労働者も一週間に六日労働するつもりで街頭にたっても、一週間に一日は職にあぶれる可能性を抱えている。こうして、毎日シャッフルされ、一〇人が無作為に抽出されるものとすれば、資本に雇用されている労働者と区別される、固有の意味での失業状態という概念は成り立たない。仕事にあぶれる二人がだれになるかはその日の運、一週間を通じてみれば、だれが失業者でだれがそうでないのかという区別はない。失業状態の存在は、ただ労働供給が労働需要を上まわっていること以上の意味をもつのである。

こうして、資本が毎日一〇人を確実に雇えるのは、結果的に二人の労働者が仕事にあぶれるという無駄によって支えられているのであるが、ただすでに述べたように、市場における自由な競争は、元来こうしたバッファリングのうえにはじめて作動するのであり、「単純な労働市場」も、広い意味で在庫を抱えることで円滑に売買がなされる。そのかぎりでこの「単純な労働市場」は、一般商品の市場と基本的に変わりがない。仕事にあぶれる労働者がつねに存在すること自体は、労働市場の特殊性ではなく、逆にすべての商品市場に共通する一般性を意味するものなのである。しかし、労働市場では取り引きされる商品の使用価値が特殊であるために、この種の原始的な競争関係にとどまることはできないのである。

■型づけられた労働　労働市場で売買される労働力は、モノを所定の場所に移動するとか、決まった順序にそろえるとか、数をかぞえ文字を読みとるとか、発話で合図をおくるとか、分析していけば、だれがやってもそう大差がでるとは考えられない、同質の基本活動の《束》からなる。だがこの基本活動は、実際には車両の運転とか、部品組み立てとか、簿記の記帳とか、さまざまな職種として、一定の型をもった労働として発揮されなくてはならない。この型を指定するのは、生産組織を統括する資本の側であるが、この型に合わせた基本活動の組織化は、労働者の主体的な努力にまつほかない。「技能」というのは、このような基本活動を特定の方向に束ねる能力を指すものと考えられるのであり、その目的意識的な統御の側面に習熟の差も現れてくる。「労働力の価値規定」を論じるなかで、熟練に生産概念を適用することの無理と、それを回避しようとして資本主義の労働市場を「単純な労働市場」に還元してしまうことの限界についてはすでに述べた（本書二六頁）。必要なのは、そうした意味で、複雑労働の還元論でもなく、機械制大工業＝単純労働化仮説でもない。『資本論』の「労働過程」に示されたような人間労働の基本的な特徴を基礎に、それがどのように変形され、どの範囲で市場の売買の対象になるのかを理論的に分析することなのである。こうした分析のうちに浮かびあがってくる労働の「型づけ」こそ、「単純な労働市場」を変成させる重要な契機なのである。

この型づけは、もしその内容が充分に分析され客観的な仕様に仕上げられていなければ、資本家が自らの責任において、現場で逐一指令するほかない。実際、資本の増殖運動は、このようなかたちで無定型の労働力を包摂し、その不確かな部分を直接統御することで増殖力を高めようとする傾向をもっている。しかし、資本による生産組織の分析と再調整の深化は、同時にまた労働そのものに内在する合理性を拡張・肥大化させるなかで、この型づけのうちにたえず客観的な標準をつくりだす面をもつ。この結果、労働力の売り手も単に無定型のまま、自己の労働力を市場にさらすのではなく、資本による規格に沿って所定の型に鋳込むことにより、販売の促進を図ることを強いられる。資本による生産過程の包摂の深化は、労働市場に対してこの種の型づけを求めるようになるわけである。

こうして、労働市場における売り手たる労働者間の競争は、この種の型づけという要因を含むかたちで展開されるようになる。この場合、型づけのためには、労働者の側の主体的な努力だけでなく、型づけに必要な一定の物的消費を伴う。『資本論』で「養成費」とされた追加要因に含まれる消費である。この物財の量自体にも、その型に応じて相違が生じてくるが、この点でむしろ問題となるのは、この型づけのための消費が計量しにくい労働者自身による主体的な努力と一体をなし、労働者の間でその比較が難しいうえに、個々の労働者にとっても自己の負担したコストとその効果が予想しにくいという点にある。それぞれ異なる職歴をもつ労働者Aと労働者Bが同じ機械工になるために支出した経費というのは、そもそも比較可能かという問題に加えて、仮にそれが同じであるとしても、同じような雇用の機会をもたらすとはかぎらないという問題がつきまとう。そこには、ある商品をA地からB地に運ぶのに要するコストは客観的に決まっても、B地に運んだことがその販売をたやすくしたかどうか、わからないのとよく似た関係が認められる。しかも、この型づけにはある期間を要し、また同時にいくつもの型づけをおこなうことはできないという問題が加わる。こうして、労働市場はこの種の型づけを取り込むことで、「摩擦」の大きな市場となる。労働力商品はいわば重い媒体を介して売買されざるをえないのである。

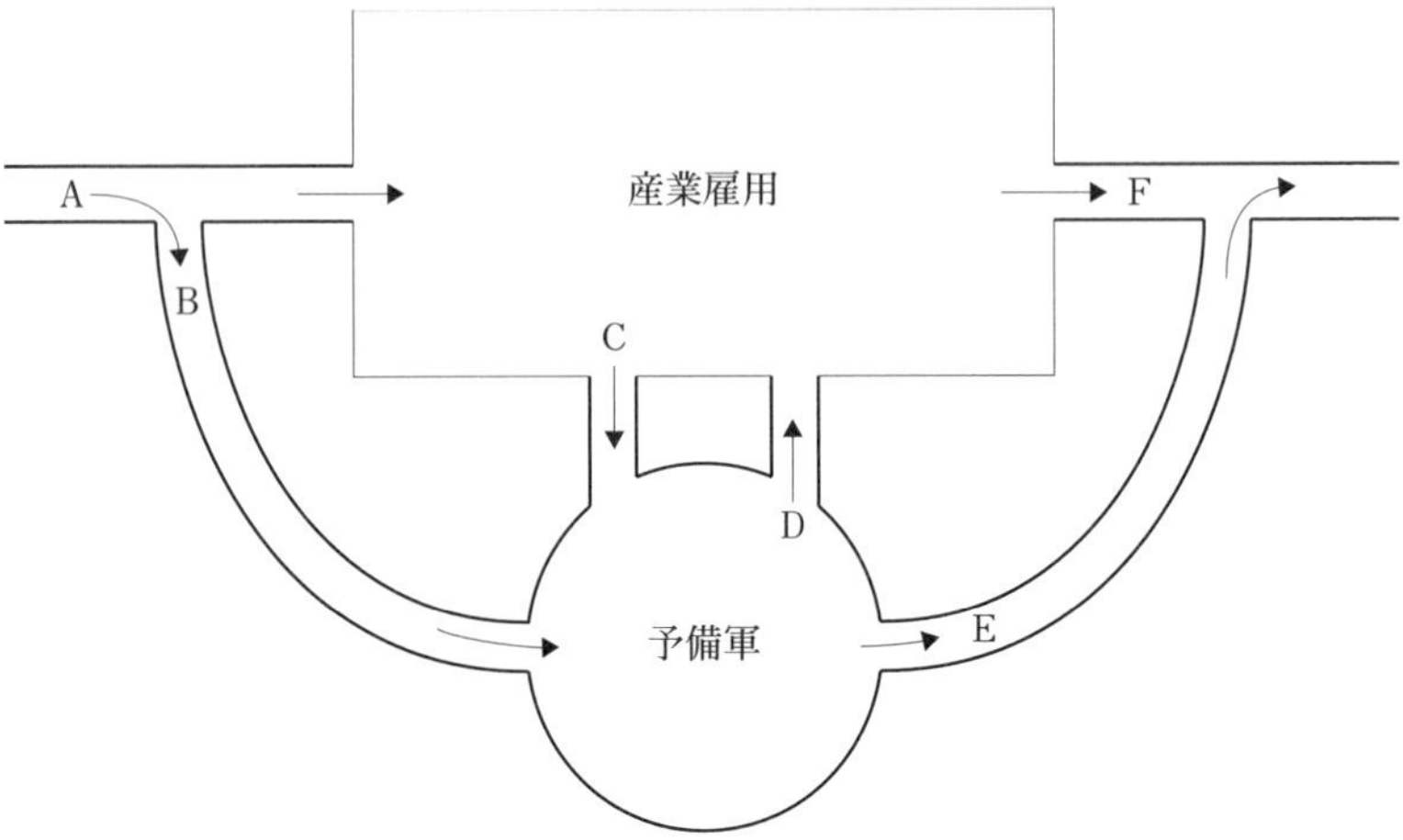

図 **2.2**　「産業過程の動態」(**Sweezy**〔**1942**〕**88,** 訳書 **110** 頁)

■産業予備軍の分離　このような「摩擦」の増大は、さらに進んでこの市場自体の構造変化、すなわち変容につながる。市場における売買にコストがかかり、しかもその効果が客観的に評価できないという特質は、売り手に対しても買い手に対しても、一般商品のように市場での取引を繰り返すことを回避させるようにはたらく。労働力が生産物であり、商品として日々生産され更新されるのであれば、「単純な労働市場」で述べたように、日々一〇人を解雇し、一二人のなかから適当に一〇人を再雇用することで不都合はない。昨日の労働者Aの労働力と今日の労働者Aの労働力とは別物なのである。

ところが、そのために一定期間を要する型づけが市場の側に押しだされてくると、労働力はある労働主体のもとに特定の型を維持する傾向を帯びてくる。この結果、市場を経由する一般の生産物の流れとは異なり、一度型づけに成功し雇用された労働者は基本的に雇用状態を継続するのに対して、そこから排除された労働者は失業者群を形成する。こうして常傭労働者から「産業予備軍」が分化するのである。

ただこの用語は多少注意を要する。『資本論』第一巻第二三章第三節「相対的過剰人口または産業予備軍の累進的生産」で基本規定を与えられ、続く第四節でその歴史的存在様式が詳述されているが、『資本論』の場合、いざ戦争となり、急に大量の兵力が必要となったとき、常備軍では対応できず駆りだされる「予備軍」という含意で用いられている。第二三章「資本主義的蓄積の一般法則」では全般に、連続的でなだらかな成長ではなく、あるときはこの産業、次は別の産業と突発的に急進する不均質な拡張の連鎖が資本主義的蓄積の特徴とされ、「予備」というのはこうした突発性を支えるプールの意味が基本であり、日々の変動を全体として吸収するバッファという含意は弱い。ただ、この用語には「相対的過剰人口」では表現できない、常備軍からの分離と固定を明示する独自の効果もある。「予備」の一語にバッファの機能を読み込むことには無理があるが、本書ではこの効果を重視して「産業予備軍」という用語を用いる。マルクス経済学で一般に想定されているこうした産業予備軍の常態化という事態を説明するためには、同質な労働力が無規律的に取り引きされる平板な市場関係を超えるなにかが導入される必要があり、このカギを握るのは労働の型づけの契機であるというのが当面の結論となる。

この契機により、労働市場においては、摩擦の解除された基幹的な常傭労働者が形成されると同時に、型づけに伴う摩擦は産業予備軍という共用のバッファに集約され、この常傭労働者と産業予備軍とは、解雇と再雇用というパイプで結ばれる。このような労働市場の構造に関しては、スウィージー（Paul Marlor Sweezy, 1910–2004）の古典的な図解（図2.2）がいまでも参考になる。

この場合、賃金が支払われ労働力が現実に売買されているという意味では、常傭労働者の部分だけが労働市場を構成しているかのように見える。しかし、現実に競争が展開される真の市場は、無定型の労働者が労力と費用をかけて自己の労働力をいわば包装《ラッピング》し、資本がその中身を探るかたちで、両者がしのぎを削る再雇用のパイプのほうなのであり、このパイプを通じて、それぞれの型づけられた労働力の価値は実際に測られるのである。「商品経済的富」において、一部の転売を通して総体の価値が「評価」された（本書五二－三頁）のと同様に、常傭労働者の内部に取込まれた同型の労働力は、再雇用される一部分の売買を通じて「評価」される関係になる。常傭労働者の側における安定した労賃水準の維持は、こうした産業予備軍という共用バッファを介した労働力の受け渡しの構造に依拠しているのである。

■生活過程の緩衝　産業予備軍というバッファは、単に解雇と再雇用というパイプで常傭労働者と結ばれているだけではない。新規の参入や完全な離脱もあり、さらにまた予備的な労働力も潜在的・流動的なかたちで組み込まれている。「労働力は本来商品として生産せられるものではない」という性格は、実際に滞留するこの予備軍のほうに顕著に現れる。商品として生産されたものは商品として売れなければ何の役にもたたないが、本来そうでないものは売れなかったからといって、それですぐに、何の役にもたたないということにはならない。たとえば、これまでの歴史のなかで、女性に強く押しつけられてきた家事労働や、さらに社会生活に随伴する雑役のようなものの一部はこの種の産業予備軍によって担われてきた。資本主義経済のもとでも、社会的生活過程を維持するためには、私的営利企業によらないさまざまな組織的労働が不可欠である。公共サービスのような領域もあれば、さまざまな文化活動もある。また、保育所や学校、病院や養護施設など、労働力の養成や維持に深くかかわる場があり、そこで社会的な労働もおこなわれている。

産業予備軍は労働市場で型づけを円滑に進め、労働力一般の同種性を担保するバッファとして機能するとともに、常傭労働者の生活を背後から支える生活過程でのバッファという役割を果たし、二重に常傭労働者と結びついている。常傭労働者がその賃金を介して、ある量の生活手段を入手できたとしても、それだけで労働力が維持できるわけではない。生活手段はあくまで、生活過程の前提条件であり、労働力の維持は、それを消費し実際に生活を享受するなかで結果的に実現される。労働力商品を販売するのは個々の労働者であるが、その労働者の労働力は生活をおこなう過程を通じて結果的に形成される。この生活過程は、繰り返し強調してきたように、個々の主体がバラバラにおこなうものでも、家族といった閉じられたセルの内部で完結するものでもない。それは、個人、家族、地域社会、政府といった多層において、社会的に実現される。それを特徴づける共用や協力という要因が、一定の生活手段の物量によって維持される人口を基礎としながら、そこから供給される労働力の総量に弾力性を与えるのである。その結果、《どれだけの生活手段を消費するか》ということと、それを基礎に《何時間労働するか》ということの間には、生産手段の投入量と生産物の産出量にみられる、生産技術に基づく比例性を欠くことになる。この「本源的弾力性」が剰余価値の根本をなし、生活過程の社会性はさらにこの根本の根本をなす。こうして、産業予備軍は一種の在庫として労働市場のバッファとして機能すると同時に、常傭労働者の労働力を維持形成する生活過程におけるバッファとして二重に機能するのである。

■労働者人口　このように賃金労働者は、労働市場においては私的個人として振る舞うが、彼が売る労働力自体は個別労働者だけで維持形成することはできない。それは、多層的な社会生活を通じてはじめて維持できる。労働力の売買が個々の労働者によるからといって、生活過程も同じように私的な関係で閉じられているわけではない。その意味で、労働力の供給ベースは、広義の労働者人口あるいは労働者階級という集合体レベルで捉える必要がある。この点を銘記するなら、私的競争が展開される労働市場と、社会的な生活過程との間に、明確な位相の差があることがわかる。労働市場と生活過程は、異なる階層に分かれて、より大きな構造をつくりだしているのである。

したがって、広義の労働者人口の内部構成を区別しておく必要が生じる。ただ原理論ではあくまでも、資本主義的な賃金労働者の維持という観点から、基本的な役割の違いに応じた区分がなされればよい。ここではさしあたり三つのグループに分けておく。労働者人口 N 人のうちには、常備労働者 N_1 人に対する狭義の産業予備軍とともに、社会生活において労働する生活労働者の存在を含める必要がある。両者は共用性をもち、明確な境界線で区別すべきものではないので、ここでは広義の産業予備軍 N_2 人に一括する。残余の労働人口すなわち $N-(N_1+N_2)$ 人のうちには、将来労働者に加わる子どもやリタイアした老齢者などが含まれる。ただこれは、あくまで、労働市場を分析するための理論上の大枠にすぎない。

■総量規定　労働力の供給の量的規定にも、このような社会性を明示していく必要がある。総労働人口 N によって社会的生活過程が営まれ、それを基礎に N_1 人が年間平均 d 時間の賃金労働をおこなうことで、$T=N_1\times d$ 時間の労働量が資本に販売される。貨幣賃金率を w 円／時間とすれば、この総労働に対して $w\times T$ 円の賃金総額が支払われる。ここではこの総額がすべて生活手段に支出されるものと仮定する。生活手段はさまざまな商品 B_1、B_2……で構成されるが、これらの物量で構成される生活手段のバスケットをベクトル $\boldsymbol{B}$、これらの価格 p_1、p_2……を要素とするベクトルを $\boldsymbol{p}$ で表示すれば、

$$Tw = \boldsymbol{Bp} \qquad (2.1)$$

が成りたつ。さらに、各商品一単位を生産するのに直接間接に必要な労働時間t_1、t_2……をベクトル$\boldsymbol{t}$で一括表示すれば、剰余労働時間は

$$M = T - \boldsymbol{Bt} \qquad (2.2)$$

で与えられる。一時間の労働に対応する生活手段の物量のベクトルを

$$\boldsymbol{b} = \boldsymbol{B}/T \qquad (2.3)$$

とおき、「物量賃金率」とよぶことにする。多数の物量のセットである$\boldsymbol{b}$に、労働力という一商品の価格である「賃金率」という用語を充てることは、厳密にいえば誤りである。ただここでは、物量セットの構成比率は不変であると仮定し、単一の価格に模して扱う。このとき、総労働時間に占める剰余労働時間の比率は

$$M/T = 1 - \boldsymbol{bt} \qquad (2.4)$$

となる。このM/Tが増加すれば剰余価値率も増加し、逆なら逆になる。剰余価値をm、可変資本をvで表す『資本論』の剰余価値率の定義にしたがえば、

$$m/v = 1/\boldsymbol{bt} - 1 \qquad (2.5)$$

となる。

ここでの決定順序には注意が必要だが、$\boldsymbol{B}$によって労働者人口Nの生活過程が営まれるのであり、この生活過程を基礎にしてN_1人の労働者から、T時間の賃金労働の総量が供給される。剰余価値論の根本は、$\boldsymbol{B}$とTの間に直接的な比例的な関係が存在しないという点にある。こうして、生活手段の生産に支出された必要労働時間$\boldsymbol{Bt}$と、N人の生活過程から引きだされる生きた労働Tとの間に本源的な弾力性が生じるのである。

すでにみてきたように、『資本論』では労働力の価値規定が、第一巻第四章の「貨幣の資本への転化」のなかで与えられている。そこでは、一人の労働者を対象に、一日の生活手段$\dot{\boldsymbol{B}}$を所与として、その生産に要する労働時間$\dot{\boldsymbol{B}}\boldsymbol{t}$によって、労働力の価値が規定されている。養育費や養成費などの拡張が加えられてはいるが、基本は個人で、その生活手段の量は不変である。そのうえで、一日の労働時間$\dot{T}$（労働日 working day）は可変だとして、この可変性のうちに剰余価値の源泉は潜むと説く。

このように『資本論』の「絶対的剰余価値の生産」は$\dot{\boldsymbol{B}}$を固定し$\dot{T}$を延長するかたちになっている。しかし、「本源的弾力性」の概念は、$\boldsymbol{B}$が一定不変であることを必要としない。Tが一定でありながら$\boldsymbol{B}$が増減するというかたちでも説明できる。実際には、両者が独立に動くことがいえればよいのだ。いずれにせよ、生活手段の物量が歴史的・文化的に与えられていることは、「本源的弾力性」にとって必要条件ではない。本書は『資本論』と同様、「絶対的剰余価値の生産」が剰余価値の基本であるという立場にたつが、この主張は、本源的弾力性で充分満たされるので、生活手段が所与であるという想定は外す。

この変更は、用語面でも一定の注意を必要とする。$\dot{\boldsymbol{B}}$を固定し$\dot{T}$を延長する『資本論』の説明では、「労働力の価値」は$\dot{\boldsymbol{B}}\boldsymbol{t}$として、可変的な労働日全体に対して与えられて、一時間相当の価値$\dot{\boldsymbol{B}}\boldsymbol{t}/\dot{T}$は、結果として導きだされる。絶対的剰余価値の生産の説明としてなら、必要な補足を加えれば、それ自体は誤りではないが、この便宜的な説明を、労働市場で労働力商品が売買される現実に、そのまま当て嵌めるとおかしなことになる。「労働者は一労働日の労働力の価値 $\dot{\boldsymbol{B}}\boldsymbol{t}$ を受けとった、だから、実際に何時間はたらくのか、いつ家に帰れるかはわからない」としたのでは、いかに説明のための仮構だといっても無理がある。

労働力は、労働市場では、他の商品と同じように商品として売買される。労働力商品の価値も、一日八時間に対して、あるいは一時間当たり、何円というように表現される。たしかに労働力を売った労働者が、どのような目的の達成を課され、どのような強度で労働させられるかは決まってはいない。しかし、契約に先だって、売られる労働力は一定量に確定されて、その価値は賃金率で表現される。一日何時間はたらいても $\dot{\boldsymbol{B}}\boldsymbol{t}$ は一定で、一時間当たりの価値は、実際にはたらいた時間 $\dot{T}$ で $\dot{\boldsymbol{B}}\boldsymbol{t}$ を割ることで、結果的に決まるといった契約で売買されるわけではない。労働力も商品としては、単位量当たりでその価値の大きさが価格で表現されるのであり、その点は他の一般商品と変わりないのである。

本書も、$\boldsymbol{B}$ と T の独立性を前提に、T 全体の価値という意味で $\boldsymbol{Bt}$ を「労働力の価値」とよぶ用語法は、マルクス経済学の伝統にしたがって残す。ただ、労働市場で労働力が商品として売買される場合には、単位時間当たりの価値 $\boldsymbol{Bt}/T$ をもって「労働力商品の価値」とよび、これと明確に区別する。「労働力商品の価値」の変化は、すべて T の変化によるのではない。それは、相対的に自由度をもって変化する三つのファクタ、T、$\boldsymbol{t}$、そして $\boldsymbol{B}$ によって決まる。

あわせてもう一点、ここで注意しておく。生活物資の総量 $\boldsymbol{B}$ や物量賃金率 $\boldsymbol{b}$ は、多数のモノのセットである。したがって、これらの増減を規定するにはベクトルをスカラー化する、たとえば価格 $\boldsymbol{p}$ のような評価のためのベクトルが必要となる。$\boldsymbol{B}$や$\boldsymbol{b}$が変化すれば、それと同時に$\boldsymbol{p}$も動く。したがって評価ベクトルの動きを無視して、単純に$\boldsymbol{B}$ないし$\boldsymbol{b}$が増大したとか、低下したとかいうことはできない。しかし、ここでは生活手段の構成比は、基本的に大きく変わらないものと仮定する。したがって、それらを価格評価しなくても、ベクトルのまま$\boldsymbol{B}' = k \times \boldsymbol{B}$のかたちで、$k$倍に増加した、ないし減少した、ということができるものと仮定する。そのうえで、「労働力商品の価値」の価格表現$\boldsymbol{bp}$を、本書では「基底賃金率」とよぶ。基底賃金率は、当然単位時間当たりの賃金額であり、これが労働市場で労働力商品の価値として規制力を発揮するのである。

さらに、労働者の維持が社会的な多層性をもつ点を重視すれば、個々の労働者やその家族という枠組を外して、生活手段を基礎に供給される労働量は広義の労働人口のレベルで捉える必要がある。たとえば、一億人の労働者人口Nが存在し、そのうち四〇〇〇万人が常傭労働者N_1を構成し、広義の産業予備軍N_2が四〇〇〇万人、その他が二〇〇〇万人ほどいるというように、大きな単位で考える必要がある。労働者一人が一日八時間、週五日、年五〇週間労働するとすると、一人当たりの年間労働時間は二〇〇〇時間となる。したがって、労働市場で供給される総労働時間Tは一〇〇〇億時間となる。貨幣賃金率wが平均二〇〇〇円とすると年間の賃金総額Twは二〇〇兆円となる。この二〇〇兆円によって、さまざまな生活手段$\boldsymbol{B}$が購入され消費される。生活過程の内部に踏み込めば、主体ごとに生活のパターンは千差万別であろう。だが、労働市場と労働力の価値は、つねにこのような大枠から総量で捉える必要があるのである。

■開口部　労働力という特殊な商品は市場の基礎構造を変成し、その結果産業予備軍という独自のバッファを内蔵した労働市場が生まれる。さらにこの私的な労働市場は、共同性を帯びた社会的な生活過程を基盤としてはじめて作動する。労働力の商品化は、図2.3のような大きな複合構造ないし構造体を形成している。これがこれまでの結論となる。

この労働市場と生活過程は、単純に異なる層をなし、外面的に接しているわけではない。両層の間には、資本主義の変容を促す強い営力が観察される。生活過程には、資本による市場化の圧力が絶えずはたらいている。労働力の維持形成にかかわる教育や医療の場にも、営利企業の利潤追求の原理が浸透し、基本的な衣食住のスタイルも「資本主義的」とよびたくなるような独自の色調を帯び、半世紀前の古典的な家事労働のすがたはもはや見る影もないものと化している。人々のコミュニケーションの媒体も利潤追求の有力な手段とされ、文化活動も直接間接にビジネスの領域に囲い込まれる。これに対して、生活過程の側からこれに対抗するさまざまな動きも触発される。二〇世紀の資本主義を特徴づけた福祉国家の成立・発展は、医療や教育の公的経営、社会福祉の拡充を通じて市場の守備範囲を制限し、社会的公正のイデオロギーに基づいて資本の営利追求にさまざまな規制を課してきた。市場の浸透による伝統的な家族関係の解体は、必ずしも市場原理の全面化にはいたらなかった。ここには行きつ戻りつしながら、新たな相貌を生みだしてゆく、資本主義の変容原理が潜んでいる。

外部に生活過程を前提する結果、労働市場は、原理的にも特定の単一像に収斂することはない。しかし、このことは、多様な構造を生みだす動力が存在しないことを意味するものではない。単一のすがたにならないのは、この構造を生みだす内的動力に対して、労働力の維持形成に伴う外的諸条件が作用するためなのである。これまで『資本論』における「労働力の価値規定」の批判的検討を起点に、「労働力の商品化」という概念がはらむ多重性を通して、労働市場の構造化の営力を演繹的に追跡してきた。このように、資本主義の変容は、理論的な考察の対象にならないわけではない。歴史的な発展が《すべて理論的に説明できる》というわけではないが、だか

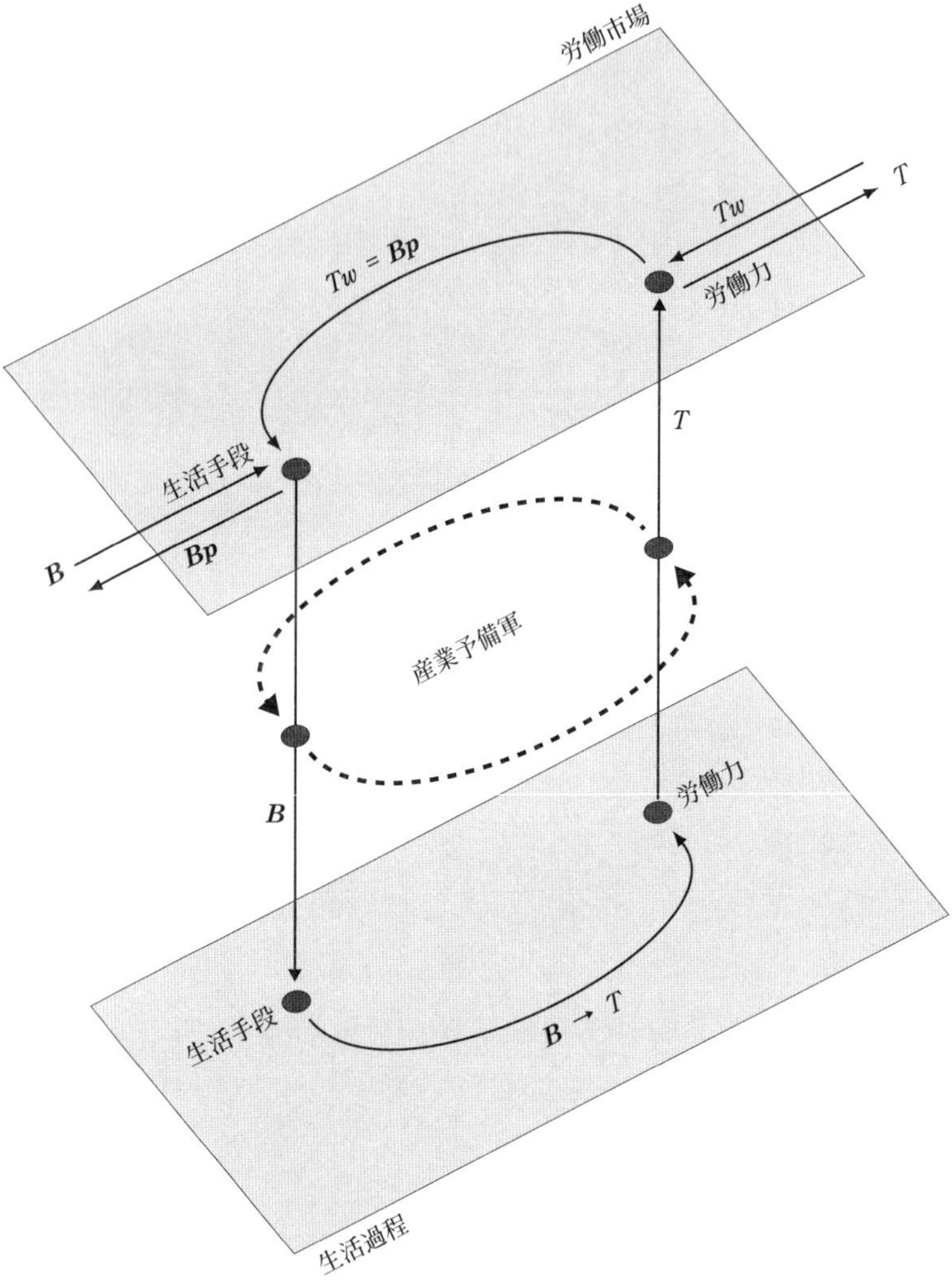

図 2.3　労働市場と生活過程

らといって逆に、それらは《すべて原理論の埒外だ》と断じるのも早計である。変わる対象全体を、丸ごと説明できるか否か、問うのは単純にすぎるのであり、変容を引きおこす内側に視点を定め、そこから開口部の構造を解析すべきなのである。資本主義は、市場の原理だけで閉じることのできない複数の開口部をかかえ、そこに異なった外的条件を組み込むかたちで《変容》する。外的諸条件によって不可逆的に《発展》する歴史的現象のすべてが原理論の対象になるわけではないが、しかし、具体的現象をヨコに並べて比較してみるだけでは、《違い》はわかっても《変わる》ということはわからない。これまでの考察は、変容論的アプローチによる原理論の実践《プラクティス》だったのである。

註

（1）*Dobb*〔1937〕第六章参照のこと。われわれも、摩擦ということで単にあるべき均衡への「遅滞」や「変位」を問題としているのではなく、この種の伝統的な理論的な枠組みそのものが機能しなくなる動的な構造の「変形」を問題にしているのである。

（2）平均販売期間は、それぞれの期日に、売れる確率を乗じた値の総和で与えられる。一日目に売れる確率は$(1-0.9)$、ちょうど二日目に売れる確率は一日目に売れず二日目に売れる確率だから$0.9\times(1-0.9)$、ちょうどn日目に売れる確率は$n-1$日目まで売れずn日目に売れる確立だから$0.9^{n-1}\times(1-0.9)$である。したがって平均販売期間は、本文の直観的説明のとおり、$1\times0.1+2\times0.9(1-0.9)+3\times0.9^2(1-0.9)+\cdots+n\times0.9^{n-1}(1-0.9)+\cdots=10$となる。

第3章　労働市場の動態

はじめに

第1章では「労働力商品の価値の大きさは、一般商品と同じように、その再生産に必要な労働量によって決まる」という労働力の価値規定を批判的に検討し、「労働力の生産ないし再生産」という既成のフレームを外すことで、一般商品の市場とは異なる労働市場の特性がはじめて浮かびあがってくることを示した。第2章では、「労働力の商品化」という概念を分析し、労働力商品というマグマが商品市場一般をいかに変成し、独自の構造を具えた労働市場を生みだしてゆくのかを明らかにした。しかし、労働市場の特性は、静態的な構造分析だけでは捉えきれない。その真価は、資本の蓄積に対応する状態遷移のうちに潜む。この章では動的バッファとして産業予備軍に着目し、労働市場を時間の流れのなかにおくことで、労働力商品の価値水準に考察を進める。

このようなアプローチは、宇野弘蔵の次のような立場と深く関連する。すなわち、資本主義はそれに独自な景気循環を通じて、労働力商品という特殊な商品の価値を与えるという立場である。ただその主張は、対立するいくつかの契機を内包し、何層かのレベルで構成され、多義性を帯びている。そこではじめに、宇野の所説を批判的に検討し、解くべき問題の論理構造を明示してみる。この問題構造を自覚しないかぎり、けっきょく、労働力商品の価値は、景気循環の過程で騰落する賃金水準の平均として、結果的に与えられるとみる通俗的な需給説を脱することはできない。次に、こうした労働市場の動的構造を基礎に、賃金率の上方放散の可能性と、これを規制する基底的賃金率の形成を解明し、労働力商品の価値規定に迫ってゆくことにする。

第1節　三層構造

■タテとヨコの関係　すでにみたように〔引用〓C〓〕『資本論』では、「労働力の価値規定は、他の諸商品の場合とは違って、歴史的かつ社会慣行的な一要素を含んでいる」が、この要素も「一定の国については、また一定の時代には、必要生活手段の平均範囲は与えられている」という想定がなされていた。宇野弘蔵はこれに次のような論評を加えている。

〓K〓①労働者の賃銀もまたこの周期的な景気循環によって、あるときは騰貴して労働力の価値以上となり、あるときは低落して価値以下となる。マルクスもいうように「大体において労働賃銀の一般的な運動は、もっぱら産業循環の時期転変に対応する産業予備軍の膨張と収縮によって規制されている」〔Marx〔1867〕666〕といってよいのであるが、それは単純に労働賃銀の騰落を規制するというだけではない。②実は、この騰落の過程自身の内に労働力なる特殊の商品の価値を決定する、労働者の生活水準自身も決定されるのである。事実、生活水準は、決していわゆる歴史的に与えられたものとして留まるというものではない。資本の蓄積に伴う資本主義の発展は、勿論その生産力の増進とは比較にならないが、好況期の蓄積過程で不況期の低落に対して騰貴する賃銀によって、いわば資本の蓄積に適応した生活水準を歴史的に形成するのである。そして好況から恐慌を通しての不況への転換は、まさにその限度を示すものといってよい。③しかしまたそれもこの循環を繰り返す発展の過程でその向上を許されないというものではない。実際また資本は、その蓄積による発展に伴って、生活水準が多かれ少なかれ向上することを基礎条件として要求するような労働力を必要とするのであって、それは屢々いわれるように資本主義の発展と共に益々低下するものとはいえないのである。④直接に労働によって、したがってまた資本によって生産されえない、労働力なる特殊の商品は、資本の蓄積に伴って展開される、資本主義に特有な人口法則によって、その需要供給を規制せられると共に、その価値を決定する生活水準自身をも決定されることになるのである。（宇野〔一九六四〕一一三－一一四。なお宇野〔一九六四〕一七四　註（14）も参照のこと）

焦点は、労働力商品の価値を規定する生活手段の量は、マルクスのいうように資本主義にとって与えられたものなのか否かにあり、宇野は、次のような推論を通じて、この問題に「否」と答える。(1) ①景気循環の過程で、産業予備軍の膨張と収縮を通じて、賃金は労働力の価値以上にも以下にもなるが、②この賃金（この賃金は当然実質賃金）の騰落を通じて「生活水準」が決定され、この生活水準がまた、労働力の価値を決定するという。そして、③生産力の増進を考えれば、生活水準の向上も不可能ではないことを指摘し、④〈資本蓄積→労働力の吸収反発→賃金の騰落→生活水準〉という順で、労働力の価値は資本主義自身の内部で決定されるという結

表 3.1　労働力の価値を規定する構造

	表の構造	影の構造
レイヤーI レイヤーII レイヤーIII	構成不変・高度化の蓄積 賃金率の騰落 生活水準の形成	資本規模の拡大・収縮 労働力商品の価値 生産力の上昇
	労働力の価値	

論を導く[2]。要するに、労働力の価値は、「好況期」に騰貴し「不況期」に低落する「労働賃銀の一般的な運動」によって「決定」されるというのであるが、ただそれは単純に、賃金の騰落の平均をもって労働力の価値水準とみなすというのではない。「生活水準」による労働力の価値規定は、なおしっかり維持されている。宇野『原論』が『資本論』に対置した労働力商品の価値規定は、

1．好況と不況を伴う資本の蓄積過程を基底に
2．賃金の上昇下落の運動に媒介されて
3．労働者の生活水準が決定される

という、三層構造になっていることがわかる。

否定文を多用した＝K＝の規定を、このような三層構造を意識的に提示しようとしたものと読むべきかどうかは解釈の問題になるが、このように整理してみると、そこには二つの側面で、なお問題が残されていることがわかる。その第一は、これら三層間の規制・被規制の、いわばタテの関係であり、その第二は、各層の内部において、宇野が注目した因子と、それに対立する隠れた因子との間のヨコの関係である。ここでヨコの関係というのは、「生活水準」対「生産力水準」、「労賃の騰落」対「労働力商品の価値」、「蓄積様式」対「恐慌（生産規模の収縮の効果）」、といった各層ごとに存在する《対》のことである。言い換えれば、このような三層構造は、「生産力の変動」「安定的な賃金率」「生産規模の膨張収縮」という、いわば

影の三層構造を蔵している。もとより、これらタテ・ヨコ二つの側面は、別個のものではない。タテの関係が不明確なのは、各層にそれぞれ存在する複雑な因子を切り捨てて、単純なタテの関係に還元したことに由来する。逆に、ヨコの関係のあり方も、実際にはこのようなタテのつながりのなかで左右される。各層の対関係を明示すれば、全体の構造は表3.1のようになる。

■蓄積様式の交替と資本規模の拡縮　まず、第一のレイヤーをなす資本の蓄積に関する問題からみていくことにしよう。宇野は、労働力商品の価値を決定する根本的な要因として、しばしば「資本主義に特有な人口法則」の存在をあげ、『資本論』のいわゆる窮乏化法則は、産業予備軍の累積を強調することで、雇用量の周期的な吸収と反発を覆いかくす結果になっていると批判した。『資本論』の「蓄積論」では、好況期、とりわけその末期における賃金上昇の理由が明確にならないというのである。[3] 恐慌の必然性が理論的に解明されずに終わった原因は、ここにあるとみたのである。

この点を際立たせるために、宇野は資本構成不変の蓄積を高度化の蓄積と対等に位置づけ、「蓄積の二様式」とよんだ。好況期には既存の固定資本に制約されて、不変の蓄積が支配的になるという独自の主張を展開したのである。[4] しかしその後、このような蓄積様式の交替説に関しては、有力な反論が提出され、好況期の賃金上昇をいうためだけなら、構成不変の蓄積にこだわる必要はないという考え方が優勢となった（日高〔一九八七〕一一六）。たしかに、形式的には、雇用量の拡縮は、資本構成と生産規模という相反する効果の合成に帰着する。資本構成の高度化が、労働力の排出要因となるのに対して、資本規模の増大が、吸収要因となる。好況期ないしその末期に労賃上昇があるとすれば、それはこの吸収の要因が排出の要因を量的に凌ぐからにほかならない。構成不変の蓄積というのは、この規模の要因だけを純粋に抽出するための理論上の操作であり、吸収の本質は《構成》にではなく《規模》にあることは明らかである。

恐慌論で懸案となる労賃上昇に関するかぎり、問題は解決されたようにみえるが、労賃の下落に即してみると、《構成》と《規模》の問題は残されている。[5]「好況から恐慌を通じての不況への転換」（引用＝**K**—②）において、賃金はどの時点で下がり、また新たな生活水準はどの局面で形成されるのか、この点がはっきりしないのである。宇野は、恐慌が生産規模の収縮を生み失業を増大させる点を重視するが、それはただちに賃金水準の引下げにつながるのか、あるいは、構成高度化の蓄積を通じて追加的に形成される相対的過剰人口によって本格的に実現されるのか、明確な分析がなされているとはいえない。

このことは、産業予備軍の存在に対する宇野の独自の理解にも関連してくる。宇野は「産業予備軍なるものが、すでに述べてきたように、原理論としては規定しえないものを含む」（宇野〔一九六四〕一一五、一〇九－一一三　註（6））と述べ　これに対して、「旧来の生産方法の改善に伴って生ずる、資本にとっての相対的過剰人口」（宇野〔一九六四〕一〇六）こそ原理論に適合する概念だとする立場を次第に明確にしていった。このため、過剰人口の概念は、構成高度化に起因する相対的な過剰に引きつけて理解されることになる。このことは、資本主義が労働者人口の自然増に頼ることなく、独自に発展できることを示すうえでは重要な意味をもつ。しかしそれは同時に、相対的過剰人口が実際に失業者として実在するかどうかを二義的なものにする。資本構成が高度化すれば、宇野がいう意味での相対的過剰人口は潜在的に形成される。ただ、それと並行して資本規模が増大すれば、この潜在的な過剰人口は吸収され、産業予備軍として顕在化しない可能性もある。[6]こうして、マルクスが「相対的過剰人口または産業予備軍の累進的生産」というかたちで強調し、そして前章で独自に捉えなおした、つねに失業者が存在する労働市場とはかなり異なる市場像が醸成されていったように思われるのである。

このように、失業者として顕在する産業予備軍ではなく、資本構成の高度化によって創出された理論上の相対的過剰人口の側面が重視されたこともあいまって、宇野の場合、資本構成高度化の蓄積に伴う過剰人口の創出が念頭におかれることになり、これとは区別される生産規模の収縮による失業者の形成は副次的な地位におかれる。そのため、恐慌の発生の機制に関しては強い関心が払われながら、その結果や影響に関しては充分な考察がなされているとはいえない。たしかに、『資本論』の一面にみられるように、恐慌を資本主義体制の崩壊と同一視する立場にたてば、恐慌後の過程を詮索する意味はない。だが、恐慌を中心とする景気循環の全体を、労働力の商品化の基本的な契機であると捉える宇野の立場からすれば、むしろ恐慌がもたらす効果こそ立ち入った分析が加えられなければならないはずである。ところが宇野の場合、賃金の下落の主たる要因が《構成》なのか《規模》なのか、この点がなお未解決なのである。それはまた、失業者が倒産で押しだされてきたか、新技術の導入によって解雇されたのか、《履歴》の違いは、労賃水準の決定に影響を与えるものではないという認識につながっている。こうして、賃金水準は労働力商品に対する需要総量と供給総量の関係で、景気循環という長期の過程を通じてみると上昇し下落するのであり、労働力商品の価値は変動する価格の平均ないし重心として、結果的に与えられるという「当て嵌め型」の説明に傾くのである。

■**労賃の変動と労働力商品の価値**　ここから、第二のレイヤーの問題が派生する。（1）労賃は、資本蓄積に伴って変動する需要供給関係を直接反映して、景気循環の各局面で、つねに労働力商品の価値から多かれ少なかれ乖離しているのか、それとも（2）資本蓄積が順調に進行する好況局面を中心に、通常はある安定した水準を保持しており、労賃がこの水準から乖離するのは、労働市場が機能不全に陥る、好況末期や恐慌直後のような特異な時期にかぎられるのか、という問題である。過剰人口が産業予備軍という形態で実在する状況を常態と認め、労働力商品の特殊性を労働市場に内面化させて捉えるのか否か、この点が岐路となる。

この問題に関しては、すでに第2章の労働市場の構造を論じたなかで、事実上（2）を支持する結論にたどりついている。たしかに、資本蓄積が進行するなかで、労働力に対する需要が増大するのに対して、労働力商品の供給のほうが調整されにくいため、労賃は絶えず動揺を余儀なくされるかにみえる。そのかぎりでは、労働力商品は任意不可増な財貨と共通する価格現象を呈するように思われるかもしれない。

しかし、このように景気循環の各局面で、労賃はつねに労働力商品の価値量から乖離していると考えるのでは、一般に価値の大きさという概念に含意されてきた、市場価格に対する規制力はみえなくなってしまう。資本主義的商品の場合、基本的には生産技術の面で資本間に共通の条件が課されるため、市場価格に対して強い規制力をもつ生産価格が形成され、そのもとに部分的な価格の下方放散現象が観察されるのであるが、ただ、このような価格現象自体は、必ずしも生産技術の一意性を絶対的な条件とするものではない。すでに第2章第1節で明らかにしたように、条件をもう少し緩く設定して、同種大量の商品が多数の売り手と買い手の間で競争的に売買される市場の状態を想定すれば説明できる現象である。生産技術に差異があっても資本主義的商品であれば、必ず同種大量という性格をもち、そのため、生産価格とは区別される、いわゆる市場価値が規制力を発揮することになるのである。

このように考えると、宇野が労働力商品の特殊性を、資本によってそれが直接「生産」され《ない》という点に絞り、労働力商品に関して、資本主義に唯一残された単純商品的性格を強調する裏側で、労働力商品の価値に際して、《規制するもの》としての価値量と《規制されるもの》としての価格水準との区別を鮮明にせぬまま、結果的に需給説的説明に傾いてしまった理由もわかる。この規制原理を明確にできれば、資本の生産物でないからといって、ただちに内在的な価値を欠き、需給関係によってその時々の価格が左右されるということにはならない。産業予備軍という特殊なバッファを具えた労働市場を介して、労働力商品に同種性が確保されるかぎり、蓄積の進行に伴う部分的な賃金率の上方放散はあっても、型づけられた労働は繰り返し鋳直され、摩擦による放散は基底的賃金率に引き戻される。このような規制力の存在こそ、労働力商品が一定の価値の大きさを有する、という命題を基礎づけるものなのである。

■生活水準と生産力　最後に労働者の「生活水準」の決定にかかわる、第三のレイヤーに検討を進めてみよう。すでに指摘したように、‖K‖はよく読むと、上昇下落する賃金率の平均値をもって、単純に労働力商品の価値の大きさだといっているのではない。賃金率の変動は、まず「生活水準」を規定するのであり、次にこの「生活水準」によって労働力商品の価値が規定されるという二段構えになっている。労働者の「生活水準」という層を挿入したため、仮に短縮形で「労働力商品の価値は、景気循環を通じて決定される」といったとしても、それは「景気循環の過程で、賃金が騰落し、その平均水準として労働力商品の価値は結果的に与えられる」とか、あるいは「労働力商品の価格は、景気循環の過程で変動するが、その重心が労働力商品の価値に相当する」といった意味にはならない。

たしかに、両者を同義のごとく論じているように読めるところもあり（宇野〔一九六七〕二八二）、この区別に関して宇野自身、どこまで自覚的であったかは定かではない。しかし、賃金率の変動を通じて「生活水準」が規定され、「生活水準」が賃金率の変動を規定するというように、二つの規定関係が同時並行的にはたらくものとみると、無意味な循環論法でしかない。だからこの説明が意味をもつように読むには、二つの関係が時期を異にして作用すると解するほかない。すなわち、ある局面では既存の「生活水準」が賃金率を規制する関係にあり、基本的に一定の賃金率が維持される。ところが、この規制力が弛緩すると、賃金率の水準が上昇下落する局面が現れ、この変動を通じて新たな「生活水準」が規定されると理解する以外ない。このような理解は、前項で説明した（1）のように賃金率は労働力の価値からつねに乖離して上昇下落する過程にあり、ただそれを平均すると価値に一致するのではなく、（2）のように、賃金率は通常は労働力の価値に一致し、ただ価値の規制力が殺がれた場合にのみ特異に乖離すると考える立場とも整合するのである。

このように解釈したうえで、さらに問題となるのは、賃金変動と労働力の価値との媒介項とされている、「生活水準」なるものの正体である。『K』では、肝心な内容がこれ以上踏み込んで分析されていないため、「労働力なる特殊の商品の価値を決定する、労働者の生活水準」という規定も多義的とならざるをえない。「生活水準」とはそもそも何か、一言で明示すれば、けっきょく生活手段の総量ベクトル$\boldsymbol{B}$の別名ということになる。労働人口N人はこの$\boldsymbol{B}$をベースに社会的生活過程を営むのであり、この量がその水準を決定する。この物量が増大すれば生活水準は上昇し、逆なら逆になる。いずれにせよ、ポイントとなるのは、どれだけの生活手段を消費できるかが生活水準を規定するのであり、そのために何時間賃労働を提供しなくてはならないかは、基本的に生活水準の高低を左右するものではないという点である。

ただこのように「生活水準」の意味を単純化すると、この生活水準が労働力の価値を決定するという説明には、いくつか媒介項を挟む必要が生じる。問題の焦点をなすのは、物量賃金率$\boldsymbol{b}=\boldsymbol{B}/T$における規定関係である。注意すべき第一点は、$\boldsymbol{B}$と$T$の独立性である。これまで強調してきたように、絶対的剰余価値の生産は$\boldsymbol{B}$を一定にしたまま、Tを延長できることによる。『資本論』は$\boldsymbol{B}$を歴史的・文化的に与えられたものとして固定し、この関係を説いているが、〓K〓では、資本の蓄積が進むなかでは、この前提を外し、一定のTに対して$\boldsymbol{B}$が相対的に増減する余地を認めるべきだと説いていることになる。

第二に注意すべきは、労働力商品の価値に直接対応するのは$\boldsymbol{B}$ではなく$\boldsymbol{b}$のほうだという点である。労働人口の生活水準を決定する生活手段総量$\boldsymbol{B}$と、それをもとに供給される総労働時間Tの間に本源的弾力性があるとしても、すでに述べたように（本書六九頁）、労働市場において売買される労働力商品は、単位時間当たりで価格づけられる。一労働日の価値を支払ったからといって、それで一日何時間は労働させられるかわからないという契約はありえない。労働力商品は一時間刻みでバラ売りできるものではなく、一般に一定の期間の継続雇用が原則となるが、それでも労働市場における労働力商品の価値の大きさは、売り手にも買い手にも共通に識別できる、定量性をもった労働時間を単位に価値表現され、たとえば時給何円とか、八時間労働で日給何円で売買されるのである。

したがって、第三に労働力商品の価値に対応する$\boldsymbol{b}$が不変であっても、資本の蓄積が進むなかで雇用が増大すれば、$\boldsymbol{B}=\boldsymbol{b}\times T$という関係を通じて、生活水準は上昇する。もちろん、労働力商品の価値を規定する$\boldsymbol{b}$が上昇すれば、生活水準も上昇するが、それが一定でも、あるいは下落してもこの下落を凌ぐ規模で雇用量が増大すれば生活水準は上昇する。したがって、生活水準が労働力の価値を直接決定すると無媒介に主張するわけにはいかない。一般に好況期には労働力商品の価値は変わらなくても、Tが増大するため生活水準は向上する。このようにして向上した生活水準が、不況期にどのように受け継がれ、次の好況期の賃金率を決定するのか、こうした問題がさらに追求されなくてはならないのである。

このように表の構造としての「生活水準」が分析できたとしても、さらに労働力商品の価値の決定には、陰の構造としての「生産力の増進」という要因が作用する。$\boldsymbol{b}$ に対応するかたちで、商品一単位を生産するのに直接間接必要な労働時間で構成されるベクトルを $\boldsymbol{t}$ とおけば、これが労働力商品の価値を決定するもう一つの要因となる。一時間の労働力商品の価値は内積 $\boldsymbol{bt}$ に対応し、T 時間の総価値は $\boldsymbol{Bt}$ となる。

こうして、第三のレイヤーにおいては、労働力商品の価値の決定は、生活水準と生産力の両者を総合的に捉えなくてはならない。このうち、生産力の増進がもたらす効果についていえば、その一つの極端なケースとして、「相対的剰余価値の生産」が考えられる。すなわち、物量賃金率 $\boldsymbol{b}$ が変化しないと仮定すれば、$\boldsymbol{t}$ の低落は労働力商品の価値を確実に低下させる。これは資本主義経済における「窮乏化法則」をめぐる古典的論争のなかで、$\boldsymbol{b}$ の低下を伴う「絶対的窮乏化」に対して、$\boldsymbol{t}$ の低下による「相対的窮乏化」と規定されてきた事態である（Kautsky〔1899〕197）。

もう一つの極端なケースは、「生産力の増進」の効果がことごとく労働者によって吸収される場合である。生産力の増進は、短期的には資本に有利にはたらくかもしれないが、景気循環の過程を通じて、$\boldsymbol{b}$ の増大によって $\boldsymbol{t}$ の減少が帳消しにされ、労働力商品の価値の大きさ $\boldsymbol{bt}$ は変わらないから、「絶対的剰余価値の生産」がおこなわれないかぎり、剰余価値率も一定となる。そしてこの場合こそ、景気循環を通してみると、賃金率の平均水準が労働力商品の価値の大きさに一致するのである(7)。

こうしてみると、═**K**─の②における「生産力の増進とは、比較にならないが」という留保は、これら両極端の中間に現実は推移するという意味になる。しかし、もしそうなら「決定する」という意味をかなり緩くとらなければならないことになる。その点でこの説明は、生活手段の物量に関しては増大することを明示しているが、労働力商品の価値の大きさに関しては、むしろ非決定を主張しているに等しい。第三のレイヤーには「生産力の変化」というかたちで陰の構造が潜んでおり、これが表の構造における《蓄積様式の交替 → 賃金の騰落 → 生活水準の決定》という一方向の決定関係に緩みをもたせているといってよい。いずれにせよ、景気循環を通じて労働力商品の価値が決定されるという主張を意味あるものにするには、需給関係で貨幣賃金率が変動し、その重心が労働力の価値になるというように、一般商品との類推で語るのではなく、三層の柔構造のなかで、諸契機の連鎖を動的に分析する必要があるのである。

■外的条件としての生活様式　これまで「生活水準」を「生活手段」の総量の別名とひとまず考えて処理してきた。しかし、そこには〓K〓から読みとることのできない、原理論の開口部が潜んでいる。「生活手段」の総量は、すでに述べたように、賃金率（単位時間当たりの賃金額）の高低と同時に、雇用量（総労働時間）の増減によっても変化する。したがって、資本蓄積に伴って雇用量が増大すれば、共同性を帯びた労働者の生活の場で消費される物量は増大し、「生活水準」はいちおう上昇すると考えられる。しかし、雇用量の増大は、同時にまた、家族等の共同生活の場における労働を削減し「生活時間」を圧縮する。たしかに、共同生活の場における労働は賃労働と同じ基準で量的に比較できない性質をもつが、こうした削減や圧縮はいかなる意味においても、生活の質を向上させるものではない。

こうした側面に留意すれば、「生活水準」という概念を「生活手段」の物量に簡単に還元することに限界があることは明らかである。賃金労働者を含む労働者人口全体が取得する「生活手段」の総量だけでは、生活過程の

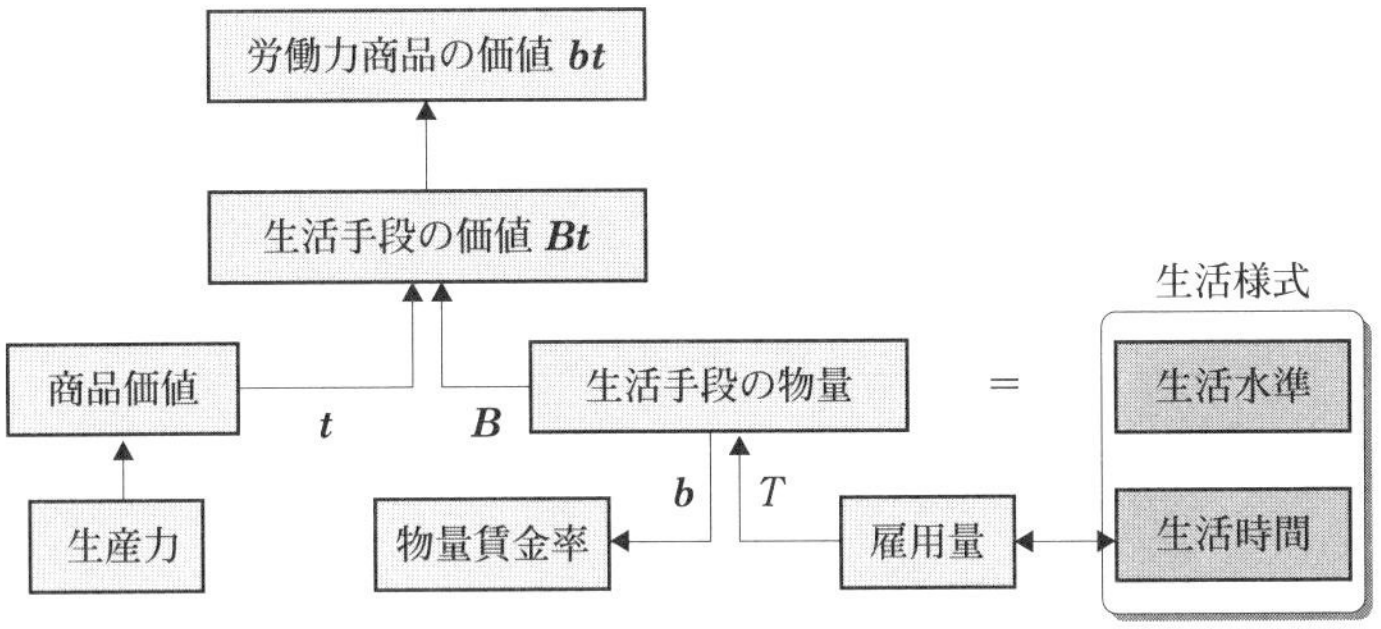

図 **3.1**　労働力商品の価値

水準を捉えるのに充分とはいえない。社会的生活を営むためにさまざまな活動に費やされる時間が外部での雇用に切り替わってゆく過程に関して、生活手段の総量の増大ゆえに生活水準が上昇したとみなすことになるとすれば、この表現は重要な問題を隠蔽してしまう。むしろ、このような雇用の拡張局面は、一定の生活水準のもとで、社会的な生活のあり方という意味での「生活様式」が変わったと考えたほうが、事態を正確に捉えられるかもしれない。そして労働市場が、市場として順調に作動するのは、このような「生活様式」の変化に依存しているのであり、ここに社会的生活過程において広義の産業予備軍がはたすバッファとしての重要な役割があるのである。

以上、この節では冒頭に引用したテキスト「**K**」を読み込むことで、「労働力の価値は景気循環を通じて規定される」という主張の背後に潜む問題構造を分析し、このような構造が、労働市場における労働力商品の価値の大きさを規定する関係を明らかにした。ただこの構造は、一般商品と同様に、商品価格による売買によって覆われている。次にこのような構造が、資本の蓄積を伴う動態を通じて、労働市場の表層における価格関係を規制し、また反対に労働力商品の価値を決定してゆく過程に分析を進めていこう。

第2節　賃金率の上方放散

■蓄積速度と賃金上昇　労働市場の解明は、産業予備軍という複雑なバッファを内蔵した独自の構造の解析につきるものではない。その真の特性は、労働力需要の変動に対応できる柔構造のうちにある。この柔構造の性質を捉えるうえで、次のスミス（Adam Smith, 1723-1790）の命題は一つのヒントとなる。

＝L―労働の賃金の上昇をもたらすのは、国民の富の現実の大きさ如何ではなくて、富の恒常的な増加である。だから労働の賃金は、もっとも富裕な国々においてではなく、もっとも繁栄しつつある国々、言い換えると、もっとも急速に富裕となりつつある国々において最高になる。（Smith〔1776〕71）

マルクスは『資本論』第一巻第二三章「資本主義的蓄積の一般法則」の第二節「蓄積とそれに伴う集積との進行途上での可変資本の相対的減少」の冒頭で「経済学者たち自身のいうところによれば、賃金高騰を引き起こすものは、社会的富の現有量でも、既得の資本の大きさでもなく、蓄積の持続的増大とこの増大の速度のみである」（Marx〔1867〕656）と、このよく知られたスミスの命題をパラフレーズしている。資本蓄積を伴う発展過程のなかで、賃金の動向を捉えようとする視点は、たしかに古典派の「経済学者たち」に共通するものといってよい。こうした動態的な発展観は、労働力に対する需要と供給とが釣り合う水準に賃金が決まるとみる静態的な需給均衡論に取り憑かれた近代の経済学者の目には入りにくい。労賃上昇は、労働力に対する需要の絶対水準の高低ではなく、その変化の遅速によって決まるという認識は、こうした関心から自然に生まれた。裕福だが停滞している国と、相対的に貧しいが急成長している国では、後者のほうが賃金水準が高いということになるかどうか、異なる国、異なる時代の比較を厳密におこなうことは、尺度の点で理論上困難を伴うが、ただ、ここで興味深いのは、スミスが労働需要の変化に注目し、その速度を問題にしている点である。この命題は、産業予備軍が常駐する労働市場と、どこかで密接に結びついているように思われる。

このスミスの命題自体は、一般には特定の人口理論を前提に次のように理解されてきた(8)。労働力に対する需要増加と賃金の上昇は、やがてその需要に見合う人口の増大につながると想定すれば、賃金は長期的にはある自然水準に落ちつく。蓄積が停止し追加的な労働力が必要なくなれば、再生産の規模に応じて決まる雇用総量の絶対水準が高かろうと低かろうと、賃金水準は一定の自然水準に落ちつく。また、もし人口の自然増が生産の拡大を上まわり続けるなら、労賃上昇を引き起こすことなく成長し続けることも可能となる。賃金がその自然水準をこえることができるのは、従来からの人口の自然な増加に見合った生産の拡大を打ち破る、新興諸国に顕著な資本蓄積の急激な進展による、というのがスミスの命題の意味するところであろう。

しかし、ひるがえってみると、この種の人口法則こそ、マルクスが古典派のドグマとして非難してやまなかったものである。マルクスがこれにかえて対置したのが産業予備軍の理論であり、本書はその意義を緩衝理論というかたちで独自に評価してきた。こうした立場から捉えかえすと、問題は次のようになる。古典派の人口法則による解釈を消去し、バッファリングの理論を代入した場合、《賃金水準の高低は蓄積の速度に依存する》というスミスの命題はどのように解釈できるのか、と。

結論からさきにいうと、産業予備軍を媒介にした労働の《型》のつけ替えが、ちょうど人口増の遅れという摩擦に等しい意味をもつということになる。スミス自身は、賃金水準を労働人口と関連づける古典派人口論に立脚し、資本蓄積とそれに触発される人口増加との間の時間的なズレに、賃金上昇の原因を求めたのに対して、産業予備軍を内包した労働市場の構造分析は、この遅れの原因を、労働力の商品化に伴う型づけのうちにみる。この観点からスミスの命題を一般化していけば、次のような動的過程における労働市場の反応も明確になる。

■賃金率の安定性　常備労働者のほかに産業予備軍が常駐するということは、バッファリングの通則として、本体の側の変動を吸収する役割を果たす。もしある型の労働が必要になった場合、いつでも追加雇用できるのは、多様な職歴をもつ労働者によって編成された予備軍がバッファとして存在し、その内部で必要と思われる技能の習得が進められているからである。さまざまな《型》を内包しながら、労働市場が労働力一般という同種の一商品の市場として立ち現れるのは、このような産業予備軍のはたらきによる。それは、一般商品の市場における在庫の緩衝一般をこえ、同種性そのものを担保する役割を担っている。この種の緩衝作用は、一般にバッファが大きければ大きいほど、また変化が予測しやすいものであればあるほど強くはたらく。こうして、さまざまな職種の賃金率は産業予備軍からの再雇用という細いパイプを通じて、労働力商品全体に共通する賃金率に均等化され、常備労働者の賃金率は安定的に推移する。

資本の蓄積が進み資本の生産規模がある程度拡大し、その過程で産業部門の構成が変化していっても、動的なバッファが機能しているかぎり、賃金率は労働市場の特性に支えられて安定した水準を保ち、労働力商品は、ある安定した価値をもつ。しかしそれは、一般商品のように再生産が円滑に進むためではない。その存在は、生産概念を直接労働力に適用することで説明されるようなものではない。多様な《型》をもちながら、特殊なバッファリングによって、労働力商品一般としての同種性が確保され、膨大なストックを有するかのように振る舞うためなのである。

しかも産業予備軍には、すでに指摘したように（本書六四－五頁）、市場における在庫としてのバッファの役割を果たすだけではなく、生活過程における労働者の維持において生活労働のバッファとして機能する共用性がある。そのため、資本に売れないとただちに無用の存在に化すと言い切れない拡張性を具えている。一般商品の市場を特徴づける価格の下方放散が、労働市場において観察されない理由は、こうしたバッファの特性によるのである。

こうして、産業予備軍は、多数の型づけに共用され、生活労働とも互換的であるため、産業構造の転換のなかで型を潰された労働力が解雇のパイプを通じて流入したとしても、それがただちに常傭労働者の側の賃金水準に響くことはない。また逆に資本蓄積に伴って、ある程度吸収が進んでも、それに比例して賃金率が上昇するようなことにはならない。一般に好況が持続しても、労働力商品は、ある安定した大きさの価値を有するものとして現れるのである。

■突発的膨張と賃金率の格差　しかし、資本主義的発展は、昨日の続きで明日が見通せるような予測しやすい過程に収まらない。『資本論』も第一巻第七編「資本の蓄積過程」のなかで、資本の集中・集積を伴いながら発生する「資本の突発的な膨張力」、「生産規模の突発的な発作的な膨張」を、資本主義的蓄積の特徴をなすものとして繰り返し強調している（Marx〔1867〕661－2）。これは、景気循環のある局面に当てはまる一時的な事態だというのではない。好況末期の特殊な現象ではなく、いろいろな産業部門の勃興する好況過程全般に広く観察される一般的な性格だという。すなわち好況期における資本蓄積の特徴は、既存の産業の量的拡大を基礎にしながら、同時にこれまで存在しなかったり、あるいは重要性の低かった産業を新たに中心的な地位にシフトさせるかたちで、この種の不連続な膨張が群発する点に重要な意味があるのである。

マルクスは、こうした突発性を支え、資本主義のダイナミズムを生みだすものこそ、産業予備軍の役割とみていたふしがあるが、労働の多様な《型》の存在を考えると、突発的な膨張を共用バッファだけで完全に吸収することはむずかしいように思われる。傾向的現象であれば、その内部がある程度バラついていても、既存のバッファでカバーできるであろうが、予想を覆すことが法外な超過利潤をもたらし、それが引金となって累積的に進行する突発的な拡張に対しては、予め用意したバッファだけでは対応しきれなくなる。一時的にではあれ、いくつかの特定の職種で実際に賃金騰貴が発生する。特に、突発的な膨張が、旧来の型と連続性のない、新たな型づけを要請するものであれば、この型の労働者を求めて資本間の競争は激化し、一時的・部分的にその賃金は急騰する。このような好況過程における賃金の運動には、次のような労働力商品の価値の特徴がみてとれる。

第一に、労働力商品における価格のバラツキが、一般商品の場合とはきわめて異なった態様を示すという点である。すでに述べたように、価格のバラツキ自体は一般商品にもひろく観察される。商品に価値が内在すると捉える価値概念は、この現象を排除するものではなく、それを積極的に説明するものであった。ただそこでみたように、価格のバラツキは、ある重心の回りに対称的に分布することにはならない。一般商品の場合、標準的な価格による規制力をうけるなかで、部分的な値引き行為により、下方に遊離する。これに対して、労働力商品の場合には、基底賃金率が支配するなかで、上方に遊離する。

このような態様の違いは、労働力の商品化に不可避な市場の変容を反映したものとみることができる。産業予備軍は労働力の維持形成ににおいて弾力的に利用される面をもつため、常傭労働者からいわば排出されてくる労働はここに吸収され、ただちに賃金を引き下げる方向には作用しない。他方、突発的な拡張に対して、型づけに障害が現れると、労働力一般としての同種性が失われ、特定の職種で部分的な賃金上昇が生じる。このように、一般商品と同様にある支配的な価格をもちながら、価格放散の方向が逆向きになるのは、一般商品における在庫とは異なる産業予備軍という特殊なバッファの性格によるのである。

第二に、このような上方乖離は、賃金率の平均値を押し上げる傾向をもつ。ここで注意する必要があるのは、こうした一時的で局所的な賃金上昇の群発は、労働力の価値の増大をただちに意味するわけではないという点である。この場合の賃金上昇は型づけの遅滞によるものであり、産業予備軍のなかで型づけが進めば解消され、上昇した職種の賃金率は基底賃金率に引き戻される。その意味においては、たとえ一時的な上昇が群発し賃金の平均値を一時的に高位に引き上げたとしても、それは市場における価格の運動を支配する価値の大きさを変化させたことにはならない。生産の無政府性に由来する「突発的な膨張」は、労働市場の緩衝に完全に吸収されるわけではなく、労賃の上方乖離という攪乱状態をもたらす。平均値で考えると、たしかにその水準を高めることになるが、海が荒れたからといって、海面が上昇したとはいえないように、そのことをもって基底賃金率の上昇と考えるわけにはいかない。ある期間をとってみると、分散的に急騰した賃金率が、繰り返しある支配的な賃金率の水準に回帰するかぎり、労働力商品の価値は依然変わらない。そして、型づけに代表される市場の摩擦度が乖離をもたらすとすれば、その回帰を保証するものはバッファの容量ということになる。

第三に、労働力の型づけに由来するこの種の賃金率の上昇は、いわゆる熟練労働の問題と区別して理解する必要がある。たしかに、ある時点で固定し横断的に捉えると、あたかも職種ごとに異なる技能が要請され、それに応じて賃金に格差が発生しているかのようにみえる。この賃金の上方放散は、大量のいわゆる単純労働が支配的な標準を形成し、このうえに特殊な技能に対して追加部分を受けとる複雑労働が層をなしているように映る。しかし、比較的短い周期で賃金率のバラつき方が変わるなら、技能がこの格差の主たる原因でないことになる。技能の差が賃金格差を生むという命題が真であっても、賃金格差は技能の差によるという反対が真だとはかぎらない。これは外面的な対応をいっているだけで、因果関係を説明する理論にはなっていない。賃金格差という現象をすべて《技能》という変数に還元することには慎重であるべきなのである。

資本主義経済のもとにおいて、技能や熟練なるものが安定的な賃金格差に結実する余地は狭い。そこでは労働力も、基本的に資本によって設計管理された生産組織のなかで、ある目的に沿って労働を遂行するものとして購入される。そこでは、買い手が予め型を指定するのであり、雇った後で労働者の特性に合わせて生産を組織するのではない。型そのものを創造する労働が求められるのではなく、与えられた規格にあった労働力が取り引きされるのである。この種の型は一見どんなに複雑にみえようとも、基本活動の組み合わせにすぎず、時間をかければ一般に修得可能なものといってよい。

もし、最低単位となる基本活動の次元で《資質》の差異があるとしても、多種多様な細分化された《型》がある以上、その差異は無視できる。むしろ個々の労働者にとって重要になってくるのは、自分の《資質》に適した選択の幅に収まる複数の《型》のうち、どれを選択するか、語学の《資質》があるとしても、英語をやるか、中国語をやるか、という点なのである。問題は、その選んだ型づけが完了した時点で、それが常傭労働者の隙間にうまく嵌るかどうか、わからないところにある。その意味で、「養成費」は《技能》の生産のためのコストというより、販売のための経費に近い。理論上も、労働力商品の販売に要する、一種の流通費用に準じた処理をするほうが適切なのである。

■バッファの機能不全と回復　突発的拡張は、生産の無政府性の現れである。それは市場の無規律性によって吸収される。この過程で、いくつかの型の労働において賃金率は上方に遊離し、全体としてみると平均値が上昇する。しかし、充分な産業予備軍が存在し、必要なバッファのサイズが確保されているかぎり、賃金率の目まぐるしいバラツキが発生するが、一時的に遊離した賃金率は、繰り返し基底的水準に回帰する。スミスの命題に含意されていた状況がこうしたかたちで現象するのである。

これに対して、常備労働者の増大が産業予備軍の枯渇を生み、バッファとしての機能が不全に陥ればどうなるか。たとえば、いままで一〇の型のうち、二、三が基底から遊離と回帰を繰り返していたのに対して、七、八で乖離が生じるすがたに状況は大きく変わる。二、三しかその水準にないということは、言い換えれば、基底が基底でなくなったことを意味する。新たな型の労働を追加しようとする資本は、産業予備軍のプールから再雇用することができず、すでに他の資本に雇われている労働者を、より高い賃金率を提示して追加雇用するほかなくなる。常備労働者の奪い合いが生じ、上方分散とは異なる次元で、賃金率の全般的上昇が発生することになる。

労働市場の機能不全と賃金爆発の帰結については、第Ⅱ部で景気循環を考察するなかで詳しく論じるが、ただそれが一般に何らかのかたちで、社会的再生産の規模を急激に収縮させることは予想できる。この再生産規模の収縮は、今度は常備労働者の削減と産業予備軍の増大を生む。これは、労働市場が基底賃金率の拘束を外れて、無規律に上方乖離の傾向を強めていった原因を取り除く。ここまではたしかだが、これを漠然と「好況期に上昇した賃金は、恐慌を通じて下落する」と捉えてはならない。賃金に及ぼす影響については、もっと厳密に分析する必要がある。一つの大きな効果は、これまで前提としてきた基底賃金率の水準の変位にかかわるが、これについては次節で分析を続けるとして、ここでは賃金率の上方乖離の解消のされ方について考えてみる。

産業予備軍が再び充分な量で確保されれば、労働市場におけるバッファリング機能は回復し、型づけによる摩擦は解消される。上方乖離は止み、新たな基底賃金率が規制力を発揮し、賃金率はその水準にほぼ張りつくかたちになる。賃金率の上方乖離が止めば、見かけ上、賃金率の平均値は下落する。注意すべきは、この下落が、あくまでバラツキの解消によるものだという点である。どの水準と比較するかによって下落の意味は異なってくるが、ここでの下落は、賃金率の遊離がおさえられていた以前の状態に引き戻されるという意味なのであり、さらにそれ以下に賃金率を押し下げる力が産業予備軍の増大にあるわけではない。たしかに、失業者が溢れれば、賃金率にも下方放散が生じ、平均値の面でも下落が考えられそうである。しかし、もともと産業予備軍は生活労働と重複しており、資本による雇用から外れたとしても、社会的生活過程にさまざまなかたちで吸収される。一般商品のようにある期間売れないと、投げ売りを強いられるという圧力を、労働力商品は免れている。そのため再生産の収縮は、上方乖離の解消を生むのみで、それ以上さらに引き下げる効果はもたない。さまざまな職種の賃金率が、基底賃金率に強く引き寄せられるようになるだけなのである。

第3節　基底賃金率の形成と継承

■二つの時間的契機　さて、これまで整理してきたように、労働市場は複数の契機が重層的に絡み合う構造をもつが、この構造に加えて、労働力商品の価値の決定では、さらに不可逆的な時間の流れが問題となる。すなわち、資本の蓄積とともに進む「生産規模の拡大」と「生産方法の発達」という二つの時間的契機が加わる。両者は連動して、一方で雇用労働量を増減させ、バッファとしての産業予備軍の規模を拡縮させると同時に、他方で生活手段の総量とその価値を変化させてゆく。労働力商品の価値が、景気循環を介して決定されるというのは、こうした継起的な連鎖を通じてという意味になる。

この二つの契機をどのように導入したらよいか、簡単に述べておこう。前者に関して注意しなくてはならないのは、再生産規模の変化といっても、拡大と縮小ではその様相が大きく異なるという点である。とりわけむずかしいのは、再生産規模の収縮の側面である。剰余価値が形成され、その一部が少しでも蓄積されるかぎり、資本規模は拡大する。資本蓄積がなされながら、その過程で再生産規模が縮小するということは考えられない。好況期には資本が蓄積され、年率数パーセントといった率で生産規模が漸増するであろうが、この過程を反転し、不況期には生産規模が同じように漸減するというわけにはいかない。『資本論』では基本的に、資本蓄積を通じて資本構成が高められてゆき、その過程で同時に、雇用量が収縮する点が強調されている。このため、生産規模の縮小による失業の形成という側面は陰にかくれ、連続的に進む規模の拡大に対して、倒産などのかたちで不連続に生じる収縮面の特異性に光が当たりにくい展開になっている。この点に留意することなく、好況期をただ裏返しにし、恐慌と不況を一括してこれに対比すると、恐慌による収縮の特異性が見失われることになる。好況であれ不況であれ、資本蓄積を伴うかぎり、生産規模は拡大するのであり、固有の意味で生産規模が収縮するわけではないのである。

もう一つの時間的契機である生産力の変化については、景気循環のある局面に集中すると考えるかどうかが争点になる。ここでは集中説に対して、好況、不況を問わず基本的に一律のペースで上昇するという分散説をとる。もちろん生産方法の発達は、一般に機械設備などの固定資本の導入を必要とする。このため個別資本に即してみれば、連続的に少しずつ改良を重ねるというわけにはいかない。ある時点に集中せざるをえず、それによって生産力は不連続に上昇する。しかし、そうした個別資本が束になって構成する社会的再生産の観点からみれば、不連続性は均され、基本的にほぼ一様なペースで生産力は上昇すると考えてよい。たしかに、ある部面での改善が他の部面の改善を誘発し、この連鎖が集中を引きおこす可能性はある。しかし、景気循環の特定の一時点に固定資本の更新が一斉になされ、それ以外の局面で新生産方法の導入はないとするのは極端な想定である。ここでは分散説にたち、諸商品一単位を生産するのに要する労働時間のベクトル $\boldsymbol{t}$ の諸要素は景気循環の過程を通じてランダムにだが全般に減少してゆくものと想定する。

■**雇用量の収縮と物量賃金率の継承**　基底賃金率 w^* は物量賃金率 $\boldsymbol{b}$ をベースとした貨幣賃金率 $\boldsymbol{bp}$ である。産業予備軍が潤沢な状態では、労働の《型》の障壁は消失し、同種の大量の労働力が売買されるかたちになり、労働市場における賃金率はこの水準に張りつく。しかし、バッファが機能しなくなると、特定の職種にこの賃金率から上方遊離した賃金率 $\tilde{w}_i$ が観察されるようになる。バッファが完全に機能不全に陥れば、労働力商品の価値の規制力を失い貨幣賃金率は浮動する。特定の《型》ではなく、すべての《型》において、貨幣賃金率が平均値ベースで上昇する。これは物量賃金率が $\boldsymbol{b}$ から $\boldsymbol{b} + \Delta\boldsymbol{b}$ にシフトしたことを意味する。

このような賃金率の急激な上昇は、剰余価値率を低落させ、最終的に社会的再生産の不連続な収縮につながる。恐慌とよばれてきたこの転換を、理論的にどう捉えるべきかは第Ⅱ部でさらに詳しく考察するが、いずれにせよそれは、好況期のような持続性のある、なだらかな変化では終わらない。ポイントは、この不連続面において、継承される要因と切断される要因を分離し明確にすることである。この過程で労働者人口が全体として取得する生活手段の総量が低下し、好況期に漸増し、さらに産業予備軍の枯渇に伴う物量賃金率の上昇で急騰した生活水準は下落せざるをえない。ただ、この下落を生みだす要因は二つある。生活手段の総量$\boldsymbol{B}$は、雇用労働量Tと物量賃金率$\boldsymbol{b}$の積であった。このうち、不連続に減少するのはTのほうなのである。

要するに、生産規模が収縮して雇用量が減少しても、押しだされた産業予備軍は弾力性をもった社会的生活過程に吸収されるため、好況末期に上昇した物量賃金率$\boldsymbol{b}+\Delta\boldsymbol{b}$は、雇用量$T$の収縮と同時並行的に低下するわけではない。物量賃金率の上昇は、生産規模の急速な収縮を引きおこし、雇用量Tを収縮させるが、物量賃金率の水準$\boldsymbol{b}+\Delta\boldsymbol{b}$は高位のまま継承される(9)。$\boldsymbol{b}+\Delta\boldsymbol{b}$が引き下げられるとき、$T$は逆に漸増する。両者の間には時制の差があるのである。

■基底賃金率の押し下げ　高位のまま継承される物量賃金率は、剰余価値率を低位に押し下げる。社会的再生産の規模が収縮し、労働者の生活水準が低下しても、剰余価値率がただちに上昇することはない。この低い剰余価値率は、時間をかけて徐々に引きあげてゆくほかない。すでに述べたように、全部門を均せば生産技術がなだらかに進歩するという想定にたつと、各商品一単位の生産に要する労働時間$\boldsymbol{t}$は漸次低落し、物量賃金率$\boldsymbol{b}$が変わらなければ、剰余価値率$1/\boldsymbol{bt}-1$は確実に上昇する。好況期には生産力の増進の成果の一部が、物量賃金率の増大によって吸収される傾向にあったが、剰余価値率は、充分な時間をかければ、この吸収を押さえ込むだけで、相対的剰余価値の生産により「自然に」回復しうる。

しかし、このような消極的な対応で現実は終わらない。増大した物量賃金率$\boldsymbol{b}+\Delta\boldsymbol{b}$はもう二度と下がらないというわけではない。不況期は、この$\boldsymbol{b}+\Delta\boldsymbol{b}$が積極的に押し下げられてゆく過程である。$\boldsymbol{b}=\boldsymbol{B}/T$は、$\boldsymbol{B}$を一定にしたまま$T$を増大させれば結果的に低落するが（絶対的剰余価値の生産）、ここで求められているのはこれとは異次元での物量賃金率自体の積極的な押し下げなのである。だが、それはいかにして実現可能なのか。生産方法の改変こそ、その切り札となる。ただ、この改変の効果は、労働市場という回路を通じて間接的に作用するのではない。一般に生産方法の改変は、資本構成高度化を通じて、相対的過剰人口の形成を促し、労働市場における需給関係を緩和することを通じて、貨幣賃金率を低下させると考えられてきた。しかし、ここでは、生産規模の収縮により産業予備軍は増加したにもかかわらず、物量賃金率が簡単には下落しないことが問題なのである。それを押し下げるのに必要なのは、労働市場を介した間接的な圧力ではなく、労働過程において労働そのものに直接作用する回路なのである。

■**労働組織の再構築**　生産方法の改変は、資本による技能と労働組織の再構築の過程である。新しい生産設備は、単に作業の効率化を進めるだけではない。従来の労働内容を分解し、さまざまな作業を目的意識的に統合する労働者の技能にメスを入れることを可能にする。労働者は基礎的な労働能力を特定の型にはめ、資本はこの規格化された労働を前提に労働過程を組織する。そこには労働組織とセットをなす技能の体系が存在する。好況期における蓄積はこのセットを前提に拡大し、それに対応して一定の基底賃金率が規制力を発揮するのであるが、生産方法の改変は、既存の労働組織と技能の体系を資本が解体する手段となる。物量賃金率を押し下げるには、ただ労働市場の需給関係に頼るだけでは不充分なのであり、個々の資本が直《じか》に、自ら労働過程の内部に手を入れ、労働組織を再構築することが不可避なのである。

たしかに、技術革新のうちには、動力源の転換や新たな代替原料の利用のように、労働内容への影響が少ないものもある。それらはもっぱら、相対的剰余価値の生産を通じて、剰余価値率に影響を及ぼす。しかし、労働内容に深くかかわる技術革新も存在する。マルクスが彼の時代の綿工業を対象に機械装置の解剖をおこない、その本質を動力機や伝導機ではなく、作業機に見いだしたことはよく知られている。作業機にこそ、モノに体化される技術と、人間に内属する技能のインターフェースの核心が潜むとみたのである。まさにこうしたインターフェースにおける労働内容の分解・再編を通じて、既存の技能を無効にし新たな型づけを要求することで、物量賃金率ははじめて押し下げうる。このように、主たる目的が実物賃金率の押し下げにある以上、この場合の生産方法の改変は、必ずしも生産力を高め、一単位の生産に必要な労働時間を低下させるものでなくても敢行される。以前より非効率な機械設備が導入されることはさすがにないだろうが、もしtが変わらなくても、bが圧縮できるなら、機械化は進められる。二一世紀の最初の一〇年、日本の労働現場で嫌というほどみてきた現実がこれだった。既存の労働をどのように解体し、資本が自由に管理できる内容に再構築してゆくのか、またこれに抗して、それに組み込みえない新たな技能の領域を、労働者が創出してゆくのか、こうした労働過程内に潜む葛藤にこそ、資本 - 賃労働関係のフロンティアが存在するのである。

生産方法の改変による物量賃金率の圧縮は、個々の労働者の型づけのレベルで終わるものではない。資本はこうした型づけの変更を通じて、正規軍である常備労働者と産業予備軍との入れ替えを頻繁に繰り返す。これもまた、必ずしも効率化を生み、生産物の生産に必要な労働時間を短縮する効果はなくても、物量賃金率を積極的に押し下げる効果をもつ。そもそも資本が同じ労働者グループを雇い続けるのは、資本主義的生産様式の根幹が分業ではなく協業にあり、広い意味でのチームの力を最大限利用していることに由来する。労働組織自体は資本が設計するものであるが、それに活力を与えるのは労働者相互の連携能力である。この「集団力」を我がものとするために、資本は正規軍を編成するのである。しかし、それは同時に集団の維持に欠かせない、さまざまな労働慣行を生み、物量賃金率を個々の労働者単位で引き下げる障害となる。その引き下げには、正規軍を部分的に解体し、既得の「集団力」をある程度犠牲にしてでも、次々に新兵と更新する荒技が用いられるのである。

このようなかたちで進む物量賃金率 $\boldsymbol{b}$ の圧縮過程は、必ずしも生活手段の総量 $\boldsymbol{B} = T\boldsymbol{b}$ の削減を意味するわけではない。この点は注意を要する。生活手段の総量自体は、倒産などのかたちで生産規模が収縮し雇用量が縮小するなかで、すでに大幅に減少している。すでに限度に達している生活水準を、これ以上低下させずに $\boldsymbol{b}$ を押し下げるには、T の漸増によって補完するほかない。雇用量が伸びないなかで物量賃金率を押し下げることには根強い抵抗があり、それがまた不況が長引く一因ともなる。雇用の漸増に下支えされながら、物量賃金率 $\boldsymbol{b} + \Delta\boldsymbol{b}$ が徐々に引き下げられれば、生活手段一単位を生産するのに必要な労働時間 $\boldsymbol{t}$ の低減とあいまって、剰余価値率 $1/\boldsymbol{bt} - 1$ は上昇してゆく。こうして不況期を通じて元の水準近くに引き戻された物量賃金率が、次の好況期に継承されてゆくのである。

■動態構造　生産方法の発達を伴いながら進む資本蓄積の動態をまとめてみよう。全過程は、何年か続く持続性をもった好況と不況という二つの状態と、両者を不連続に媒介する短期の局面で構成される。これらは複数の契機が絡み合うかたちで、動的に特徴づけられる。この全過程を、さらに繰り返す景気循環として捉えるには、不況から好況への転換局面を加えなくてはならない。この循環の全体像をどう理論化するかについては、次の第Ⅱ部でその詳細を述べるが、ただ、このもう一つの転換局面は、この第Ⅰ部で論じた好況から不況への転換局面とはかなり性格を異にする。

両者が単純に逆向きの転換ではないことは容易に推測できる。第一の転換は急激に再生産規模の収縮を特徴と

表 3.2　動態構造

	好況	転換局面	不況
$\boldsymbol{B} = T\boldsymbol{b}$	$T^{\nearrow}\ \boldsymbol{b}^{\nearrow}$	$T^{\downarrow}\ (\boldsymbol{b} + \Delta\boldsymbol{b})$	$T^{\nearrow}\ (\boldsymbol{b} + \Delta\boldsymbol{b})^{\searrow}$
$\boldsymbol{t}$	$\boldsymbol{t}^{\searrow}$	$\cdots$	$\boldsymbol{t}^{\searrow}$
$M = T - \boldsymbol{Bt}$	$M^{\nearrow}$	$M^{\downarrow}$	$M^{\nearrow}$
$m' = 1/\boldsymbol{bt} - 1$	$m'^{\rightarrow}$	$m'^{\downarrow}$	$m'^{\nearrow}$

するのに対して、第二の転換では不連続な急拡大という事態を想定することはできない。倒産や生産停止の連鎖で、一瞬のうちに一からゼロになることはあっても、即座にゼロから一に転じるのは無理である。一度毀損し縮小した経済は、蓄積を繰り返しながら徐々に回復するほかない。このため、第一の転換局面における再生産の突然の縮小が労働市場に与えたような固有の効果を第二の転換局面はもたない。労働力商品の価値規定という観点からは、以上の範囲で基本はつきる。

　これまで用いてきた記号に増減を表す矢印を付して簡略に図解すれば、全体は表3.2のようになる。この表に関して注意しておきたい点がある。ここでは、各契機の増減を矢印で、いちおうの目安として示してみたが、これらのうちには確定的でないものも含まれている。たとえば、好況期の物量賃金率 $\boldsymbol{b}$ は、生産性の上昇を吸収するかたちで、ある程度増加するとみているが、これは可能性の一つである。実際には、生産力が上昇しても、その効果がすべて資本に吸収されることもありうる。相対的剰余価値の生産に相当するケースである。あるいは、雇用労働の総量 T は好況期に増大し、恐慌で急縮小することはたしかだとしても、不況期に再び吸収がはじまり漸増するかどうかは、それと同じレベルでたしかだとはいえない。さらに、生活手段の価値に関しても、それが二つの過程を貫いてなだらかに低下するというのもあくまで一つの想定にすぎず、好況期には一定で不況期あるいはその末期に集中して低下することも充分考えられるのである。

このように、複数の契機の動向には、かなり確実な想定とそうでない想定とが混在している。後者の契機の動きが変われば、動態過程の全体像も異なって現れる。ここで抽出した構造自体は、$\boldsymbol{b}$、T、$\boldsymbol{t}$などの単純な契機の合成で説明できるが、ただそうした契機の動き方には、ある幅で自由度が与えられており、その結果、蓄積過程の動態には多様性が現れる。一般に、多様な現象そのものを横に並べて比較するのではなく、それを引きおこす基本構造を明示し、その発現様式として理論化する方法を変容論的アプローチとよぶとすると、ここで論じてきたのは、時間の流れを伴う動態構造であるという意味で、その特異なバージョンということになる。

註

（1）伊藤〔一九七三〕は、この宇野の見解に対して、次のようなかたちでマルクスの主張を再評価する。すなわち「各循環における賃銀の運動は、先行の循環をとおしてあきらかにされてきている必要生活手段の平均範囲を、そのときどきの資本にとっては外的な歴史的文化的産物として前提し、これを基準として展開される」（一九五頁）というように、直前の循環がこれに接続する循環を規制するという、時制差を明確にすべきだという。そして、このような第一次の規制の連鎖を遡れば「マルクスが指摘しているような歴史的要素をふくみ、順次それによって規制される側面をもあわせて有する」（一九二頁）という初発の規制が無視しがたいとしている。しかし、これは、単に出発点を画するものとして「歴史的要素」の存在を示唆したにとどまり、それが市場において直接的な規制力をもつ価値量の規定に生かされているようには思われない。このようなかたちで労働力商品の価値規定に外部性を持ち込むためには、少なくとも、生活水準が資本主義の出発点における生活水準に繰り返し引戻される理由が、立ち入って明確にされなくてはならない。なお賃金率上昇が時制差を伴って継承される関係については、この後、本章の第3節「基底賃金率の形成と継承」で詳しく論じる。

（2）この一文は、そのほか、宇野〔一九六九〕一二九頁などでも繰り返し引用されている。この点に関して注意しなくてはならないのは、「労働賃金の一般的な運動」を、直接に労働力商品の価値決定に対応させることを避け、「労働者の生活水準自身」という媒介項を設けている点である。もし「労働者の生活水準自身」が、生活手段の物量に還元できるものとすれば、この物量とは別にもう一つ、労働力商品の価値の決定要因となる、生活手段の価値量の問題は残されていることになる。景気循環を貫く長期の過程においては、その間のどこかに「生産力の増進」が介在すると考えられるから、「生活水準」を規定する「生活手段」の量が、「歴史的に与えられたものとして留まる」ならば、両者の積で決まる労働力商品の価値は当然下落する。したがって、宇野が「生活水準の向上」と述べていることを、けっして労働力商品の価値の増加と混同してはならない。ここでの宇野による労働力の価値規定は部分的・間接的であり、「生産力の増進」のもう一面を留保した、緩い片面的な規定である点が看過されるべきではない。

（3）宇野は、マルクス自身、景気循環の過程で賃金上昇をともかく説いていることを重視し、『資本論』の一巻二三章第一節の周知の箇所（Marx〔1867〕646）に繰り返し言及する。なおマルクスの窮乏化論の基本は雇用量の減退による「窮乏化」を説くものであり、失業圧力による低賃金を意味するものではない（Meek〔1967〕117）。ただし、通俗的にはたとえば、産業予備軍の累積の結果、「賃金は労働力商品の価値以下にますます低下し、労働者階級はますます窮乏化する傾向がある」（岸本〔一九五七〕ⅰ）というような説明がしばしば繰り返されてきたことも事実である。

（4）宇野〔一九五〇、五二〕では、なお、資本構成不変の蓄積を抽象的なものとして捉え、仮構的な単純再生産が現実的な拡張再生産を分析する基礎となるのとよく似た関係にあると見なし（一九七頁）、また通例、好況期には構成不変の蓄積の傾向を示し、不況期に構成の変化が生じるが、「一般には両者が共に行われつつ、蓄積が増進する」（一九九頁）という理解を残していた。これに対して、宇野〔一九六四〕では、固定資本の制約を重視し、二つの蓄積様式の交替を景気循環の過程に対応させる観点が、より強く打ちだされるようになってきている（一〇六－一〇七頁）。

（5）このような構成と規模の問題は、佐藤〔一九五九〕が、マルクスの相対的過剰人口論の形成を初期の現象論的把握から本質的把握への深化として整理するなかで、「景気的失業と構造的失業」というかたちで、指摘したものである。重要な指摘ではあるが、私自身は、これを現象と本質と整理することには与しない。

（6）侘美〔一九七八〕四四頁。なお、規模の収縮による産業予備軍の形成の問題を、早い時期に強調した吉田〔一九四九〕は、同時にまた「産業循環もしくは資本蓄積の現実的総過程についての立入った分析は、資本蓄積の抽象的研究としての第一巻においては与えられない」（一二一頁）という立場にたっていた。これに対して、平野〔一九八一〕は、同じく社会的再生産の規模の変化が過剰人口を形成する側面を強調する立場にたちながら、しかしそれを景気循環理論においてではなく、第二三章一節「資本構成不変の蓄積」に求める見解を示している。平野〔一九八一〕の場合、「相対的過剰人口の生産は資本の有機的構成の高度化から論証されるとするならば、その命題の裏をとると、資本の有機的構成の高度化がなければ過剰人口はない、という主張になる」（一二五頁）というように、事実上、「相対的過剰人口」が「過剰人口」と同義に使われており、そこに混乱があるように思われる。この点、小西〔一九九〇〕は、ほぼ同じような立場にたちながら、構成による効果と規模による効果を分けて、相対的過剰人口の第一形態、第二形態という規定を与えようとしている（一〇七頁以下、一一七頁註9もみられたい)。

(7)宇野にも、景気の変動による賃金率の騰落に関して、「循環全体を通じて大体労働力の価値が支払われるものと理解し、その内にかかる騰落を含蓄するものとしなくてはならない」(宇野〔一九五三〕一四一)という指摘がある。これに対して、石垣〔一九六四〕は「実質賃金が剰余価値を決定する関係と、剰余価値の蓄積が実質賃金を決定する関係とを理論的に結合する課題をまえにして、まえの関係が本質的であり、基本的だ、というだけのことにおわっている」(八四頁)と批判を加えた。需給説的な労賃変動論をマルクス自身の労働力商品の価値規定に外面的に重ねる宇野の労働力商品の価値規定の一面に対する批判としては当たっている。またこの点と関連して、「実質賃金一定という仮定と、剰余価値率一定とする仮定とは、資本蓄積、生産力増加にたいして、まったく両立的でない」(八六頁)としているのも的確な指摘である。

(8)たとえばDobb〔1973〕pp.51‐52、訳書六八‐六九頁をみられたい。

(9)Dobb〔1950〕も「一時的な事情によって労賃が変化すると、それがもとになって、未来における労働力の供給価格もしくは『正常価格』が変化するかもしれない」とし、「労働力商品の供給条件にかかる変化が発生すれば、それは事物が後に復帰すべき均衡の位地にたいして反作用を及ぼすであろう」と論じている(pp.206‐207、訳書一九八頁)。

第Ⅱ部　景気循環

第4章　一般的利潤率の規制力

はじめに

第Ⅰ部で明らかにしてきたように、労働力商品は、たしかに資本主義に固有な特殊な商品ではあるが、やはり商品として一定の価値をもち、労働市場で売買される。ただその価値の大きさは、一般商品と同じ再生産の原理で決まるものではない。労働力商品は社会的生活過程をベースに維持され、産業予備軍が常駐する独自の市場構造を通じて、価値としての規制力を発揮し、その水準も、産業予備軍の吸収・反発と、生産方法の改変を伴う資本の蓄積過程のなかで破壊・再形成され、継承される動的過程のうちに与えられることになる。この労働市場の動態が、資本主義に特有な景気循環のいわば土台を形づくるのである。

しかし、それだけでは、景気循環の全容は説明できない。資本主義を特徴づける発達した市場機構が、この土台のうえに聳えたち、土台における剰余価値率の変位は、個別資本が目標とする利潤率のうちに映しだされる。この二層構造が引きおこす屈折を理解することが、従来の記述的な景気循環論をこえたレベルで原理論を構築していくカギとなる。生産価格と一般的利潤率がもつ独自の「規制力」の解明は、その第一歩となる。この章は、続く第5章「利子率の調整力」とともに、第6章「相としての景気循環」の基盤整備の役目を担う。

第1節　生産価格論の論理構成

■転形問題論争の成果　価値の生産価格への転化は、戦後のマルクス経済学研究の一つのハイライトだった。それは、一般商品の価値が、その生産に直接・間接に必要な労働時間によって決まり、この価値規定が労働力にそのまま適用されるならば、資本のもとに必然的に剰余価値が形成されるという『資本論』の搾取論に直結していた。この搾取論は、価値と乖離した生産価格のもとでも依然として成り立つのか、『資本論』第三巻の刊行当初から繰り返されてきた疑問が、第二次大戦後、新たに「転形問題論争」として再燃したのである。

論争の焦点となったのは、「費用価格の生産価格化」の処理であった。費用価格を構成する不変資本と可変資本の大きさは、労働時間に比例した価値価格で与えておきながら、生産物のほうはそれと乖離した生産価格で販売される、というのではたしかに整合性を欠く。費用価格も販売価格と同じ生産価格に統一したときにも、総価値＝総生産価格、総剰余価値＝総利潤という総計一致の二命題が成立するのか、これが問題だった。ただ、この種の問題は基本的な式をたてるまでが難しいのであり、問題が定式化されれば答えはでたも同然、後は形式的一般化と精緻化が進むだけである。その意味で「転形問題論争」自体は、今日あらかた解決したといってよい(1)。

この論争は、さまざまな生産過程が連鎖し、社会的な分業を通じて維持される再生産構造が、マルクス経済学を特徴づけることを再確認させることになった。複数の生産部門でそれぞれ単一の生産方法が用いられ、生産手段を直接・間接に再生産する社会的分業のもとで、多数の資本が利潤率をめぐって競争するならば、それらの間で均等な利潤率（一般的利潤率）を成立させる価格（生産価格）が一義的に決まる。これが、この論争を通じて確認された基本命題である。すなわち、生産価格と一般的利潤率は、需給関係の変動にも、部門の構成比率の変更にも、影響されることはない、という強い命題（客観価値説）である。商品はその生産に要する労働時間に比例して交換されるという命題（投下労働価値説）は、さらに各部門の資本構成が同一であるとか、剰余生産物が存在しないなどの条件を追加することで導きだされる。その意味で、投下労働価値説を一般商品と同様に、労働力商品の価値規定にも適用することで論証される『資本論』の搾取論は、論理的に矛盾しているわけではないが、それを支えるには、より多くの前提条件が必要となる。客観価値説は、これより少ない前提条件のもとで成立する。そして、利潤率がプラスになることと、労働者が支出した労働量が、生活手段のかたちで取得した労働時間を上まわることとが同値になることも明らかにされたのである。

ただ、こうした転形問題論争はある種の副作用を伴っていた。争点が『資本論』第一巻の労働価値説と第三巻の生産価格の整合性に絞られ、広義の価値論は転形問題の解決で終結するかの如き観を強めていった。しかし、客観価値説としての生産価格論の真価は、ここから次のような方向に展開されてゆく出発点となるところにこそある。すなわち、個別資本は、安く買い高く売ることで売買差額（マージン）を最大化し、投下した資本額に対するその比率（利潤率）をできるだけ高めようと、市場価格を見据えて競争するが、こうした個別資本の意図とは独立に、それとは異なる次元で生産価格と一般的利潤率は規定される。個別資本の意図する利潤率と、客観的に決まる一般的利潤率との間のズレの発見は、資本主義的な市場機構を分析し、不連続な転換を伴う景気循環を解明する出発点となる。転形問題の精緻化はややもすると、こうした方向への展開への関心を殺ぐ副作用を伴っていたのである。

■生産にかかわる前提条件　このような新たな展開にとって重要なのは、転形問題論争の解答より、その解答を得るために設けられた前提条件を吟味してみることである。こうした前提条件を確認するには、それを一般的なかたちに拡張するより、逆に最低限必要なものに絞り込む抽象化が有効である。極限まで単純化してみよう。

はじめに生産物の数であるが、これは二つあれば充分である。n 部門に一般化するのではなく、二部門に抽象化すれば足りる。しかし、ただ単に二つあればよいというわけではない。たとえば、小麦 a_i で小麦 a_o を生産し、鉄 b_i で鉄 b_o を生産するというのでは、利潤率に相当する $(a_o - a_i)/a_i$ と $(b_o - b_i)/b_i$ は、鉄と小麦の交換比率をどのように変化させても一致する補償はない。利潤率が均等になるには、小麦 a_i で鉄 b_o を生産し、鉄 b_i で小麦 a_o を生産するという、生産手段の「交叉関係」が必須となる。$a_i \downarrow b_o$ で $b_i \downarrow a_o$ ならば、たしかに二つの生産部門の間で利潤率を均等にする換算率は定まる。しかし、この場合、

$$a_i \to b_o,\ b'_i \to a'_o,\ a''_i \to b''_o,\ \cdots$$

というかたちで小麦と鉄を順々に生産していくことができる。したがって、鉄か小麦かいずれか一方だけが存在する状態からでも再生産は継続でき、両部門が併存し生産物が実際に交換される必然性はない。交換が再生産の継続に不可欠になる条件は、たとえば小麦の生産に小麦と鉄の両方が生産手段として用いられるといった、単純

な「交叉関係」をこえた「相互依存関係」の存在である。すなわち、$a_i + b_i \to a_o$, $a_i' \to b_o$というかたちで、自己補塡する部門が少なくとも一つ存在する必要がある。この場合には、二つの生産過程が同時に並行し、両者の生産物が実際に交換されなければ、再生産は継続できない。この自己補塡の意義を明確にした点で「費用価格の生産価格化」はマイナーな修正ではなかった。

さらに、生産にかかわる基本的前提として、投入量と産出量の間に「技術的確定性」が存在する必要がある。連立方程式の係数が常数であるというのは、ある意味で定義以前のことかもしれないが、このことは同時に、特定の生産物を生産する方法が単一であることを意味する。同種の生産物をつくるのに、二つ以上の生産方法が並存する余地は奪われているのである。

この前提条件を自覚すれば、生活手段$\boldsymbol{B}$と総労働時間Tの間に本源的な弾力性がある労働力に、同じ「生産」という概念を適用すべきでないこともわかる。生活手段に投下された労働量は技術的確定性をもつが、生活手段の物量とそれをベースに遂行される生きた労働の量との間にはそれがない。生活手段$\boldsymbol{B}$の生産に一定の労働量$\boldsymbol{B}t$が必要なのはたしかだが、労働力Tは$\boldsymbol{B}$を「原料」にして「生産」されるわけではない。労働力商品は一般商品と異なる価値規定を必要とすることは、第Ⅰ部で繰り返し強調してきたが、転形問題論争を通じて生産に関する前提条件が厳密に規定されるようになったことは、「労働力の再生産」という概念の無理をさらに鮮明にしたのである。

■流通にかかわる前提条件　生産価格と一般的利潤率を規定する根本は、多数の資本が競争するなかで、どの資本にも共通に課せられる客観的な生産条件の存在だった。どの生産物を生産するにせよ、そこには必ず必要となる生産技術があり、生産への投入と産出の間に一定の比例関係が与えられているから、連立方程式は解をもつ。逆にいえば、費用の支出にせよ、投下された資本額にせよ、客観的定量性を欠く要因は、はじめから除外されていなければならない。すなわち、商品の売買に必要とされる諸々の流通費用や、商品在庫や準備貨幣のような流通資本は、生産価格と一般的利潤率の算定にはいらないかたちになっている。

このことは、次のように解釈することもできる。すなわち、生産価格と一般的利潤率は、商品を売買するのに、いかなる費用も期間もかからない市場を前提に規定される、と。たとえばボイル・シャルルの法則が厳密に成り立つには、分子が体積をもたない理想気体の存在が前提となるが、それと同様に、ここでも理想的な市場が想定される必要がある。その意味で生産価格も一般的利潤率も、一種の《理論値》なのである。

しかしながら、実在する資本をみれば、流通費用や流通資本が無視できぬ大きさで歴然と存在する。物理学が実在気体を理想気体に近似させるようなかたちで、このギャップを埋めることはできない。これだけ大きな要因を取り除いてはじめて算出可能な理論値は、物理学におけるような、現実の近似値にはなりえない。それは明らかに実際の市場価格や、個別資本の利潤率と大きく乖離したものとなる。ただ、その乖離を引きおこす要因ははっきりしており、それを除去すれば、たしかに価格や利潤率には一義的で確定的な基準が存在する。量的近似はみられないが、乖離と基準は同時に現れる。基準と無関係に乖離が発生するのではない。同じ条件が、基準の成立と乖離の発生を引きおこしているのである。ここには生産価格と一般的利潤率の理論的位置づけを考えてゆくうえで決定的なポイントが潜んでいるといってよい。

このことがどこまで意識的になされたかは別として、従来から生産価格論では流通的要因が捨象されてきたことは事実である。こうした要因を加えれば、どの資本にも共通な一般的利潤率という概念は成り立たない。その点で流通的要因の捨象は固定資本の捨象とは意味が異なる。後者はもっぱら、計算を簡単にするため、説明の便宜としてとられた処置と考えてよい。たしかに、実際には投下された資本の大半は固定資本によって占められ、その存在は、資本の《投下》と費用の《支出》の違いを際立たせる。(2) そのため、固定資本を捨象して計算された生産価格と一般的利潤率の値も現実から大きく乖離することになるが、この乖離は流通的要因の捨象による乖離とは意味が異なる。技術的客観性をもたない流通費用と流通資本は、生産価格と一般的利潤率の決定において、原理的に捨象されなくてはならない。これに対して固定資本は、生産方法のコアをなすものであり、流動資本とともに生産資本を構成するものとして技術的客観性をもち、原理的にはその存在を含めて規定すべきなのである。その捨象はあくまで説明を簡単にするための便宜と考えなくてはならない。従来、搾取論との関連を重視してきた生産価格論では、労働力に投下される可変資本が流動資本であることの延長で、不変資本も流動資本に限定されて考えられてきた。フローの関係を中心に、純生産物の分配に焦点が当てられ、固定資本の存在は問題の本質を捉えにくくする要因としてカッコに入れてきたといってよい。しかし、景気循環論との関連で捉え返すと、固定資本の存在はけっして捨象してよいものではない。流通費用と流通資本は、原理的にそれを捨象しなければ、生産価格と一般的利潤率の概念が規定できないのに対して、固定資本は逆に本来それを含めて規定するべき要因なのである。

■規制力　このように現時点からふり返ってみると、生産価格と一般的利潤率は、次のような前提条件のもとで、その存在を明確に規定できる。

条件1．ある生産物の生産技術は単一で、生産量が増減しても不変である。
条件2．売買にはいかなる期間も費用もかからない。

両条件とも、もう少しきめ細かく規定すべきであるが、ここで必要なのは、生産と流通の両面に強い条件が加わっていることを確認することにある。生産価格と一般的利潤率は前提条件を追加し特定化すれば必ず存在する。理論的に規定できないのではなく、成り立たないとすれば、それらは条件が不充分なためだということになる。

したがって、逆に次の点は、はっきり自覚する必要がある。すなわち、このように強い条件のもとで規定される生産価格と一般的利潤率は、現実の市場価格や利潤率の平均値になりえない点である。両者は、現実の価格や利潤の動きから、帰納的に察知される中央値とか重心とかではなく、現実からいくつかの要因を捨象して演繹的に導きだされる理論値である。したがって、現実の値はそれから偶然ズレるのではなく、必然的にズレるのである。

では、はじめから現実の価格や利潤率の近似値にならないことがわかっている生産価格や一般的利潤率を導出することに、いったいどのような意味があるのか。ポイントは、前提条件を絞り込めば理論値が確定し、それと同時に乖離分散が必然的に生じる点にある。基準からはズレるが、基準の形成とは独立に、外的要因の影響でズレるのではない。この同時性は、基準となる値が存在し、それがそこからの乖離した現実の値に一定の規制力を及ぼすことを意味する。基準値が発揮するこの規制力は、前提条件を構成する諸要因の状態が変わることで、ズレを強く押さえ込んだり、あるいは弛緩させ放散や分散を生んだりする。このような理論値の存在とその規制力は、やがてみるように、景気循環論を理論的に解明してゆく有力な手段となるのである。ただ、生産価格と一般的利潤率では、その規制力のあり方に原理的な違いがある。節をあらため、それぞれについて、さらに立ち入った分析を加えていこう。

第2節　生産価格の規制力

■価格の下方放散との関係　一般にマルクス経済学では、何でも買える貨幣が実在する市場を想定している。もちろん、《何でも》買えるというのは、市場の相場でなら《いつでもすぐに》という意味であり、好きな価格で買えるとか、貨幣の側に価格の決定権があるとか、という意味ではない。これから価値を実現しようとする商品で市場が溢れているから、貨幣の側に、その価値どおりでなら何でも買えるという性質が生じるのである。したがって、次の点ははっきり区別する必要がある。つまり、何でも買える貨幣が存在するこの市場は、すべての商品において、需要と供給が一致する均衡価格が成立する市場とは根本的に異なるという点である。一般均衡が成立する市場では、すべての商品が一度に完売され、市場はいったん空になる。そして、計算単位にすぎない「貨幣」も跡かたもなく消える。これに対して、マルクス経済学が想定してきた市場は、つねに貨幣が実在し、販売をまつ商品で充填されている状態にある。

このような市場の構造は、そこで取り引きされる商品の販売期間に独自の影響を及ぼす。この点はすでに、第2章第1節「市場の緩衝理論」において簡単な例で説明したとおりである。ただ重要な論点なのでもう一度確認しておく。ポイントは次の二点であった。

［A］多数の売り手が同種の商品を同じ価格で販売しようとすると、販売期間に確率的なバラツキが生じる。

［B］販売期間に一定の許容範囲があるとすると、値下げによる売り抜けが生じ、基準価格の下に市場価格の遊離放散が観察される。

価格の下方放散自体は、資本主義的な市場に固有の現象ではない。もっと一般的な条件のもとで説明できる現象である。［A］は、大量の同種商品が存在し、多数の主体がそれぞれ、その一部を所有し販売に臨むだけで生じる。同種商品を複数の主体が販売するということが必要にして充分な条件なのである。これはあくまで、混ぜたらわからなくなるという外観上での同種性であり、その生産に同じコストがかかるという同一性ではない。どんなにコストが違っても、同じ品質の商品が大量にあればよい。『資本論』第三巻第一〇章の「市場価値」と同じで、同種の商品は、市場という《場》において、みな一つの同じ価値をもつのである。

このような同種大量の商品の存在は、たとえば、穀物とか、棉花とか、貴金属とか、いろいろ考えられる。逆に、美術品や特別な嗜好品などはこの範疇から外れる。この範疇の商品は、買い手からみれば、どの売り手から買っても同じことになる。このことが、ピックアップのバラツキを生み、販売期間の分散となって現れる。［B］の下方放散は、これにもう一つ条件が追加されることで発生する。販売期間のバラツキは、その確率は限りなくゼロに近いとはいえ永遠に売れない可能性をも含む。だから、売れないときのために、どんなに準備を多くもっても完全だということはない。だから、あるときまでには売れなければいけないという制約がこれに加われば、準備の不足から相場より値を下げてでも売るほかない売り手が必ずでてくる。ある期間内に売らなければならないという制約が、価格の下方放散現象の必要にして充分な条件となる。

資本主義的に生産された商品には、条件1．と2．（本書一一六頁）のもとでさらに生産価格が与えられることになる。生産価格の存在は、価格の下方放散にどう影響するであろうか。一瞥のかぎり「下方放散は商品価格に基準がないから生じる。だから、生産価格という基準が与えられれば、放散現象はそれだけ生じにくくなる」と考えたくなるが、そう単純にはいかない。生産価格の存在は、逆にどの売り手にも同じその価格で売れるという確信を与え、その点で、必ずしもつねに販売期間のバラツキを小さくするとはかぎらない。それは逆に［A］に裏打ちを与える面をもつ。さらに、資本主義的に生産された商品では無視することのできない固定資本の存在は、その遊休を避けることを迫るが、これもまた、いつまでも販売の遅延を許さないというかたちで、［B］を強化することになる。資本主義的な商品だからといって、［A］と［B］が簡単に除去されるとはいえない。

このため資本主義的商品は、生産価格に値づけされ、基本的にはその価格で売られてゆくが、それは販売期間のバラツキを消すものではない。生産価格の存在は、バッファを具えた市場に特有の流通期間のバラツキと価格の下方放散という現象を顕在化させる面を併せもつ。資本主義的商品でこそ価格の下方放散が顕著に観察されるようになるというのではもとよりないが、逆に一物一価の原則が貫かれないのは、前資本主義的な市場の不完全さの現れであり、資本主義的な市場では生産価格のもとで、この原則が実現されるというのでもない。この点は注意を要する。価格の下方放散を誘発する条件に、生産価格を成立させる条件が重なることで、生産価格は結果的に市場における価格の放散を上方から規制する力を発揮する。こうして、資本主義的な市場では、放散を促す力と押さえ込む力が同時にはたらき、このため市場の相貌もダイナミックに変わるのである。

■費用価格　生産価格の水準自体は、一般的利潤率と同時に決定されるが、そのまえに、生産価格が異質な要素の「合成概念」である点にふれておこう。一般に資本の生産物は、「売値＝原価＋マージン（単品当たりのもうけ）」という構成をとる。「買って売る」という関係をストレートに反映した構成である。『資本論』では、この構成をベースに「生産価格＝費用価格＋平均利潤」という規定が与えられる。ドイツ語の費用価格Kostpreisは、英訳では文字通りcost priceであり、これはふつう「原価」と訳される。日本語でも通常は、原価の語が一般的であるが、マルクス経済学では「費用価格」という訳語が定着しているので、ここでもこれにしたがう。他方「平均利潤」という用語は、訳語ではなく概念上の問題を抱えている。売値から原価を差し引いた、単価に占めるもうけと、投下された資本の増殖分である利潤との距離は大きい。一般的利潤率をもたらす単価当たりの利益という意味で、「平均利潤」の用語を当てることはできるが、「費用」と「利潤」は概念上、次元を異にし足せるものではない。「費用」価格に平均「利潤」を加えた生産価格の規定は、その意味で特異な「合成概念」なのである。

二つの要素はどう違うのか、費用価格のほうから、簡単な数値例を用いて、説明していこう。いま、固定資本二〇〇万円を、毎日一〇万円の流動資本で稼働し、一日に一〇〇〇個の製品を産出する生産技術が存在し、この固定資本は一〇〇〇日で、つまり一〇〇万個の生産に充用されることで、その寿命を全うするものとする。ここで、マルクス経済学で一般に想定されている償却原理を適用すれば、この商品の費用価格は、

原材料費・加工賃など100,000/1,000＋固定資本償却分費2,000,000/1,000,000＝102円

ということになる。

注意すべきは、その際、流通費用がいくら支出されようと、また広義の流通資本がどれだけ投じられようと、生産価格の基礎となる費用価格の大きさには影響がない、という点である。費用価格の規定において、流通的な要因が捨象されるべきだというのは、それが実際に支出されていないという意味ではなく、支出されているが、この範疇にはいらない、という意味なのである。単価計算にのらない流通費用は、単価レベルで確定される製造原価には含めようがなく、利潤から一括して控除される。費用価格は、各一単位を生産するのに要する費用として、生産技術の客観的定量性をストレートに反映するのである。

もう一つ注意すべきは、一般に、資本額で比較すると、固定資本は流動資本をはるかに上まわるが、費用価格の構成ではこの関係が逆転するという点である。費用価格は、原材料費や賃金など、短期のコストを中心とする。その大きさはもちろん、機械設備などの固定資本に体現された技術水準に左右されるが、その大半は流動資本から支出される。このように、費用価格に占める固定資本の償却費の割合は低いが、投下資本に占める固定資本の比率は高くなるという点は、生産価格の規制力を考えるときには、つねに念頭におく必要がある。

■平均利潤　もう一方の構成要素である平均利潤は、費用価格のように単価レベルで直接的に投入と産出を反映するものではない。平均利潤は、一〇万円の流動資本ではなく、一〇〇〇日という長期で運動する固定資本を含めた生産資本二一〇万円を媒介とする概念であり、費用価格のように、個々の商品の生産に必要なさまざまな費用の単純な積算では求められない。固定資本を含む生産資本の総額に、まず一般的利潤率を乗じて利潤総額を求め、さらにこれを生産物一単位当たりに割り戻すという二重の迂回路を介して定まる。社会的な生産技術の体系を通じて一般的利潤率が、たとえば一〇〇日で一〇パーセント、一日あたり一パーセントだとすれば、生産資本の総額は二一〇万円だから、利潤総額は二一〇〇〇円、平均利潤はこれを一〇〇〇個で割って二一円となる。個別資本が支出した一〇二円の原価をどんなにひねりまわしてみても、平均利潤の二一円はでてこない。費用価格の即時的直接性に対して、平均利潤は迂回的間接性をもつ。その意味で生産価格123＝102＋21円は、異質の価額を足しあわせた合成概念なのである。

ただこの平均利潤の迂回的間接性を、生産技術の基礎がないのだとか、客観的に定まらないのだとか、誤認してはならない。この間接性は、流通費用の不確定性とは次元を異にする。たしかに、固定資本の償却には長い期間を要し、その間に新しい生産技術が登場する可能性はつねにあり、機械装置の陳腐化は避けられない。そこには、将来に対する予想の困難が絶えずつきまとい、この影響は固定資本を迂回して決まる平均利潤にも及ぶ。しかし、固定資本の長期性に起因する予想困難の問題を、市場の無規律性に起因する販売期間のバラツキの問題と混同してはならない。現時点でみれば、固定資本にはどの資本にも採用可能な技術的客観性がある。それは売れゆきの好不調が確定しないため、いくら準備したらよいかに明確な基準を欠く、流通資本とは原理を異にする。固定資本はどこまでいっても生産資本であり、流通資本と範疇的に対立するのである。

■規制力の構造　問題は、この合成概念である生産価格が、無規律的な市場のなかで、どのように規制力を発揮するのか、という点にある。市場が商品で充塡されており、緩衝装置として円滑に作動しているかぎり、同種大量の商品には、ある大きさの価値が内在する。大半の商品は、この価値を一定の価格で表現し、貨幣のかたちに実現する。ただ、その実現に要する期間には特有のバラツキが生じ、販売を急ぐ売り手の間に、部分的な値引きが誘発される。こうして、市場価格は価値に対応する価格を天井にして、そこから下方に放散する現象を呈するのである。

生産価格の存在は、この天井をさらに確乎たるものとする。たまたま販売が遅滞し、生産設備の遊休を回避するため、販売価格を引き下げて売り抜けざるをえなくなった不運な隣人に一時、先を越されたとしても、生産価格の存在は、彼が次に同種の商品を抱えて市場に現れるときには、自分と同じような価格をつけるであろうと告げる。生産価格が成立する市場では、この種の値引きが周囲に連鎖する可能性は低くなる。これは、第2章第1節「市場の緩衝理論」に生産価格の規定を重ねれば、すぐにでてくる結論である。

しかし、生産価格が一種の合成概念であることは、規制の構造を複雑にする。それはまた、市場価格の下方放散に、費用価格という固い底を与える。資本主義的に再生産される商品の場合、だれも製造原価を割り込むような価格で売り急ごうとはしなくなる。それ以下に値下げするくらいなら、操業を停止し、固定資本を遊休させたほうがマシだからである。生産価格は市場価格の放散を上方から規制するが、費用価格は放散を下から押さえ込む。この底は天井よりはるかに直截明瞭にして強固なのである。むろん、製造原価が明確だからといって、だれもそれで売ろうとは考えない。当然、マージンを上積みして売ることになる。条件1．や2．(本書一一六頁)のような強い前提条件をおけば、この売値のレベルにも生産価格という明確な基準が与えられる。しかし、それは迂回的間接性をもつ平均利潤の上積みによる。これに対して費用価格は直接性をもって現前し、放散の下限を画す。だから費用価格という固い底の方から見上げれば、市場価格はむしろ上方に放散してみえる。このように現実の市場価格は、生産価格と費用価格という二つの強度の異なる壁の間に分散して現れるのである。

■規制力の弛緩　市場価格に対して規制力を発揮する生産価格は、文字通り生産の側の客観的要因のみによって決まる。とはいえ、このことは、市場価格が需要の変化から影響を受けないということではない。需要の変化は市場における価格放散のすがたを変える。値引き部分を含む市場価格全体の平均値（平均価格）は、需要の増減を反映して騰落する。ある商品の需要が増大したとき、ただちにそれに対応する供給がなければ、市場に存在する商品総量は減少する。

「緩衝と摩擦」（本書四二頁）の簡単な例でいえば、球の数が一〇個から九個に減少することになる。この場合、初日に売れる確率は$\frac{1}{10}$から$\frac{1}{9}$に上昇し、一〇日目までに売れている販売確率も、〇・六五から〇・六九に高まる。その結果、同じ流通資本でカバーできる期間に売りきれる確率は高まり、それだけ価格の放散は小さくなる。そして、放散が下向きに生じる以上、その縮小はとりもなおさず平均価格の上昇を意味する。

だが、このような平均価格の上昇を、市場価格が生産価格をこえて上昇した結果だと見誤ってはならない。平均価格は生産価格と費用価格の間で上昇下落を繰り返す。この現象を観察していると、その中心に何かしら規制力をもった重心が存在するかのごとくみえる。しかし、これは見かけの重心である。規制力をもつ生産価格は、需給関係で変動する市場価格の中心ではない。生産価格は上方から規制力を発揮するのである。

このことはしかし、市場価格が絶対に生産価格を超えられないという意味ではない。供給量を上まわる需要量の増大が続き、商品が市場からすがたを消し、買い手が行列をつくり、あるいは注文待ちをするようになれば、事態は別である。下方放散はやみ、市場価格は生産価格をこえて急騰する。ここまで極端な状況にいたらなくても、買い手が多数の売り手から任意に選べる状況が消え、一対一で交渉せざるをえなくなれば、市場価格は生産価格をこえて、上方に放散しうる。

ただ、さまざまな商品で、このような市況が一般化する可能性は低い。在庫の減少が続けば、販売期間のバラツキが小さくなり、売り遅れた場合に備えて保有する流通資本は少なくてすむ。この部分が追加生産にまわされ、部門内部でいわばフィードバックがかかる。さらに在庫不足が続けば、他部門から資本流入という、より強力な調整弁も開かれる。その意味で、部分的な在庫不足による緩衝装置の弛緩は、社会的再生産を撹乱することなく終息する。通常、生産価格はかなり安定した基準として常駐し、規制力を発揮すると考えられるのである。

したがって、もしさまざまな商品市場で市場価格が生産価格を上まわることがあるとすれば、それは市場の緩衝装置が機能不全に陥り、生産価格が規制力そのものを失ったことを意味する。すでに述べたように、費用価格は個別資本にとって直接的で具体的な定量性をもつのに対して、生産価格は、迂回的で間接的な平均利潤を上乗せするかたちではじめて求められる。原価にどれだけ儲けをのせたらよいかには、個別資本の読みが関与する。異常な品不足が多発するなかでは、社会的再生産の市場価格に対する調整機構そのものが麻痺し、生産価格の規制力そのものが消失する。こうした場合には、さまざまな商品の市場価格が、生産価格を無視しバラバラに乱高下を繰り返す事態も生じうる。むろんこれは可能性であり、それが現実化するには追加条件が必要となる。これまでの推論から原理的にいえることは、市場の緩衝装置が円滑に作動しているかぎり、販売期間のバラツキを残しながら、生産価格をベースにした安定的な価格で商品は売買される。逆に、この調整機構が麻痺すれば、生産価格の規制力を逸脱して、市場価格の上昇がランダムに進みうるということまでである。

注意を要するのはこのような現象を、好況過程を通じて、不調整を示す商品の数が徐々にふえてゆき、やがて必ず、すべての商品価格が全般的に同率で上昇する状況に達すると理解すべきではないという点である。観察可能な平均値の上昇を、一、二パーセントといった安定的な率で、すべての市場価格が一律に上昇するといった事態と混同してはならない。「全般的物価騰貴」とよばれる「現象」が存在することはたしかであるが、それは

「総需要」が「総供給」を上まわるために生じるといった説明は、これまでの考察によるかぎり棄却される。単一の「物価」という変数を通じて「総需要」と「総供給」が均衡するという説明は、生産価格論と両立しないのである。このような説明は、商品価格の決定原理を、異種の生産物の集計尺度の決定から切断した主流派経済学の欠陥を端的に示す。価格の決定と独立に「総需要」「総供給」という集計量を規定することはできないのであり、この二つの集計量が「物価」を媒介に均衡するというのは、一商品に対する部分均衡の無理な拡張である。「総供給」は生産価格の決定と同時に、その諸価格ではじめて集計されるのであり、個々の商品の価格決定に先だって「総需要」との均衡を論じることはできない。鉄と小麦を重量で合算したが如き得体が知れない「鉄・小麦」に対する需要と供給が均衡するというようなかたちで、「物価」が決まるわけではない。もし、すべての商品価格がほぼ一様に上昇するという現象が生じたとすれば、それは、一定の量で実在する貨幣を想定し、この貨幣の価値が変化すると考えるほかない。そして、以上の推論が正しければ、好況期には「総需要」が「総供給」を上まわり、「物価」が上昇する結果、実質賃金率が引き下げられるといった説明も景気循環論から基本的に払拭されなければならないことになるのである。

第3節　一般的利潤率の規制力

■二層の利潤率概念　次に、個別資本の利潤率と一般的利潤率の関係について考えてみよう。外部から観察すると、個別資本の利潤率も、一般的利潤率の下方にバラついて現れる。現象としては、市場価格が生産価格の下方に放散するのとよく似ている。そして、両者が密接に関連していることも事実である。しかし、外形が似ていることと、中身が同じだということは別である。バラつく原理を探ってみると、両者は異なるレベルに属する現象であることがわかる。このことは、市場価格の下方放散が発生しなくても、個別資本の利潤率は下方にバラつくことからも明らかである。市場価格がバラつかなければ、個別資本の利潤率もバラつかないという関係にはない。逆にまた、個別資本の利潤率のバラツキが原因で、市場価格のバラツキが発生するのでもない。市場価格のバラツキ自体は、もともと緩衝としての市場の構造に固有の現象であり、産業資本による生産を前提しなくとも、もっと緩い条件のもとで説明できる。そしてこうした違いは、図 2.1 と図 6.2 を比較すればわかるように、実はバラツキの形状にも微妙なかたちで現れてくる。本書では、市場価格の下方放散 downward deviation に対して、利潤率には下方分散 lower-side distribution の語を当て、この違いを明示する。

この違いは、個別資本の利潤率が一般的利潤率の下方に分散する理由を考えてみればはっきりする。この原理を知るには、粗利潤率 R と純利潤率 r を区別し、一般的利潤率が成立するのはいずれの利潤率においてかを問えばよい。粗利潤率と純利潤率の定義は次のように与えられる。

$$R = \frac{(p-k)\times Q}{K_p} \tag{4.1}$$

$$r = \frac{(p-k)\times Q - z}{K_p + K_z} \tag{4.2}$$

ただし

p：販売価格　k：費用価格　Q：生産物量

K_p：生産資本　z：流通費用　K_z：流通資本

固定資本の償却分も含め、一単位の商品を生産するのに必要な原材料と労働量には、定量性がある。これらを価格で集計した製造原価が費用価格 k にあたる。生産資本（固定資本＋流動資本）は、機械装置などの固定設備と、ベルトコンベアの上に並んでいる仕掛品など、生産を継続するのに必要なさまざまな生産手段のセットを価格で集計したストック額である。ベルトコンベアの末端からでてくる生産物は、原価以上の価格で売れるから、一単位のアウトプットが得られた時点で、一単位の生産に必要なインプットの取得が保証される。生産物が瞬時に販売でき、原材料や労働力が瞬時に購買できるなら、生産資本だけ投じれば、連続的な再生産が可能となり、一定期間に一定量の生産物 Q のフローを産出する。4.1式の分子は、一定期間生産が連続的になされるなかで生みだされた利益総額すなわち粗利潤であり、分母はこのフローを生産するために投下されたストックである。したがって粗利潤率 R は、生産過程の技術的定量性だけを反映した利潤率という意味をもつ。

費用価格は生産物一単位当たりで計算可能で、したがって生産量に比例して増加する。しかし、費用のうちには単価計算ができない支出がある。商品の保管に要する費用は、一日当たり何円という定量性はあるが、何日で売れるかはまちまちである。そのため製造原価のように単価ベースで処理するわけにはいかない。帳簿の記帳にかかる費用は、生産量が増減しても変わらない。これら単価ベースに乗らない流通費用は、単価ベースで算出された粗利潤から、その期間の支出総額を一括して引くほかない。こうして粗利潤からすべての流通費用を差し引くことで純利潤が求まる。この純利潤を、生産資本に流通資本を加えた総資本額で割ることで、実際の資本の増殖尺度となる純利潤率rが得られる。純利潤率は、同種商品を生産する個別資本の間でも相違し、また同じ個別資本でも時期ごとに増減する。その点で、生産方法が変わらないかぎり一定である粗利潤率と対蹠をなす。幾ばくかの流通費用の支出と、流通資本の投下が避けられない以上、必ず次の不等式が成り立つ。

$$R > r \qquad (4.3)$$

■一般的利潤率　社会的再生産の基礎のうえで、生産に関して技術が一つであり、流通に関して期間も費用もかからないという条件1・2（一一六頁）が充たされているかぎり、どの種類の商品を生産しても均等になるような利潤率と、それを実現する生産価格の比率 $\boldsymbol{p}^* = (1, p_2/p_1, \cdots, p_n/p_1)$ が決まる。（3） この命題は、一般的利潤率R^*は粗利潤率をベースに成立する、という命題と整合する。

一般的利潤率と生産価格の計算の基礎となるのは（4.2）式ではなく、（4.1）式のほうであり、その解は市場の攪乱を捨象した理想状態における理論値となる。販売期間が無視しうるほど短縮すれば、この理想状態に近づく。しかし、実際にはどの個別資本も、確率的に変動する販売期間をかかえ、流通費用の支出と、流通資本の投下を余儀なくされる。粗利潤から控除される流通費用の支出は、一般的利潤率の計算式における分子を減少させ、流通資本の投下は分母を増大させる。しかも、これら二つの要因は、生産資本と異なり、技術的確定性をもたないため、個別資本iの純利潤率r_iは一般的利潤率R^*の下方に分散する。個別資本ごとに異なる攪乱因子を正の値ξ_iで明示すればとなる。

$$r_i = R^* - \xi_i \tag{4.4}$$

とはいえ、この下方分散の原理には、まだどこか納得がいかないところが残る。一般的利潤率は、上下に変動する利潤率の重心である、という常識と、この原理は真っ向から対立するようにみえる。個別資本の純利潤率 r_i と粗利潤率ベースの一般的利潤率を比べるのはトリッキーではないか。個別資本の粗利潤率 R_i を考えてみれば、需要の高い部門では $R_i > R^*$ となり逆なら逆になる。実際、個別資本にとってどの部門を選ぶかの基準は、純利潤率ではなく粗利潤率であろう。個別資本の粗利潤率をとれば、資本の部門間移動を通じて、一般的利潤率を中心に騰落する運動を繰り返し、社会的必要に見合う社会的再生産の部門編成が結果的に実現される。こう考えれば、従来の一般的利潤率＝重心説で、何も問題ないのではないか。こうした疑問が当然浮かんでくるであろう。

たしかに、資本移動を通じて部門編成のバランスが保たれるというのはそのとおりである。問題は資本移動の原因を、個別資本ないし部門間の粗利潤率の較差に求めることができるかどうかにある。この較差が発生するとすれば、それは、各商品の市場価格比が需要供給関係を反映して、生産価格比 $\boldsymbol{p}^*$ から自由に乖離するためである。しかし、生産価格比 $\boldsymbol{p}^*$ をベースに商品が売買されているならば、個別資本の粗利潤率は一般的利潤率から離れることはない。在庫が存在し貨幣が実在する市場では、商品に内在する価値が表現され、ある期間をかけて価格に実現される。生産価格の存在は、こうした価値の内在性に裏打ちを与え強化する。価格の変化を生みだす要因は、需要の変動ではなく、生産方法の改変であることも明瞭となる。むろん生産価格は理論値であり、売り手も買い手もその値を直接認識できるわけではない。しかし、一定の生産方法のもとで社会的再生産がなされるかぎり、市場価格は安定し、その比率は生産価格比にならざるえない。そして需要が変動したからといって価格が騰落することにはならないかぎり、粗利潤率が一般的利潤率の周辺で騰落するという現象も生じない。資本の移動は起こるが、それは利潤率の下方分散の較差に誘発されたものである。主体が直接目で見、感じる世界の背後に、生産方法の物量的世界は厳として実在し規制力を発揮するのである(4)。

■分散と放散の形状　利潤率の下方分散の原理がわかれば、それが価格の下方放散と形状を異にする理由も明確になる。同じく下方にバラつくといっても、大半の商品は生産価格の近傍で値づけされ、販売期間に長短の差はあるがこの価格で売られる。そのなかで運悪く販売期間が予想外に延びた売り手による値引きが繰り返される。生産価格という天井に過半の価格は張りついており、五月雨的に価格の下方放散が続く。遠くから観察すれば、雨空から強い雨を降らす黒雲があちこちに下降してくる景色にみえるだろう。

　これに対して、個別的利潤率のバラツキは、天から垂れこむ形状にはならない。個別資本の純利潤率は、つねに一般的利潤率から有意の差をもって乖離している。攪乱因子 ξ_i はつねにプラスの値をとり、個別資本の純利潤率を一般的利潤率の下方に分散させる。いろいろな生産部門ごとに、一般的利潤率から乖離した浮き雲を高いところ、低いところ、さまざまに形づくる。生産部門 j ごとに個別資本 i の純利潤率 r_i^j をプロットすれば、R^* の下に星雲状の塊が観察される。一般的利潤率が二〇パーセントだとして、部門Ⅰでは平均一五パーセントの周辺に密集して分布し、部門Ⅱでは平均五パーセントの上下に大きく拡散して分布する。r_i^j が上下にほぼ等しくバラつくとすれば、R^* からの下方分散である以上、一般にバラツキが小さいほど平均値は一般的利潤率に接近し、逆にバラツキが大きくなれば平均値は一般的利潤率から遠ざかる。

このような純利潤率の下方分散は、マイナスの利潤率の存在を許す。平均五パーセントでバラツキが大きければ、その一部はマイナスになるだろう。しかし、マイナスになったとしてもその資本はただちに倒産し消滅するわけではない。原理的にいえば、欠損が投下資本を食い潰すまでは生きていける。むろん、事前にマイナスになることがわかっていれば、あえて生産を続けることはしない。しかし、この部門でも利潤率の平均はたとえば五パーセントであり、マイナスではないが、ただ滞貨が堆積し売れゆきの波が大きいために、結果的に欠損に陥る部分が生じたのである。市場価格の下方放散が、費用価格という固い底を有していたのと、この点でも大きく異なる。天井から離れて下方分散する個別的利潤率には、ある意味で底がないのである。

下方分散のこのような形状が、資本の部門間移動を誘発する。ある部門の生産物に対する需要が増大する場合には、市場における滞貨が収縮し、その部門に属する個別資本間の利潤率の較差を縮めるとともに、平均値を引きあげ一般的利潤率に近づけるし、逆なら逆になる。平均値が上昇する部門では、同時にまた部門内の資本の個体差が小さくなり、だれがやっても同じようにもうかる部門として現れる。そのため移動の目処もたちやすく、平均値が低く運不運に振りまわされる供給過剰の部門からの移動も促進される。こうして、結果的に社会的な需要に見合った部門編成を動的に調整する機制がはたらく。景気循環の諸局面で価格機構が果たす役割を分析するためには、以上のような一般的利潤率の規制力を正確に分析しておく必要があるのである。

このような観点からふり返ると、一般的利潤率の規制力に関して重大な課題がいくつか残されていることがわかる。たとえば、生産価格と一般的利潤率の規定は「ある生産物の生産技術は単一で、生産量が増減しても不変である」ということを前提としていた。しかし、景気循環の分析においてこの条件は外さなければならない。

『資本論』の「市場価値」で想定されていた、優劣に差がある生産方法が同一部門内に併存する状況を常態と考えなくてはならない。同じ生産部門のなかに異なる生産方法が幾重にも堆積している状況と、それらが均質に近い状況とでは、一般的利潤率の規制力にも違いがでるはずである。

この問題にはまだ未解決な点が多く残されているが、これまでの考察から、次のような推察は可能である。この生産価格の成立条件が、一般的利潤率の規制力を説明するものであるとすれば、その弛緩はこの規制力を相対的に弱めることになる。生産方法の多層化がもたらす効果は、一般的利潤率の水準の高低とは区別されるべき、規制力の強弱の問題となる。それは結果的に、一般的利潤率の分散を増大させ、その平均値を引き下げることになるのではないかと考えられるのである。こうした拡張を含め、価格の下方放散と利潤率の下方分散の違い、生産価格と一般的利潤率の規制力の関連は、今後さらに厳密に解明される必要がある。いずれにせよ、労働価値説との整合性を問うだけの段階を脱し、資本主義に特有な動的な価格機構の分析につながる生産価格論を再構築することなしには、従来の現象記述的な景気循環論の限界をこえることはできないのである。

註

（1）詳しくは Sweezy〔1944〕にはじまる古典的な論争を紹介した伊藤〔一九七七〕をみられたい。この研究は、宇野による「価値法則」の論証との関連で独自の解釈を生んだ。価値の形態と実体の区別を重視した生産価格論の成果は伊藤〔一九八一〕第四章にまとめられている。これを批判した研究としては高須賀〔一九七九〕第五章第三節がある。Steedman〔1977〕第一一章は、労働価値説との繋がりを余計な回り道として批判したが、この限界は置塩〔一九七七〕一七五頁以下で明確にされている。物量体系を前提にした生産価格と投下労働量の量的関係はこの書でほぼ解明された。

（2）『資本論』もこの違いを明確にする必要性を強調し、支出された費用を「支出資本」verausgabte Kapital とよび、固定資本をふくむ生産資本を「充用資本」angewandten Kapital とよび、これに対置している（Marx〔1893〕57）。ただ、資本はストックとしてつねに投下ないし「前貸」anschließen されるのであり、「支出」されるのはフローとしての「費用」である。資本はいかなる意味でも「支出」されるものではない点で、「支出資本」という用語は混乱を招く。

（3）社会的再生産の生産技術の定量性が、一般的利潤率を一義的に決定するという関係は、二種類の生産物のインプットとアウトプットの連鎖に圧縮される。たとえば、小麦で鉄をつくり、鉄で小麦をつくるような、交叉を含む関係である。

小麦 5 kg→ 鉄 3 kg

鉄 5 kg→ 小麦 12 kg

鉄で鉄をつくり、小麦で小麦をつくるのは、「再生産」であり「社会的」であるかもしれないが、「社会的再生産」にはならない。

鉄と小麦の価格を p_1、p_2 粗利潤率を R とすれば、

$$5p_2(1+R)=3p_1$$

$$5p_1(1+R)=12p_2$$

となり、$R=20\%,\ p_1=2p_2$ となる。流通資本だけではなく、固定資本も捨象し、一般的利潤率の決定原理を極小の世界に抽象化すれば、このようなかたちになる。ただし、本書一一二 - 三頁で指摘したように、このような「交叉関係」だけでは、小麦 2 kg ＝ 鉄 1 kg が実際の「交換比率」になる必然性をなお充分に示しえない点は注意を要する。

（4）小幡〔一九八八〕では、部門間の資本移動の目安として、流通的な要因を除外し、「基準利潤率」（本書の粗利潤率にあたる）が個別産業資本のレベルで算定され、部門選択の基準とされると述べた（一二一 - 一二頁）。しかし、本文で述べたように、通常、商品価格は生産価格の水準で安定的に推移すると考えられるので、この率が部門間で異なるということも考えにくくなる。このかぎりでは、資本の部門間移動においては、下方分散する個別利潤率の平均が重要な意味をもつ。ただ、固定資本の移動制限を含め、いくつもの制約が作用する現実の部門編成を、このレベルの単一の原理で説明することには、当然ながら無理がある。

第5章　利子率の調整力

はじめに

この章では、利子率の水準決定に関して新たな捉え方を提示する。これは、労働市場の構造分析を基礎に、需要供給関係に還元されない賃金水準の決定原理を示したのとある面で相通じる。労働力商品も、これから取り上げる資金という商品も、資本主義のもとで一般商品とは明らかに異なる特殊な商品をなす。しかし、そのことはただちに価値の規制原理を欠き、需要供給の関係で絶えず変動し、ただ、景気循環の過程を通じて結果的に一定の水準を与えられるというわけではない。労働力商品に関しては、すでに詳述してきたが、資金に関しても、その規制原理の具体的な内容はもちろん大きく異なるが、やはり独自の水準決定の原理が存在する。したがって、労働市場と同様、資金市場もまた通常は一定の安定した状態を維持する。このような資金市場の把握が、次章で

「相としての景気循環」を考える基礎となるのである。

ところが『資本論』では、一般的利潤率の存在が社会的再生産を通じて規定されるのと対照的に、利子率の水準には客観的な決定原理が欠落している点が強調される。この基本認識は、さまざまな批判に晒されながら、今日まで根強い影響力をもちつづけている。しかし、このような資金需給説を脱却せぬかぎり、恐慌の理論もけっきょくは利潤率低落と利子率上昇の交叉という寓話に終わらざるをえない。

この章では、マルクスの利子率水準論の問題点を再検討し、一般的利潤率と利子率との結節環たる銀行業資本の利潤率に着目することで、利子率水準の内的決定原理を解明する。そして、これをもとに、この水準が利子率変動に対して発揮する調整作用の特性を明らかにすることで、「相としての景気循環」への展望を示していきたい。

第1節　利潤分割論と資金需給論

■利潤分割論による利子率無規定説　はじめに利子率の概念について整理しておこう。マルクスは『資本論』第三巻のなかで利子概念と利子率水準について述べている。そこには大きくいって二つの考え方が潜んでいるように思われる。一つは、第五篇の標題「利子と企業者利得とへの利潤の分割（Spaltung）利子生み資本（zinstragende Kapital）」に示されている利潤分割論によるものである。マルクスは、マッシー（Joseph Massie, ?–1784）やラムジー（Sir George Ramsay, 1800–1871）など、総利潤の構成要素として利子を捉える論者の見解を参照しながら、利子と企業者利得への利潤分割について検討し、次のようにいう。

＝M－経済学者たちが自然利潤率と自然労賃率について語るような意味での、自然利子率というものは存在しない。……なにゆえ中位の競争諸関係、貸し手と借り手の均衡が、貸し手に対してその資本の三、四、五パーセントなどの利子率か、あるいは、総利潤の二〇パーセントもしくは五〇パーセントという一定の百分率的分け前かを与えることになるかということには、まったく何の根拠も現存しない。競争そのものが決定するここでは、率のこの規定はそれ自体が純粋に経験的であり、この偶然性を何か必然的なものとして説明しようとするかもしれないのは、ただ衒学か空想だけである。(Marx〔1893〕375－6)

＝N－一般的利潤率とは反対に、中位の利子率または平均利子率は、つねに変動する市場利子率とは違って、どのような一般的法則によってもその諸限界を確定されることができない——なぜなら、権原を異にする二人の所有者の間での総利潤の分割だけが問題であるから——のであるが、逆に、利子率は、中位の利子率であれ、そのときどきの市場利子率であれ、一般的利潤率の場合にはまったくみられない、一様な決まった明確な大きさとして現れる。(Marx〔1893〕377)

ここでは、古典派の自然利子率の存在が明確に否定されている。すなわち、利子率は利潤率とは異なり、その水準を決定する原理をもたず、何パーセントになるかを理論的に説明することはできない、というのである。そうなるのはなぜなのか。もともと利子は、借り手があげた総利潤から貸し手に分配される部分であり、利害が対立する貸し手と借り手の間で、一つのパイを再分配するためのルールがないからだ、というのである。利子＝利潤分割論に基づく利子率水準の無規定説である。そのうえで、利潤率にはその水準を決める法則は存在するが、その大きさが明示されることはないのに対して、利子率はその水準を決める法則を欠きながら、明確な率で現れると、両者のコントラストが強調されるのである。

だが、この利潤分割論には、重大な問題が潜んでいる。これは、利子を利潤の一部を構成するものとして位置づけ、利子率を資本の価値増殖という概念に結びつけることになる。利子生み資本（zinstragende Kapital）という規定は、増殖を表す範疇として利潤と利子とを併用することから派生する。しかし、このように増殖を二重に捉えたことは、資本概念に深刻な混乱をもちこむ結果になっている。ただ、ここではこの問題に深入りせず[1]、利潤分割論が、利子率を決定する一般的法則が存在しない論拠の一つになっている点のみを確認しておく。

■利子＝価格論による利子率浮動説　『資本論』における利子概念は、資本の増殖概念とは別のラインの規定が存在する。マルクスは、利子とは「貨幣の価格」のことであると明言した、ステュアート（Sir James Denham Steuart,1712-1780）の見解を参照しつつ（Marx〔1893〕377）、次のようにいう。

〓O〓利子生み資本は、商品とはまったく異なるカテゴリーであるにもかかわらず、〝特殊な種類の〟商品となるのであり、それゆえ利子はその価格となるのであり、この価格は、普通の商品の場合にその市場価格がそうであるように、いつも需要と供給とによって固定される。それゆえ、市場利子率は、つねに変動しているにもかかわらず、どの与えられた時点においても、商品のそのときどきの市場価格がそうであるように、つねに固定的かつ一様なものとして現われる。貨幣資本家たちがこの商品を供給して、機能資本家たちがそれを購入し、それにたいする需要を形成する。（Marx〔1893〕379）

ここでは、「利子生み資本」は商品であり、利子はその商品価格であり、需要と供給の関係で変動するといろん「固定される」というのは何パーセントというかたちで事前に「明示される」ということであり、もちろん「変化しない」という意味ではない。一般商品の市場価格について一物一価が成立するのと同じ意味で、「〝特殊な種類の〟商品」の価格である利子率にも一価性が認められるというのである。これはマルクスの利子＝価格論といってよい。そのうえで、ここでも〓N〓と同様、利潤率が社会的再生産を基礎に明確な基準を具えながら、個別的な変動のうちに透視される存在なのに対して、利子率はつねに単一の値として発現しながら、その水準は恣意的で無法則な存在であることが示唆される。

このように利子を価格の一種とみるならば、利子率は、一日一円当たり何銭といった「レート」となり、リンネル一ヤール当たり何ポンドという単価表示の一種にすぎないことになる。つまり「率」といっても利子率の「率」は、増殖率の「率」とはその意味が異なってくる。労働力商品に関して、その価格が、たとえば一時間当たり何円という単位時間当たりの賃金率で規定されたのと同じである。「率」をこのように解すれば、利子率を利潤率と比較しても意味がないことになる。利子率の騰落は、たしかに個別資本の利潤率に影響を及ぼすが、それは賃金率の騰落が利潤率の変動に影響を及ぼすのと同じレベルの話となる。

こうして、生産過程で形成された剰余価値が利潤として取得され、利子として再分配されるとみる利潤分割論では辛うじて残されていた社会的再生産との経路も、利子＝価格論では完全に断たれる。一般商品の市場価格であれば生産価格という基準をもつが、価格といっても生産物の価格ではない利子率では、生産価格に匹敵する基準を考えることはできない。したがって、市場利子率はもっぱら需要供給の関係によって日々動揺し、平均利子率もその変動の平均として結果的に与えられるにすぎぬものとなる。

■「〝特殊な種類の〟商品」の正体　ただ、利子は商品の価格だという利子＝価格論には、肝心なその商品の正体はそもそも何なのかという難問が潜んでいる。これは『資本論』の利子概念に始終つきまとう大問題である。『資本論』では、利子を価格としてもつ特殊な商品の正体が、次のようなかたちで明かされる。

〖P〗貨幣は、可能的資本（mögliches Kapital）としての、利潤を生産するための手段としての、この属性において、商品に、ただし一つの〝特殊な〟商品になる。または同じことになるが、資本としての資本（Kapital als Kapital）が商品になる。（Marx〔1893〕351）

訳文で「貨幣は」と訳されているのは、代名詞esなのであるが、それが指しているのは、どう読んでも貨幣以外には考えられない。何がなるのか、といわれれば、「貨幣が」商品になる、と読むほかない。しかし、この後、可能的資本＝増殖手段という「属性において」という補足が加えられ、さらに「または同じことになるが」として、「資本としての資本」が「商品になる」のだ、と言い換えが重ねられる。貨幣がまず「可能的資本」となり、この「可能的資本」が商品になるといった媒介項をたてれば、〈貨幣が〉商品になるという出発点から〈資本が〉商品になるという終点までつながるのかもしれないが、それでは「〝特殊な〟商品」の正体は、「貨幣」でも「資本」でもない何かになってしまう。おそらく、ここでの規定もこうした論法をとっているのではあるまい。「可能的資本」は、貨幣を手段として用いれば利潤をもたらすという意味で、追加的な貨幣の「属性」にとどまるのであろう。とすれば、この属性は「〝特殊な〟商品」の特殊性を説明するものであり、「商品になる」のはあくまでも貨幣ということになる。しかし、利子を商品の価格だというには、《貨幣が商品になる》ではどこか過小で、《資本が商品になる》ではやはり過大すぎる。この隙間を埋める必要があるのである。

■交換と貸借の直交性　そのためには、いくつかの基本概念を明確に定義してゆくのが捷径《しょうけい》である。多少枝道に逸れるが、利子＝価格論を知るには、基礎の基礎にたち戻ることが欠かせない。求められているのは、貸借と交換の分離、交換と売買の区別、賃貸借と増殖の関連などの明示化である。(2)

このうち、交換と売買の関係については、いまここで詳細に立ちいるには及ぶまい。ただ売買が、貨幣の存在を前提とした特殊な交換である点さえ確認できればよい。売買の語義からして、貨幣は買うものであり、売るものではない。貨幣を売るというのは語義矛盾であり、その意味では貨幣そのものが商品になるということはありえない。

問題は、貨幣の貸借にある。交換ないし売買と貸借の関係がここでのポイントとなる。借りたものを返すという貸借では、定義上、同一物x、あるいはもう少し広く同種同量のもの$X\{x_1, x_2, \dots\}$が返されなくてはならない。貸したものXと違う種類のYを渡せば、それは返したとはいわず、XをYと交換したという。同種か異種か、これが貸借と交換を分離する基軸となる。

同種同量のものを返すのであるから、瞬間的な貸借というのは意味をなさない。したがって貸借は、必然的に一定の期間を前提とする。これに対して、交換は同時であっても意味をもつ。このため、同時の場合を交換の典型と規定し、期間にズレがある場合を貸借と規定することもできそうにみえる。交換にはこの典型的な交換のほかに、貸借が混淆した非典型がある（売買に即していえば、現金売買のほかに、信用売買がある）と考える立場である。しかし、期間の有無は、同種異種から派生した要因である。後者から前者はでてくるが、前者から後者は必ずしもでてこない。同種異種を原点におけば、交換と貸借はどちらかに還元できない、直交性をもつ別種の原理であることがわかる。

■賃貸借　貸借のうちには、賃料をとるタイプのものがある。賃貸借である。地代はよく知られた賃料のかたちで、マルクス経済学で賃料（Rent）といえば、通常は土地地代（Grundrent）ということになるが、土地のほかにもレンタルされるものは少なくない。土地や家屋、機械や船舶のような不動産にかぎらず、同種と認定可能なストックが大量に存在すれば、賃貸借の世界はフローの世界に広がる。

賃貸借も貸借の一種であるから、定義からいって、返されるものは同種同量のものでなくてはならない。しかし、賃料として支払われるものが、返される本体と同種である必要はない。土地を借りれば返すものはその土地であるが、賃料は別のものでよい。事実地代論では貨幣地代が当然のことのように想定されている。だが、賃料はつねに貨幣であると考えてはならない。土地を借りて、小麦を地代として返すというかたちもありうる。賃料の存在は、交換の特殊形である貨幣を用いた売買とは別のルーツをもつ。交換と貸借は重なることのない別種の原理であり、賃貸借は貸借の特殊形である。このことは、むろん賃料が貨幣で支払われることを排除しない。貨幣地代も賃貸借であるが、賃料が貨幣であるものだけが賃貸借であるわけではない点には留意する必要がある。

貨幣が賃料の支払いに用いられると、賃貸借は売買のタームに翻訳可能になる。貨幣賃料の支払いは、貸借を通じて、何かが「買われた」と言い換えられる。この何かは貸されるモノではない。貸借であるかぎり、同種同量のものがそのまま返される。ただ、それは一定期間、借り手のもとで利用される。したがって、対価が支払われた対象は、さしあたり、この期間の「用益」ということになる。ただ、売買の対象となる用益は、何か特定の役にたつという具体的性質ではない。それは借り手がどう利用するかによって、結果的に有用であったり無駄であったりするのである。

このように概念を整理すれば、＝**P**＝で「この属性において」といわれている属性が直接売買されるわけではないこともはっきりする。「利潤を生産するための手段」になるかどうかはわからないのである。売買の直接の対象とされるのは、そうした具体的な効果ではなく、あくまで一定期間、特定の対象を利用できるという定量性を具えた権利である。売買される商品体は、厳密にいえば、「用益」ではなく「用益権」なのである。用益の大きさは量れないが、用益権ならこの一ヘクタールの土地を一年間利用する権利というかたちで明確に限定できる。商品売買には、商品体の確定が絶対条件となるのであり、外形的な定量性をもつことで、貨幣で賃料を支払い一定期間借りて利用する関係が、同時に用益権の売買として商品売買の世界に翻訳可能となるのである。

ここまでたどると、《貨幣が商品になる》としたのでは足りない理由が明らかになる。貨幣の貸借は、いかなる意味でも貨幣そのものの売買ではない。貨幣は貸されるのであり、それによって一定期間の用益権が売買されるのである。この貨幣の用益権を「資金」とよぶとすれば、《貨幣は貸され、資金が売られる》ということになり、貨幣の賃料が資金の価格であるということでひとまず決着がつく。しかし、まだ厄介な問題が残っている。ではなぜ、これを《資本が商品になる》ということはできないのかという問題、賃料と利子の区別の問題に答える必要があるのである。

■**利子の概念**　すでに述べたように、賃料は貸借されるモノと違う種類のモノで支払ってもよいが、それは同種のモノで支払うことを排除しない。小麦を借りて同種同量の小麦を返すとともに、賃料も小麦で支払う、というタイプが考えられる。貨幣を借りて貨幣で賃料を支払う場合も同じタイプに属する。このタイプでは、賃料は貸されたモノの何パーセントという率で与えられる。これは、貸借対象と賃料が同種だからこそ、はじめて可能になる。この率が利子率であり、支払われる賃料は利子とよばれる。つまり、賃料が率で規定できることが利子の定義となる。貨幣を借り、元本に利子を乗せて返す貨幣利子率が典型であるが、小麦利子率も鉄利子率も矛盾なく定義される。

資本との接点は、賃料が率として規定できるところに生じる。資本概念のコアをなすのは増殖である。この増殖概念は、必ず同種性を前提にした増殖率の規定を必要とする。小麦一トンと鉄二トンを交換しても増えたか減ったか、そもそも答えようがない。だが小麦一トンが小麦二トンになれば、増えたという以外ない。利子タイプの貸借は、定義上、この意味での増殖概念を具えている。貨幣貸借では元本の返済と利子の支払いを分解せず、元本に利子率を乗じた金額を一括返済するのが普通である。こうして、増殖概念は貨幣貸借に統合されたとき、純粋なすがたをとるかの如くみえる。

しかし、利子率はほんとうに増殖概念を純粋に示すものかどうか、には問題が残る。仮に、利潤率に比べて、利子率のほうが、より純粋な表現であることを認めたとしても、それは利子率一般についていえることで、実際にはいろいろな利子率がありうる。貨幣利子率のほかにも、小麦利子率、鉄利子率、その他もろもろの利子率が理論上は考えられる。たとえば、貨幣利子率が一〇パーセント、小麦利子率が二〇パーセント、鉄利子率が三〇パーセントであるとき、いずれの利子率をもって増殖率を示すと考えたらよいのか。一般的利潤率と違って、一般的利子率というものは存在しない。異種のモノの集計可能性を前提とする利潤率は、増殖概念としては利子率に劣るようにみえるが、利子率に欠落している単一性を内包している。その意味で、簡単に利子率を増殖概念の純粋形と考えるわけにはいかないのである(3)。

たしかに、利子＝価格論における「〃特殊な〃商品」になる主語は、単なる貨幣では不足であるが、それを「資本としての資本」とするのは、利子率が帯びる増殖の仮象的純粋性に訴えざるをえない点で、やはり過剰となる。このことは、さまざまな利子率を貨幣利子率に代表させ、資本の増殖概念を貨幣の増加と同一視する誤りにつながる。貨幣貸付はどこまで延長しても、資本を商品にすることにはならないのである。

ここまでのところをまとめてみよう。『資本論』は、利子率の水準に関して、それが利潤率とは異なり、その水準を規定する内的な原理を欠くとみる利子率無規定論にたっていた。その根拠には、利子＝利潤分割説と利子＝価格論とが併存している。そして、後者の利子＝価格論における商品の多義性に関して、ここでは独自の分析を加えてみた。そこでの整理をふまえてみると、さしあたり受けいれやすい結論は、利子を利潤から分離し(利潤分割説の棄却と、利子＝価格論のうちの資本＝商品説の除去)、貨幣に関して賃貸借を用益権の売買と読み換えるラインとなる。すなわち、利子は資金の価格である、という結論である。

■需給論的アプローチと利子率の変化　利子＝価格論の内容を資金売買説に改訂純化したとき、利子＝価格論に基づいて主張されていた利子率浮動説のほうはどうなるのか。①日々の需要と供給で変動する市場利子率にも、それを通じて結果的に与えられる平均利子率にも、決定原理はないという関係がより鮮明になるのか、あるいは②取り引きされる商品が明確になれば、利子率水準の決定原理を見いだすことが可能になるのか、これが次の問題である。答えは当然②ということになりそうだが、そこには①以上に水準の無規定性を強化する一面も潜んでおり微妙である。

たしかに、売買の対象が、貨幣でもなく資本でもなく、資金であることがはっきりすれば、利子率の決定原理は考察しやすくなる。それはまた、利子率が社会的再生産にとって外面的であることを強調する利子率無規定説に対する批判につながる。『資本論』の利子＝価格論では、利子が何の価格であるかが多義的であったため、けっきょく、供給の側に「貨幣資本家」、需要の側に「機能資本家」をおき、独立した需給関係を想定する結果になっていた。これに対して、資金の売買ということになれば、同じ産業資本家があるときには出し手となり、またあるときは受け手となる市場が射程に入ってくる。

こうして、利子率無規定説の再考は必須となる。次のような宇野弘蔵の主張はその典型をなす。宇野は、『資本論』第三巻第五篇の前半にでてくる「利子生み資本」に対して、本来利潤が得られる資本を、それより低い水準の利子率で運用することに甘んじる「貨幣資本家」は、純粋な資本主義では考えられないとして、このような不純な要因をもちこんだため、『資本論』では利子率が資本主義的蓄積によって内的に規定される関係が不明となり、けっきょく、恐慌を含む景気循環の説明を困難にしていると批判した（宇野〔一九六二〕二六六－八七）。

利潤率は原理的に決定されるが、利子率には決定原理がない、と両者の対蹠を強調する『資本論』の利子率無規定説に対して、この批判自体は正しい着手といってよい。だが重要なのは続く次の一手である。本筋は、単純な需給論的価格決定論を捨てて、利子率《水準》の内的決定原理の解明に進むことであろう。ところが、ここには微妙な分岐がある。貨幣資本家と機能資本家の間の利潤の再分割ではなく、産業資本家相互の貨幣貸借だという批判は、同時に利子＝価格論に内包されていた需給論的説明を逆に強める慣性をもつ。たしかに資金の需給説にたつと、資本蓄積に伴う利子率の変化の《方向》を捉えることはできる。これによって好況末期、利潤率が下落するなかで、利子率が上昇するという現象も説明できそうである。しかし、これはやはり現象に依存した安易な妥協であり、理論としては敗着というほかない(4)。

資金需給説に止まるかぎり、利子率の水準決定に踏み込んだ考察を加えることは難しい。利子率が何パーセントになるかについては決定原理がなく、需要と供給の関係で、ただ上昇するか、下落するか、資本主義的蓄積の状態から説明できるのは変化の方向だけということになる。だが、利子率はそのときどきの需給関係でただ浮動するだけでなく、そこにやはり何らかの規制力がはたらいているのではないか。利子率が何パーセントになるかにも、一般的利潤率と内的な関連をもった一定の基準が考えられるのではないか。好況期を通じて、利子率がある安定した水準を維持する可能性はないのか。好況末期に利子率が高騰する現象は、こうした利子率がもつ規制力が弛緩したためなのではないか。このような可能性の成否を考えるためには、水準決定の原理にもう一歩踏み込んでゆく必要がある。この点が解明されないかぎり、利子率は需要供給で変動し、一般的利潤率に対して外部から作用するという認識の大枠をこえることはできないのである。

第2節　銀行業資本の利潤率と利子率

■産業資本との接点　利子率水準の決定原理を探るためには、資金の需要と供給の実像をもう一段具体化し、利子率と一般的利潤率の関連を明らかにしてゆく必要がある。資金の出し手も受け手も産業資本であるという宇野の主張が普及するとともに、それに基づいて商業信用の限界から銀行信用の発達を説明する信用機構論の研究が活発に推進され、大きな成果がもたらされた。戦後日本のマルクス経済学のなかでも信用論の機構論的展開は、複雑な現象に肉薄しうる精緻で多彩な発展を遂げた花形の領域だった。ただその陰で、利子率決定の問題はややもすると置き忘れられていった観がある。いま必要なのは、こうした機構論的展開をふまえて、商業信用と銀行信用の構造のうちに、あらためて利子率と利潤率の内的関連を解き明かすことなのである。

そのためここでは、従来の研究が明らかにした複雑な信用機構を、逆に思い切ってシンプルな方向に抽象化してみる。抽象化の標的は、銀行業資本の利潤率である。銀行業資本も、産業資本や商業資本と基本的に同格の個別資本であり、利潤率をめぐって相互に競争する関係にある。ただ、これまで銀行業資本の利潤率が原理的に明示されることはほとんどなかった。しかし、今日の研究水準にたてば、利子率を価格として捉え、銀行業資本の利潤率を規定することは難しくない。これにより産業資本との接点もはっきりする。

この接点を探ってみよう。すでに述べたように商品の販売には、個別資本によってはコントロールできない販売期間のバラツキがつきまとう。同種商品を無規律に売りあうなかで必然的に発生する販売期間の変動は、ある範囲であれば、個別的に投下された流通資本によって吸収されるがそれには限度がある。相対的に販売が進んだ資本のもとには貨幣資本の過剰が現れ、たまたま販売が遅れた資本のもとには不足が現れる。販売の促進によって貨幣資本に余裕が生まれても、それ自体としては、個別資本の利潤率を高めるわけではないが、後払いで販売価格を高く設定できれば、その範囲で追加的に利潤率の増進につながる。反対に、後払いで原材料を仕入れざるをえなくなった資本は、相対的に高い信用価格のせいで純利潤率の低下を余儀なくされる。ただ、これは生産過程の中断や、それを避けるための商品在庫の投げ売りによる、より大きな低下を回避した結果であることも忘れてはならない。こうして、さまざまな産業部門に属する個別産業資本の間に商業信用の連鎖が形成される。

ただ、こうした商業信用の形成には支払いの不確実さがつきまとう。現在、貨幣資本が欠乏している資本が将来支払うことができるのは、現在抱えている商品在庫の販売によってである。現在の貨幣資本の余裕を基礎に後払いで商品を売り渡した資本も、その債権が予定していた期間に支払われなければ、今度は自分が貨幣資本の不足に陥る恐れがある。それゆえ、商業信用を実現するには支払いの確かさを調べるために流通費用が必要となり、また支払いがなされなかった事態に備えてある程度の貨幣資本を保有することも避けられない。商業信用に伴うこの種の費用と準備を集中し、相対的に節減する業務に特化した資本として、銀行業資本を位置づける研究がこれまでなされてきた。この銀行業資本の存在を前提に、その利潤率を分析してみることにする。

■銀行業資本の利潤率　ここではまず、単数の銀行業資本と、これと取引関係をもつ複数の産業資本に対象を限定し、利子率水準の決定原理の解明にとり、必要にして充分な極限に産業資本と銀行業資本の利潤率の規定を切り詰めてみよう。

個別産業資本は、信用売買を通じて債権債務関係を形成する。その債権は一定期間後の決済を約束したものであり、通常、その額面で他の商品がいますぐ購入できるわけではない。その額面はあくまでも将来の貨幣であり、現金そのものではない。銀行業資本は、産業資本が保有する個別的な債権の支払いが確実になされるかどうか、独自に調査し、確実だと判断すれば、その額面Lを利子率iで割り引き、$L/(1+i)$の自己の債務に置き換える。こうして銀行の資産がLだけ増加し、負債が$L/(1+i)$だけ増加する。むろん、商業信用で形成される債権が、すべて銀行の債務に置き換えられるわけではない。商業信用が存在しても現金売買があるように、銀行信用が発展しても商業信用は残る。ただ銀行信用が利用できるようになれば、産業資本は販売期間のバラツキに対処するための流通資本をK'_zに縮小し、また信用売買に要する流通費用をz'に削減できる。(5) むろん、銀行に割引を依頼すれば、利払い分$L \times i$だけ売り上げ高から控除しなくてはならない。産業資本の純利潤率r_Iは、式

（4.2）に追加修正を施した次式で規定される。

$$r_I = \frac{(p-k)\times Q - (z' + Li)}{K_p + K'_z} \qquad (5.1)$$

銀行は、信用調査や債権取立・債務支払などの業務に流通費用 z_b を支出し、保有する債権の価値を保全する貸倒準備として一定の自己資本 K_b を投下し、これにより粗利潤 $L\times i$ を得る。保有する債券のうちには回収できなかった貸倒額 d も含まれる。これは、流通費用とともに、粗利潤から控除され純利潤が残る。こうして、銀行業資本の純利潤率 r_B は次式で規定される[6]。

$$r_B = \frac{L\times i - (z_b + d)}{K_b} \qquad (5.2)$$

すでに明らかにしたとおり、産業資本の純利潤率 r_I は天井である一般的利潤率 R^* によって規制される関係にある。銀行業資本の分化は、一般に個別産業資本の間の利潤率のバラツキ ξ を減じ、競争を通じて個別産業資本間の純利潤率 r_I には均等化の傾向がより顕著になると考えられる。銀行業資本の利潤率自体は、産業資本の場合とは異なり、その内部にそれだけで基準を形成する原理をもつわけではない。しかし、産業資本が競争を通じて部門間を移動するという関係が、銀行業をもカバーすると考えると、社会的再生産を基礎とする利潤率への規制関係は、銀行業資本の利潤率 r_B にも及ぶ。特に、もし右で想定したように、個別的利潤率が競争を通じて産業資本の側で均等化するとすれば、銀行業資本の利潤率も産業資本との競争のなかで、間接的にこれに等しくなる。

■利子率水準の決定原理　ここで、銀行業資本の利潤率を規定した式（5.2）を、利子率に即して整理してみると、次のようになる。

$$i = \frac{z_b + d}{L} + \frac{K_b}{L} \times r_B \qquad (5.3)$$

これは右辺が左辺を決定するという規定関係を示すものではない。ただ、利子率水準の決定原理を考察する手がかりにはなる。利子率もある意味では、費用価格と平均利潤という二項で構成されている。$(z_b + d)/L$ は優良な債権を取得するのに必要な費用を表す。K_b/L は、銀行が大量の債権と債務をバランスさせ維持するのにどれだけの自己資本を必要とするかを示し、右辺の第二項はマージンに相当する。これらの値がもし安定的であるならば、利子率は一般的利潤率が間接的に銀行の利潤率を規制するなかで決まる $(R^* \to r_I \to r_B)$。一般商品の価格が需要供給の変化とは独立に決まる生産価格をもつように、資金の価格である利子率も、間接的にではあるが、やはり独自の基準を有するのである。

このように考えると「利子率は一般的利潤率の範囲内というだけで、それを決定するものは資金の需給関係以外の何ものでもない」(日高〔一九八三〕二一六) といった通説に甘んじるわけにはいかない。産業資本と銀行業資本との間の競争を通じて、一般的利潤率の規制力は銀行業資本にも浸透する。その結果、生産価格に相当する資金価格が成立する。利子率は、その時々の需要と供給の関係で上昇下落し、ただその天井が一般的利潤率で画されるというのではない。利子率と利潤率は、価格と増殖率であり、「利子率は一般的利潤率の範囲内」という比較はカテゴリーミスである。たしかに、資金の需要が相対的に増大すれば、他の産業から資本の流入が進み、銀行業が膨張し、利子率は低下する。そして逆なら逆になる。しかし、こうした過程を通じて需要と供給がバランスしたとき、利子率の水準は未決定となるわけではない。一般的利潤率が、式(5.3)を通じて、利子率の水準を内的に規定することで、一定の利子率水準が発現するのである。

ただこのような一般的類推には注意を要する。利子率の絶対水準は無規定だという強い命題を疑うことと、これによって利子率の変動過程もただちに説明できると主張することの間には亀裂がある。需要の変動が資本移動を介して調整され、市場価格が生産価格に規制されるような関係を、資金という特殊な商品にも機械的に当てはめるわけにはいかない。利子率の動態には独自の特質がある。最後にこの点について考察しておくことにしよう。

第3節　利子率の変動と恐慌現象

■利子率の変動要因　思い切って単純化すると、銀行の利潤率の変動には、二つの要因が作用する。①銀行の粗利潤を左右する貸付残高Lと利子率i、および②銀行の自己資本K_bと信用関係に必要な流通費用プラス貸倒z_b+dである。銀行は流通費用を支出し自己資本を投下することで、優良な債権を集積し貸倒に備える。こうして利子を伴って回収される銀行の抱える債権は、銀行が新たに生産した独自の商品であるかのようにみえる。

しかし、これは誤った外観である。銀行の債権の内実は、社会的再生産の動向によって規定される。銀行にできるのは、産業資本の受信内容を調査して与信可能な範囲を正確に判断することなのである。銀行は流通費用の支出によって、何かを新たに追加するのではない。自己資本K_bをベースに、それに幾層倍する債権債務Lを形成しているという意味では、銀行が信用を創造するといえるかもしれない。しかし、この債権も債務も全体としてみれば、相手はともに産業資本である。銀行は、多数の産業資本の与信と受信を集中的に媒介し、いわば潜在的な関係を炙りだしているにすぎない。それゆえ、銀行の費用支出と、債権債務の額との間に比例性はみられない。優良な債権が増えれば必要な調査費は減少するが、逆に調査費を増加することで、優良な債権を増加させることはできない。社会的再生産の状況が良好であれば、貸出残額の増加は銀行の自己資本や流通費用の増加なしに進む。このことが、前節で述べた利子率水準の決定問題に単純に還元できない、利子率に固有な調整力の問題を生みだすのである。

■弾力的与信による調整と資本移動による調整　社会的再生産が順調に拡大し、そのなかで取引商品量が増大することを反映して資金に対する需要が拡大する場合には、一般に、需要の拡大がまず利子率を押し上げ、次に、資金の供給がこれに応じるという、時間差を伴う動態的な調整過程が介在するわけではない。資金は銀行業資本が費用を支出し自己資本を投じて、一般の生産物のように生産されるものではない。したがって、需要の変化に対しても、一般商品のように価格変動を通じた事後的調整を考えることはできない。銀行の貸出残額は、それを支える銀行の債務と同時並行的に増加するのである。

こうしたなかでは、貸付残高が増加したとしても、銀行の自己資本や信用調査に要する流通費用が比例的に増加する必然性はない。したがって、もし利子率の水準が変わらなければ、銀行業資本の利潤率は産業資本に対して相対的に高くなる。ただ複数の銀行が存在する実際の状況では、他行より利子率を引き下げてでも、優良な貸付先を奪いあう競争の結果、銀行の利潤率 r_B は産業資本の利潤率 r_I に接近する。

それでも利子率が充分に下がらなければ、産業資本から銀行業資本に転換する動きが進み、産業資本による資金需要が収縮し、銀行業資本を通じた資金供給が拡大する。しかし、資金に対する需要が増大する好況局面では、産業資本の銀行業資本への転化が調整的にはたらく傾向は実際には軽微である。銀行業資本は、本来産業資本に内包される、貨幣資本の過剰部分の有効利用という契機が、機能的に分化したものであることを想起すれば、産業資本における部門移動と、それを通じた利潤率の均等化の機制を安易に当てはめるべきでないことはすぐにわかる。あえて銀行業に転業しなくとも、産業資本自身、銀行業資本に匹敵する与信活動を拡張しうる。好況期における商業信用の拡張は、事実上、銀行業への隠れた資本移動と等しい効果をもつのである。

このように、再生産の順調な拡大を基礎に資金需要が拡大するなかでは、産業資本との関係のみを問題とするかぎり、利子率には安定した水準が存在する。むろん現実の利子現象は複雑であり、安定した単一の利子率として発現するわけではない。信用機構の機能分化が進めば、与信の対象に応じて複数の種類の利子率が発生するし、銀行の機能が分化し相互に短期の資金取引がなされる局面では、資金の価格差をねらった転売が繰り返される。そうした部面では、転売対象としての資金価格である利子率も日々変化するであろう。しかし、それはここでの抽象レベルをこえる課題である。

いずれにせよ、一般商品の場合も、在庫が存在する通常の市場では、需給変動をそのまま反映して市場価格が日々変動するわけではなかった。それと同様に資金市場の場合も、資本規模に対する弾力的与信によるにせよ、隠れた資本移動によるにせよ、同じ利子率水準のもとで信用取引の規模は調整されるのであるが、ただ、与信の弾力的調整がいつもこのように順調に機能するとはかぎらない。資金需要が減退し低迷するような局面で、既存の資本規模を維持したまま、貸出残高を縮小させれば、銀行業資本の利潤率は下落する。このとき市場利子率の上昇がただちにつづけば、与信の弾力的調整が対称にはたらくが、実際にはこうした調整の余地は少ない。貸出残高というものは、生産物のように、銀行資本が費用を支出すればそれに対応して生みだされるわけではない。

銀行資本の流通費用は、支出額に見合った与信量を積極的に産出するわけではない。外部の資金需要自体が収縮するなかでは、銀行の自己資本の絶対量が過剰なのであり、銀行業資本が他の部門へ移動することが調整の基本となる。不況過程のような資金需要の低調な局面では、銀行業資本自身の縮小整理が要請されるのである。

だが銀行業資本から産業資本への移動には、逆方向の移動にみられた迂回路が残されているわけではない。たしかに産業資本のように固定資本の強い制約を受けない銀行業資本は、容易に部門間移動が可能なように思われる。しかし実際にそうした移動が顕著でないのは、産業資本とは異なる事情が、やはりはたらいていると考えざるをえない。すぐに思いつくのは、信用業務にかかわる情報や知識が、いわば無形の資産として固定資本と同様の制約を課すという要因である。しかし、これは産業資本の側にみられた固定資本の制約に相当しそうな要因を探しだし、それに「無形の」という銀行業向けの彩色を施したチープな説明であろう。同じ情報や知識の制約は、産業資本にもある。銀行業資本に特有の理由としては、たとえば、自己の資本を基礎に、そのうえにそれを数倍する多額の与信額と受信額をバランスさせて積み上げている点など、銀行業資本に特有の事情に着目するべきである。たとえ両者がバランスしていても、与信が一挙に回収され、即時に受信を消滅させるわけではない。債権・債務のバランスを保ちながら、通時的に漸減させ、その縮小に対応する自己資本の一部を他の産業に移動させなくてはならないことが、生産過程に固有の移動制限とは異なる、独自の機構的制限を課すのである。

■調整不全と利子率急騰　多数の産業資本の資金需給が銀行のもとに集約されることで、利子率を価格とする資金の市場が形成される。この市場において利子率は、需給の変動によって日々変動するわけではない。産業資本との関連を抽象的に考察する範囲では、利子率は間接的にではあるが、一般的利潤率の規制力を受けとめ、需給関係の変動とは独立した安定した水準を具えることになる。しかし、逆にいうと、この資金市場における利子率の安定性は、背後の社会的再生産が円滑に推移していることの反映であり、そこに変調が起これば、この安定性は破壊されることを意味する。こうして、好況末期にみられるような利子率急騰の原因も明らかになる。それは、需要が供給を上まわったといった単純な説明ではすまない。需要と供給が均衡する利子率がつねに存在し、その均衡値がだんだん高くなるというわけではない。資金市場のバッファ作用が乱れ、利子率は調整力を失い、乱高下することになるのである。

こうした局面では、銀行による資金形成に独自な拡張作用が、本来の調整作用とは逆に、攪乱的にはたらく。すでに述べたように、銀行は本来、自己資本 K_b の規模から相対的に独立に、債権 L を弾力的に拡張する能力をもつ。銀行に媒介された資金供給自体には、生産技術のような客観的な基準はない。むろん、基準がまったくないというのではないが、ただそれは、社会的再生産の状況を独自に調査し反映することで、結果的に自己調整可能なかたちになっているのであった。だから、いくら調査してもその対象自体が攪乱的になれば、その効果は失せ過剰な銀行の貸出残高を形成することにつながる。利子率は、需要と供給が釣り合う均衡点が上昇するのではなく、均衡点が消失した結果、急騰するのである。

さて以上の考察を通じ、利子率に関して、資金に対する需給関係で変化の方向は説明できても、その水準自身を説明する原理はないという主張に対して、①産業資本の一般的利潤率を銀行業資本の利潤率が受けとめる関係に着目すれば、独自の水準決定の原理が存在すること、②しかし、その基準は一般商品の価格変動と同じ規制力に還元できない、利子率変動に対する独自の調整作用を通じて発現するものであること、この二点を明らかにしてきた。資金市場におけるこのような特徴は、労働市場において賃金水準が産業予備軍の存在を基礎にして、労働力商品の価値によって規定される水準を維持しながら、資本蓄積が進むなかでこのバッファ機構がひとたび破壊されると賃金の急騰が発生する原理と双対をなす。こうして、労働市場とともに、資金市場に関しても、一般商品とは異なる独自の調整原理とその限界が明確になれば、歴史的現象として景気循環に理論的に接近する途も拓かれるのである。

註

（1）この問題について詳しくは、小幡〔二〇一三〕第三章および第五章を参照されたい。

（2）これは基本的に民法学で論じられてきたことだが、経済学においても利子現象を解明する基礎として明確にしておくべき問題である。小幡〔二〇〇九〕七二 - 五頁参照。

（3）第4章の註（3）で述べたように、一般的利潤率は、最低限、たとえば次のような投入産出の交叉の存在を前提にする。

鉄 1 kg→ 小麦 2 kg
小麦 1 kg→ 鉄 3 kg

自己比率である利子率は、この交叉関係を定義上もちえない。

小麦 1 kg→ 小麦 2 kg
鉄 1 kg→ 鉄 3 kg

という関係では、どんなに小麦と鉄の換算比率（評価）を変えてみても、鉄と小麦で均等になる増殖率を求めることはできない。小麦利子率と鉄利子率が一致したとしても、それはあくまでも偶然の一致であり、その水準を規定する一般的利子率は存在しないのである。

（4）宇野〔一九六二〕も、利子率は「純粋に抽象的で無内容な形態」であり、その時々の需給関係で決まるだけの単なる価格にすぎないのか、というと「そうでもない。一定の時には需要供給によって変動する価格の基準をなすものがある」（宇野〔一九六二〕二七五）と述べ、その存在を示唆してはいるが、結果的には、市場利子率に対する「基準をなすもの」の存在を明示することのないまま終わっている。

（5）分化の結果、流通の負荷が相対的に軽減すると考えるのは自然にみえるかもしれない。しかし理論上は、この節約効果がなければ分化が生じないという強い因果関係があるわけではない。さらに厳密に論じるならば、そもそも、K_z や z は、それ自体基準をもたない値であり、そうした不確定な量に対して縮小したかどうかを判別することに根本的な困難がある。不確定説と単純（縮小）代位説とは両立しない（小幡〔二〇〇九〕三四三頁参照）。ただここではこうした問題は保留し、銀行が商業信用の形成に必要な資本と費用を縮減した結果を仮定して考察を進める。

（6）利付預金など、銀行の負債の一部分 L' に利子率 i' で利子が支払われるとすれば、

$$r_B = \frac{L \times i - (L' \times i' + z_b + d)}{K_b} \qquad (5.4)$$

のようになる。ここでは預金はすべて利子を伴わない当座性と仮定する。これも本章の抽象レベルでは、本質を損なうものではない。

第6章　相としての景気循環

はじめに

資本主義が同じペースで均一に成長するのではなく、拡張と停滞を繰り返し景気循環を通じて発展してきたことは事実であり、その歴史的過程を《記述》することに方法上の困難はない。しかし、この景気循環を《理論》的に説明しようとすると厄介な問題にぶつかる。そこでは、同じような循環が繰り返されているようにみえながら、時代とともにその相貌が移り変わってゆく。同じ過程が繰り返されているようでいながら、段階的とでもいうべき不連続性が観察される。変容し発展する対象を理論的に説明することの困難が、ここには凝縮されている。複数の要因が複雑に作用しあう景気循環の把握は、個々のデータの解析をこえて、それをなめらかな波動とみるか、鋸歯状の累積とみるか、階段状の転換とみるか、といった一種のパターン認識にどこかで踏み込まざるをえない。そのため景気循環論では、何を描くか以前に、どのように描くのかがとりわけクリティカルな論点になる。こうした理論展開の方法の問題を意識しないかぎり、恐慌論はいつの間にか恐慌史になってしまうのである。

このような理論的アプローチによって明確になる本章の要点を二つ、予め示しておく。第一点は、景気循環論の基本概念は、好況と不況という二つの《相》で構成されるという点である（二相説）。ここで《相》というのは、システム全体の《状態》のことである。たとえば、一般に物質は固体、液体、気体という異なる状態をもち、それぞれの状態のもとで温度や比重を変化させる。しかし、温度や比重が変わっても、水は水であり、氷や蒸気とは異なる。個々の要因は連続的に変化しても、全体の相は維持される。しかも、システムは異なる状態をとるから、相は不連続に転移する。資本主義経済も、原理論の体系に示されるように、一つの大きなシステムを構成し、異なる相を帯びる。こうして、景気循環論の課題は、好況と不況という対極的な相の構造解析と、両相の接合面の分析に整理されるのである。

第二点は、二つの相を規定する根本原因が労働市場のうちに存在するという点である（単因論）。景気循環の根源は、雇用が増大したとしても、実質賃金率がただちには上昇せず、逆に雇用が収縮しても、それだけでただちに下落するわけではない、という労働市場の特質にある。この特質は、労働市場における産業予備軍という特異な緩衝に由来する。これまでも景気循環を説明する基本要因に、労働力商品化の困難を掲げる有力な立場はあった。ただそれは、好況の条件として潤沢な産業予備軍の存在をあげ、恐慌の根因としてその枯渇に注目するものであり、これに対して不況のほうは、生産能力の過剰や部門間の不調整といった、労働力商品化の困難とは別の契機によって説明されてきた。不況は、いわば恐慌の後遺症と見なされてきたのである。しかし、景気循環論を方法論的に再検討してみると、不況の持続原因を労働力商品化以外に求める、こうした二因論の問題点もはっきりとみえてくる。好況と不況という二つの相を分かつ契機は、ともに労働力商品の処理に根ざしているのである。

以下、まずはじめに、マルクスの景気循環論の特徴を概括し、そこから発展した二つの立場、すなわち好況と不況をともに一方向への累積過程として、拡大と収縮を対称的に捉える立場、および好況、恐慌、不況を継起的な循環過程として捉える立場が、それぞれにかかえる難点を明らかにする。そして、この難点を克服するためには、好況と不況という二つの基本的な相の交替という概念が必要になることを示す。ついで、これらの二つの相を規定する基本指標が利潤率であることを明らかにする。さらにこの利潤率に関して、一般的利潤率と個別的利潤率を区別し、これを基礎に好況と不況の相としての差異を解明する。最後に、相の交替に考察を進め、相転移を扱う論理レベルで必要な追加要件を洗いだし、好況から不況への移行と、不況から好況への移行とが、それぞれ固有の特性を具えた別種の過程であることを明らかにしてゆく。

第1節　景気循環の概念構成

■マルクスの景気循環論　問題の所在を確かめるため、景気循環を伴う長期の動態をマルクスがどのように把握していたのか、簡単にふり返っておこう。『資本論』には、景気循環そのものを標題に含む篇ないし章こそないが、さまざまな角度から随所でこの問題は論じられている。そのうち比較的まとまった考察がなされているのは、第一巻第七篇「資本の蓄積過程」、第三巻第三篇「利潤率の傾向的低落の法則」、および第五篇「利子と企業者利得とへの利潤の分割　利子生み資本」の後半部分の三箇所である。

こうした箇所に示されているマルクスの長期動態観には、二つの異なった傾向がみられる。すなわち、①利潤率の傾向的低落といった一方向への「累積過程論」、②好況→恐慌→不況→好況……という「循環過程論」という二つの捉え方である。両者は簡単に分離できるわけではないが、『資本論』の記述の背後には、こうした二つの祖型が潜んでいるように思われるのである。

このうち①の「累積過程論」では、恐慌現象が利潤率の傾向的低落の延長線上に位置づけられ、資本主義的発展の最終局面と見なされている。たしかに『資本論』第三巻第三篇「利潤率の傾向的低落の法則」のなかでは、その第一五章「この法則の内的な諸矛盾の展開」などで循環性恐慌に関する興味深い説明も与えられているが、それはなお「利潤率の傾向的低下の法則」という大枠に制約された内容になっている。その真偽にかかわらず、この傾向法則という認識の枠組は、資本主義の長期動態を連続的に一定方向に進む過程として特徴づけ、景気循環論の概念とその解明方法にも強い影響を与えた。

このような累積傾向は、際限なく続くわけではなく、いずれは何らかの障害にぶつかると考えざるをえない。たとえば、この第一五章には、長期的な利潤率の低落を通じて、資本として投下可能な額を確保することが困難となり、「分散した小資本の大群は冒険の道に追いこまれる。投機、信用思惑、株式思惑、恐慌へと追いこまれる」（Marx〔1893〕261）という結末が描かれている。あるいは、「搾取度が一定の点より下に下がるということは、資本主義的生産様式の攪乱や停滞、恐慌や資本の破壊をひき起こす」（Marx〔1893〕266）と述べ、利潤率の傾向的低落が単に安定的な静止状態に軟着陸できるわけではないことが示唆される。いずれにせよ、このような破綻に向かう累積傾向という長期動態観が『資本論』の一つの基調をなすのである。

だが『資本論』のうちには、同時に「累積過程論」に還元できない②のような別種の景気循環の概念がある。①の傾向法則の観点を徹底してゆくと、累積的な利潤率の低落過程と恐慌との間に明確な境界線を画することは困難となる。恐慌は低落過程のゆきつく極限として、累積傾向の延長線上に位置づけられる。ところが、『資本論』における恐慌概念の核をなすのは、なによりも再生産の崩落であり、あるいは利潤率の急落であり、先行する好況との不連続な変化を本質とする。たとえば、『資本論』第三巻第五篇「利子と企業者利得とへの利潤の分割　利子生み資本」では「利潤率の傾向的低落の法則」の場合とは異なり、銀行業資本を核として結びついた諸資本の間の信用関係は、その複雑な連鎖構造のために、局所的な痙攣が信用の全体を麻痺させる性格をもつものとして描かれている。信用関係を基礎にして展開されるこの篇の景気循環の記述のなかでは、恐慌のもつこうした全面性、激発性がたとえば「事業は相変わらずいたって健全であり、市況は引き続き繁栄をきわめているのに、ある日突然崩壊が起きる」（Marx〔1893〕502）というように強調されている。たしかに「ある日突然」と強調されている「市況」の突発的な変化が、「産業資本の収縮と麻痺」（Marx〔1893〕502）という社会的再生産の全般的な崩落にどうつながるのかは、さらに検討を要する。ただともかく、第五篇で繰り返し論及されている恐慌のすがたは、けっして利潤率の累積的低落の終着点ではなく、好況からの突如の収縮なのである。

このように信用関係まで含む景気循環論の総体を捉え返してみると、その特徴もはっきりしてくる。そこでは好況から不況へ連続的に移行するというのではなく、急性恐慌によって切断され、いわば段差を伴う転換が強調されている。このかぎりでは、不連続な切断として、恐慌の存在を強調したところに、マルクスの景気循環論の最大の特徴があるのである。

以上のように整理してみると、景気循環にかかわるマルクスの長期動態観のうちには、定向性を具えた連続的

「累積過程論」と、激発恐慌によって切断される不連続な「相の転換論」とが混在していることがわかる。ただこのような分岐は、『資本論』の理論構成全体から読みとりうるものにすぎない。『資本論』では景気循環それ自体が主題として、まとめて論じられているわけではない以上、異なる時期に書かれた部分的なテキストを継ぎ合わせて、マルクスの「真意」を探ることには限界があり、また仮にそれができたとしても、解釈の適否と、解釈された「真意」の真偽は別の問題である。その意味で、ここでこれ以上の読み込みは控えるが、ただこうした二つの動態観が、その後の研究を大きく規定した点は確認しておく必要がある。

■累積傾向ベースの景気循環論　まず一方向への累積過程論、傾向論的動態観のほうからは、どのような景気循環像が浮かびあがってくるのか、この点から検討することにしよう。『資本論』の場合、たとえば利潤率は一方的に低落するだけで、逆に傾向的に上昇するという局面は考えられていない。そのため一度かぎりの恐慌は説明できても、拡張と収縮という両面を含む景気循環論は説明できない。累積過程論をベースに景気循環論を展開するためには、どうしても逆方向への乖離が必要となる。この逆方向の累積を導入することで景気循環論へと展開する説明にはいく通りかのバージョンがあるが、基本は変わらない。ある状態からの乖離が市場を介して調整され、もとに戻るフィードバックが利かないという説明原理は同じである。たとえば①稼働率の上昇（下落）に応じて利潤率が同方向に変化し、②利潤率の上昇（下落）が蓄積率に反映され投資額を増加（減少）させ、③それが総需要を変動させることで稼働率を再び上昇（下落）させる、という連鎖によって、累積的な拡張（収縮）が説明される。稼働率が上昇すると利潤率が上昇し、投資が増大することで、稼働率がさらに上昇する、逆に、稼働率がひとたび下落しだすと逆方向に歯車が回る、こうしたかたちで一方向への拡張・収縮の累積過程が資本主義経済には内包されているというのである。あるいはまた、この拡張の累積過程では、総需要の増大を通じて物価水準が上昇し、その結果、実質賃金率が下落し利潤率が上昇しつづけるのに対して、収縮過程では逆に実質賃金率が上昇し、利潤率が下落しつづけるといった説明もありうる（置塩〔一九七六〕五九-六五）。いずれにせよ、資本主義のもとでの社会的再生産は不安定性を帯び、利潤率はひとたび上昇しはじめると加速度的に累進し、逆なら逆になるというのである。

ただ、今ここで考えてみたいのは、以上のような理論が現実の景気循環の説明としてどこまで有効か否かということより、マルクスの累積論的な長期動態観がどのような景気循環のパターン認識に結実するのかという問題である。このような観点から捉え返してみると、こうした説明は、次にみる循環過程ベースの景気循環論が、多くの場合、激発恐慌の発生メカニズムに偏りがちだった限界を脱し、不況過程を理論の対象としている点が注目される。ただしかし、今度は恐慌の捉え方のほうに問題が生じてくる。生産規模で考えるにせよ、利潤率で考えるにせよ、資本主義経済がその根幹にこのような上方・下方への累積過程を内包するとした場合、「恐慌の必然性」は、たとえば次のようなかたちで捉えられることになるのである。

〚a〛どんな議論を用いても、ある特定の契機によって必ず恐慌が生じるということを論証することはできないと考える。どのような契機で不均衡の累積が逆転するかは、具体的な時空を確定して、そこでの具体的な諸条件を検討することなしに、論じることはできない。だが、どのような契機によるかは確定できないが、必ず、不均衡は逆転されなければ、資本制的生産関係は存続できないということは論証できる。（置塩・伊藤〔一九八七〕一三〇）

ここでは資本主義経済が存続するためには累積過程の逆転が必要とされるという、一種の《要請論》のかたちで「恐慌の必然性」が「論証」されている。「必然性」といっても、累積過程を惹きおこす同じ前提条件から恐慌の発生が理論的に導出されるというのではない。それとは別の条件、すなわち資本主義経済が存続してきたという事実から転換の必要性が推定されているにすぎない。《もし恐慌が発生しないとすれば際限なく実質賃金率が下落する、しかし実際にはそうなっていない、ゆえに反対方向への転換があるはずだ》というのは、《雨が降らなければ植物が枯れる、しかし植物は枯れない、ゆえに雨が降るのだ》というのに等しい。

《資本構成の絶えざる高度化が産業予備軍の累積を生み、利潤率の傾向的低落が破局としての恐慌につながる》という『資本論』の主張は、論理な《導出》であって《要請》ではない。これに対して、置塩氏は、《資本主義経済が存続してきたということは、一方向への累積が何らかの契機で反転されてきたからだ》という。しかし、この「反転」の必然性（要請）と「累積」の必然性（導出）とでは、同じ必然性でも論理のレベルが違う。「恐慌」といっても、その内容が転換を引きおこす雑多な事象の集合に貼られたラベルにならざるをえないのは、このためなのである。

この論理レベルの違いが重要なのであり、それを「恐慌の必然性の論証」とよぶか否かは言葉の問題になる。真の問題は、累積過程論にたった場合、恐慌がどのような形態をとって発現することになるのか、その形態は循環論とどう異なるのか、という実質的な差異にある。累積過程を資本主義経済の常態であるとみなすと、恐慌は上昇から下降への転換点となり、不況から好況に転じる、もう一つの転換点が、恐慌と対称の位置に要請される。そしてこの第二の転換点も含めて、それらは累積的な「不均衡の逆転」という、時間的な幅をもたない、いわば「転換点」に圧縮され、持続的に実在するのは、好況期と不況期だけということになる。ボールは、天井にも床にも瞬間的に接触するだけで、状態としては、つねに上昇しているか、下落しているか、いずれかだという結論になる。恐慌に固有の不連続な収縮過程も、不況が急速に回復し好況に転じる過程も、上下対称な「転換点」に一括され、その違いを理論的に捉えることはできなくなる。

ということは逆に、恐慌という概念に収縮という契機を盛り込むためには、累積的な収縮と異質な収縮概念を用意する必要がある、ということを意味する。累積過程論では、拡大と収縮とが同じ原理に基づく、いわば対称的なすがたで描きだされる。これに対して、恐慌が単なる転換点に還元できない、ある時間幅をもった過程だとすれば、好況期の拡張の裏返しである不況期の収縮とは異なる、別種の収縮が存在するはずである。このように捉え返してみると、従来の恐慌論が注目してきた激発性の核にあるのは、単なる連続的な不均衡の累積ではなく、ある時点に集中して生じる再生産の崩落であり、資本の全般的な運動停止であったことがわかる。すなわち、実際には商業資本や銀行業資本によって媒介され、産業資本間に生じる連鎖倒産などに典型的に示される、不連続な収縮なのである。

むろん不連続な収縮といっても、先行する収縮が次の収縮を加速するという累積面がないわけではない。そのかぎりでは、不況期の収縮と恐慌による収縮の間に、それほど決定的な違いはないようにみえるかもしれない。しかし第二の収縮は、拡張と同じ原理が、ただ逆向きにはたらく結果ではない。たしかに実際の恐慌現象自体は、置塩氏も指摘するように、具体的な状況によってさまざまなかたちをとる。それをそのまま、拡張収縮という原理のなかに取り込んだのでは、抽象レベルの層的差異を無視し、けっきょく理論的な用語で現象を一般的に記述する恐慌史になってしまう。この層的差異の存在は慎重に処理しなくてはならない。しかしだからといって、恐慌の概念を逆転の諸契機に絞り、「転換点」に還元してしまうことの弊害も知る必要がある。それでは、収縮のメカニズムはすべて不況期に押しだされ、拡張のメカニズムもすべて好況期に吸収される。要するに、マルクス経済学の景気循環論を特徴づける不連続性を理論的に捉えるうえで必要なのは、転換における特異な収縮や拡張を、好況期や不況期における持続的で一般的なそれから、概念的にはっきり区別することなのである。

■循環過程ベースの景気循環論　『資本論』の一面をなす累積傾向を強調する景気循環論が、恐慌を転換《点》として捉えたのに対して、好況から不況への移行が、恐慌という独自の《局面》を経由するとみる、宇野弘蔵の景気循環論は、『資本論』に含まれる、もう一つの長期動態観を拡張したものといえる。そこでは資本主義経済の基本矛盾が、資本は自ら直接生産できない労働力商品を、その拡大の基礎としているというかたちに再規定され、この矛盾が景気循環を通じて周期的に解決されるという独自の循環過程論に展開されている。このような宇野の景気循環論の展開は、単に『資本論』第一巻における資本蓄積論に尽きるものではない。むしろ、この資本蓄積がそれ自体で景気循環を生みだすのではなく、それが第三巻で論じられる信用機構と結びつき、恐慌という独自の《局面》を生みだすことに力点がおかれている。資本蓄積論と信用論という二層構造になっている点にこそ、宇野の景気循環論の最大の特徴は認められる。

しかし、ここには方法論的に深刻な問題が潜んでいた。問題の核心は、資本主義の一般理論である原理論の体系のなかに、景気循環論をどう位置づけるかにある。『経済原論』(宇野〔一九五〇、五二〕)では、『資本論』同様、景気循環をまとめて論じた章は設けられていない。それは、資本蓄積論、あるいは利潤論、さらに信用論などを扱った各章でそれぞれ論及されるかたちになっている。したがって、景気循環それ自体は、『経済原論』で与えられる諸規定を総合し分析される《対象》として位置づけられているようにみえる。

ところが『恐慌論』（宇野［一九五三］）という独立した著書では、好況・恐慌・不況にそれぞれ独立の章が割り当てられ、時間の経過にそって景気循環の三局面を理論的に展開する構成になっており、現実の景気循環の過程を分析するための理論として、独自の景気循環論が原理論の内部に位置づけられているようにみえる。『恐慌論』は原理論の一部なのか原理論の応用なのか、『恐慌論』は分析手段なのか分析対象なのか、が問題となっていったのである。

この問題に関して、宇野の方法を継承した経済原論のテキストをみると、最終章に景気循環論をおく構成がほぼ定着している。しかし、これにはかなり屈折した経緯がある。というのは、景気循環論を原理論の最後に取り込む試みは、宇野の「純粋資本主義」の想定に異を唱え、「世界資本主義」を主張した研究にその萌芽があったからである(1)。そこでは景気循環を理論体系の内部に明確に位置づける一方、それがそれ自身変容してきた歴史を理論に反映させるという独自の試みが示されていた。ところがやがて、このような世界資本主義の方法の無理を批判し、宇野の純粋資本主義の方法論を支持する立場からも、景気循環論で原理論を締めくくる体系が採用されるようになっていった。宇野の『経済原論』は、商業資本論を介して「それ自身に利子を生むものとしての資本」のうちに資本の理念を示す、独自の「資本の物神化」で終わっていた。その後この点に反省が加えられ、商業資本論を市場機構の一環として位置づけなおし、信用機構のみならず、宇野が捨象した商業資本による投機活動なども組み込んで、景気循環の三局面を総合的に説明することで、経済原論を終結させる構成がほぼ確立されていったのである(2)。

こうした構成が確立されてゆくなかで、景気循環の歴史的変容を理論的に捉えようとする視点は次第に後退し、それに代わって、蓄積論、利潤論、信用論など、先行する異なる諸領域ですでに解明された内容を、景気循環の三局面に即してあらためて総合する方向が顕著になっていった[3]。たじかに、資本主義経済がその根底に景気循環を発生させる契機をはらむと考える以上、単に理論体系のなかで部分的に論及・示唆するのではなく、景気循環とはなにか、その基本概念を理論的に説明する必要がある。そして、景気循環が社会的再生産とそれを媒介する市場機構の総体を対象とするものである以上、それを説くなら理論体系の最後尾をおいてない。景気循環論は好況、恐慌、不況を独自の《過程》として捉え、それらを時間的な順序で構成するのは至極もっともに思える。

■理論化の指針　しかし、問題はこの点に潜んでいた。景気循環を原論体系のうちに明確に位置づけるということは、はたして好況、恐慌、不況を同じ論理レベルで、時間的順序を追って展開することに帰結するのであろうか。好況と不況とが同じレベルの対をなすとしても、恐慌はこれとは異なるレベルに位置づけるべきではないのか。現象としての景気循環が時間的な推移をたどるということはたしかだが、それを分析する手段たる景気循環の理論が現実の反映である必要はない。むしろ宇野の『経済原論』のうちには、『恐慌論』とは異なり、景気循環という概念を構成する諸契機を整理し、たとえば蓄積論の抽象レベルで論じうるものと、信用論の抽象レベルではじめて明らかになるものとを弁別する、独自の方法を読みとることもできるのである。

こうした抽象レベルの差違に充分注意を払わないかぎり、景気循環論は、理論といっても、一九世紀中頃のイギリス資本主義に観察された周期的な景気循環の現象を念頭におき、その過程を経済原論の用語でただなぞってみせるだけのものに後退する。しかし、理論に求められるのは、対象としての景気循環を分析する手段となる概念である。現象としての景気循環が、好況、恐慌、不況、そして再び好況へと繰り返すからといって、理論はそれをそのまま写しとればよいわけではない。

このことは、たとえば次のように考えるとはっきりするかも知れない。理論ならば「なぜ、好況からはじめるのか」と問わずにはいられない。そうすれば、原理論の大半が、事実上、好況の状態を想定して展開されていたことに気づく。好況からはじめるのが自然にみえるのは、ひとつにはこの暗黙の想定による。逆にいえば、固有の好況論というのは必要ない理論構成になっているのである。景気循環論のヤマ場は、好況の末期にあり、問題は「なぜ恐慌が発生するのか」に集中する。この不連続な崩落の問題に、焦点が絞られると、その後の展開もまた後景に退く。「なぜ恐慌は好況ではなく、不況につながるのか」「不況はなぜ持続するのか」「不況はどのように好況に転じるのか」等々、解明すべき問題は多々あるが、それらは派生的、付随的な二義的問題にみえてくる。「なぜ、好況からはじめるのか」という問いかけを突き詰めてゆくと、好況、恐慌、不況は、順次推移してゆく過程として、ただヨコに並置するのではなく、好況一般と恐慌、恐慌と不況の間の抽象レベルに留意し、タテに整序する必要があることに想到するのである。

こうしてみると、景気循環論を経済原論の内部に再構築するための、およその指針がみえてくる。累積論では、恐慌は文字通り転換《点》に圧縮され、その原因はすべて外的条件として理論の外部に押しだされるのに対して、循環論では、恐慌が好況や不況と並ぶ《局面》に格上げされるが、景気循環の形態変化の問題はやはりすべて発展段階論に押しだされる。痛し痒し、この間を突破しなくてはならない。不連続な崩落の過程も含めて景気循環の全体像を理論化するには、抽象レベルの違いを意識し、なによりもまず、好況と不況という持続性をもった状態概念を確定し、この二つの《相》を景気循環論の基層に据える必要がある。たしかに現実の景気循環は、再生産の規模にせよ、雇用量にせよ、またのちに詳しくみる個別資本の利潤率の状態にせよ、多かれ少なかれ絶えざる量的変化を伴う連続的な過程として現れる。しかし、その背後ではこれらの過程を貫いて、一定の構造の状態がある期間持続している。景気循環の概念を確定するためには、まずこの安定した状態を支える基本的な契機が抽出されなくてはならない。《相》の転換は、これとは異なる抽象レベルの課題となり、その説明にはさらなる追加条件が必要となる。要するに、資本主義が好況と不況を繰り返すということと、恐慌が周期的に繰り返すということは、論理レベルを異にする問題なのであり、好況と不況という相の《持続》を支える諸条件と、その《転換》を生みだす諸条件とを明確に区別して論じる必要があるのである。

第2節　相としての好況と不況

■相を規定する指標　景気循環論を好況と不況という基層で捉えるためには、まず二つの相を識別する指標を絞り込む必要がある。すでに述べたように、相という概念は、複数の要因が有機的に結びついた全体の状態に関するものである。だから、一般に相の識別には、いくつかの指標が可能性としては考えられるが、原理論としては、そのうちの何を基本とすべきか、はっきりさせる必要がある。

好況と不況を、拡大と収縮という観点で分けるとしても、それは何の量が増減するのかが問題になる。どの量も同じように変化するなら話は簡単だが、実態は複雑で、立ちいってみると不分明な点が多い。たとえば、蓄積を通じて変化する資本規模が指標になると答えたとしても、それには在庫や貨幣などの流通資本も含まれるのかがただちに問題になる。さすがに、流通資本だけがただ増大しても好況とはよべないだろうから、資本規模というのは、生産資本の規模のことだという限定を加えたとしよう。しかし、この場合、固定資本の増大だけでは生産量の拡大に必ずしもならない。生産量との直接的な対応関係を求めるなら、固定資本と対をなす流動資本こそが重要になる。原材料などの流動不変資本と、これを加工するのに必要な労働力に支払われる可変資本、マルクスの使った記号を借用すれば $c+v$ の増減が指標となろう。

だが、資本規模の内実が $c+v$ であるとしても、この資本量とそれによって生産される価値量 $c+v+m$ の間には、剰余価値率 m/v という可変的な要因が介在する。蓄積による資本規模の増大を通じて、生産規模が拡大し続ける過程こそ、好況だというのであれば、剰余価値を含む粗生産、マルクスのいわゆる「生産物価値（Wertprodukt）」（Marx〔1867〕227）$c+v+m$ こそ、指標としては相応しいということになる。しかし、これに対しては、再生産の規模を粗生産で計るのは不正確であり、厳密には、新たに形成された純生産、すなわちマルクスのいう「価値生産物（Produktenwert）」（Marx〔1867〕227）$v+m$ こそ、好況と不況を判別する基準に相応しいという主張もでてこよう。この $v+m$ は、同時に「生きた労働の量」を表すので、けっきょく雇用総量に対応する。好況とは雇用が増え、新たに形成される価値量も増大する過程だという説明は、通念に照らして受け容れやすい。そのため、漠然と「拡大」という場合には、この「価値生産物」の増大が念頭におかれることが多い。

だが、この量が増大したとしても、実質賃金が大きく上昇すれば、剰余価値量は逆に減少する。$v+m$ の絶対量が増大しても、m/v がそれ以上に低落すれば m の減少が生じうる。剰余価値の絶対量が減少する過程を好況とよんでよいか、全体と部分が異なる方向に変化する、こうした場合には判断は分かれる。けっきょく、一口に社会的再生産の拡大、縮小といっても、何を対象にどの角度からみるかによって異なった様相を呈することになる。

さらに、次のようなやっかいな問題がこれに重なる。何が拡大するのか、というかたちで記述したため、いまの説明では隠れてみえなかったが、反対に収縮ということを考えてみると、指標と考えられた量のうち、絶対的な減少を想定できるものは限られる。たしかに、最後にふれた剰余価値量なら、絶対量の減少を考えることはできるし、あるいは『資本論』のように不変資本 c が増大するなかで、可変資本 v が絶対的に減少するのが、資本主義的蓄積の一般法則だという主張も、それが事実かどうかはともかく、命題としては成立しうる。しかし、これらはいずれも、何かが増大するなかで何かが減少する、という関係になる。資本が蓄積されている以上、すべての量が減少するということはありえない。不況といっても、社会的再生産が持続し、剰余価値が多少とも生産されているかぎり、生産資本の量 $c+v$ が絶対的に減少するということはできない。そして生産資本の量が増えるなかでは、一般には純生産 $v+m$ も増大する。再生産が維持されながら、そのもとで連続的に資本規模が絶対的に減少し続ける、いわゆる縮小再生産を継続することは意外に難しい。けっきょく、量に関して実際に考えられるのは、絶対量としては増大するが、ただ拡大のテンポが相対的に鈍るという関係となる。しかし、もしそうであれば、拡大と縮小の間に明確な境界線を引くことは至難となる。

このように考えてみると、単一の指標を定め、その量の増減で景気循環を好況と不況に区画するというアプローチ自体に難点があることがわかる。問題は、こうした資本蓄積に伴う現象の背後で、それを規定している何かを突き止めぬかぎり解決しない。もちろん、状態を構成する個々の量の動きは正確に分析しなくてはならない。だが、個々の量をいくら追ってみても、またそれらを適当に加重平均してみても、状態を捉えるには不充分なのである。もう一段抽象化したレベルで量的規定を探りだし、それを基準に判別してゆく必要があるのである。

このような量基準となりうるのは、これまでの考察をふり返ってみると、利潤率ということになる。いうまでもなく利潤率は、利潤を投下資本で割った値であるが、第4章でみたように、分母の資本の規模にも分子の利潤にも広狭の幅がある。ただいずれにせよ、フローをストックで割ったこの率は、資本規模の変化を反映し、生産量と費用の間の生産技術的要因を受けとめ、さらに資本と労働との純生産物の分割によって規定される。その意味で、複数の指標を組み合わせた総合指数といってもよい。ただそれは、観察者が外部から評価して意図的に作成した指標ではなく、価値増殖をめざす資本が資本主義の状態を主体的に受けとめるなかで、自然発生的に立ち現れる指標なのである。

■一般的利潤率と個別的利潤率　景気循環の相を判別する基本指標として利潤率に関しては、すでに必要な整理はすんでいる。第Ⅰ部で考察した労働力商品の価値規定と労働市場の構造分析、第Ⅱ部第4章で考察した一般的利潤率の規制力と個別的利潤率の下方分散の原理、これらがそのための基礎をなす。現象として最終的に目にみえるのは、個別的利潤率の動向である。ただこの個別的利潤率は、分散と変動のただなかにある。その動向を精密に捉えるには、理論的な工夫が必要となるが、以下では単純に、資本量でウェートづけした個別的利潤率の平均値 $\bar{r}$ で代表させることにする。この値は基本的に、①一般的利潤率自体の「水準」と、②その個別的利潤率に対する「規制力」とによって決まる。

ここでは、さらに単純化のため、どの生産部門も同じ資本構成をもつという仮定を追加する。これにより、生産価格は投下労働時間に比例した価格となる。個別資本の競争関係を組み込んで景気循環を精密に分析するにはこの仮定を外す必要があるが、この簡単化によって本質が変わることはない。この仮定のもとで、もう一度『資本論』の表記法にしたがえば、一般的利潤率は

$$R=\frac{m}{c+v}=\frac{m/v}{c/v+1} \qquad (6.1)$$

となる。生産力を決定する概念として厳密に生産方法を規定しようとするのであれば、一定の労働時間にどれだけの原材料が加工できるかを示す $c/(v+m)$ を用いるべきだが、ここでは c/v の動きを追うことにする。一般的利潤率を規定するもう一つの要因である剰余価値率 m/v は、すでにみたように（本書六七頁）、物量賃金率 $\boldsymbol{b}$ を生産するのに必要な労働時間 $\boldsymbol{bt}$ の動きによって決まる。用語として若干の問題が残るが、以下では $\boldsymbol{bt}$ を「価値賃金率」とよぶことにする。式(2.5)からわかるように、剰余価値率はこの価値賃金率と反対方向に動く。

次に一般的利潤率から個別的利潤率の平均が乖離する要因についてまとめておく。個別的利潤率が下方分散的であるということは、一般にバラツキが大きくなれば平均値が下がることを意味する。すでに述べたように、ある商品市場で全般的に商品の滞貨が増加すれば、その商品を生産する個別資本は、流通費用の追加的な支出と流通資本の増加を余儀なくさせられる。この結果、個別的利潤率の下方分散は激しくなり、その平均値 $\bar{r}$ の一般的利潤率 R^* からの乖離も大きくなる。

さらにもう一点、滞貨と稼働率の代替性にも留意する必要がある。一般的利潤率の規制力は、生産設備の稼働率の問題を内包している。個別資本は生産設備を連続的に稼働するために予備的な資本を流通過程にねかせ、ある程度販売が滞っても、手持ちの貨幣を縮小し商品在庫を増大させてこの変動に対処する。この緩衝装置はもちろん流通資本の量が大きければそれだけ増強されるが、それは同時に個別的利潤率を押し下げるから、個別資本は流通資本の量をある範囲に抑えざるをえない。この結果、売れゆきが大幅に後退すれば、手元の現金が枯渇

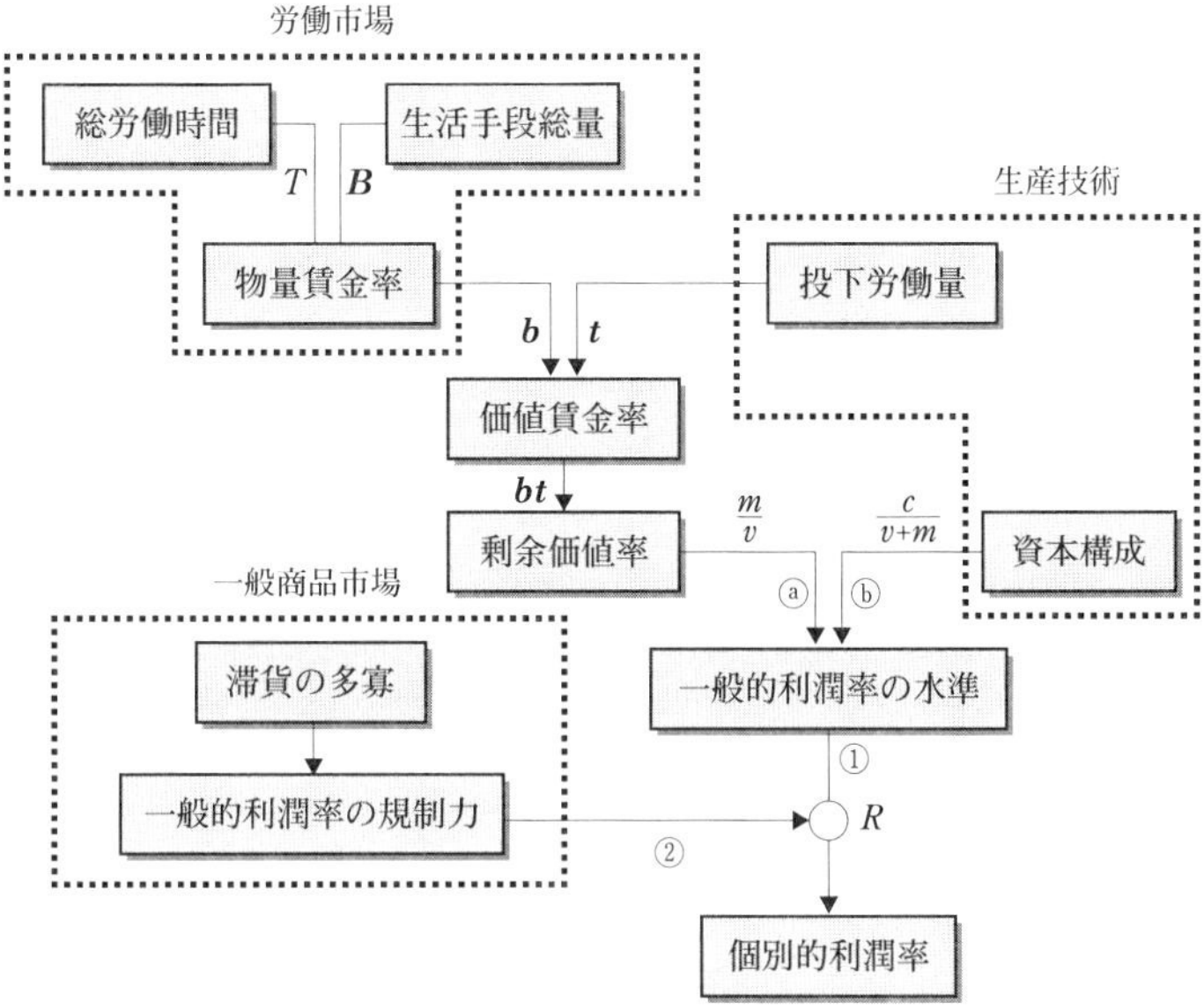

図 **6.1**　指標としての利潤率

し、ある時点で値下げをして切り抜けるか、稼働率を下げて在庫の増大を抑制するか、迫られる。稼働率の低下は、個別的利潤率の低落につながるが、これは、完全稼働による滞貨の増大による、より大きな低落を回避したツケといってよい。この意味で、稼働率による調節は事実上、流通資本と流通費用が生みだす下方分散の変形と捉えることができる。個別的利潤率の下方分散は、稼働率の変動という要因を事実上含んでいるのである。

以上のような利潤率の規制構造は、図6.1のように整理することができる。利潤率を指標に、景気循環の相を大局的に判別するという場合、この図6.1のどこに起点をすえるのか、明確にする必要がある。まず一般的利潤率の①水準と②規制力の分岐で、より本源的なのは①である。①は不況という相を特徴づける一般的利潤率と個別的利潤率の乖離に深くかかわる固有の要因である。この①を規定するⓐ剰余価値率とⓑ資本構成との分岐に関しては、このうち、

ⓑを主因とみる立場も、またⓐとⓑを対等な二要因とみる立場も理論的には考えられるが、ここではⓐの剰余価値率の動向が二つの相を通じて主因をなすという単因説にたつ。それは次のような理由による。資本構成の影響を特定するためには、生産方法の改善がある局面に集中することを説明しなければならない。たとえば不況末期という特定の時期に固定資本の更新が集中し、新しい生産技術が一気に広がるという事態もありえないわけではないが、それは特殊な条件の追加を意味する。これに対して、剰余価値率の動きは、これまで説明してきた労働市場の構造を基礎に、いまの抽象レベルで一般的に説明可能である。要するに、ⓐもⓑもともに、一般的利潤率の高低を左右するが、相レベルの差異を生みだす主因はⓐだと考えられるのである。以下では、生産方法の改善は、全産業を通じてみると、好況不況を問わずほぼ一定のペースで進むものと仮定する。これにより、労働市場の特殊な構造が原因となり、二つの相が利潤率の態様に映しだされることになる。

■好況　以上の整理をふまえて、好況と不況という基本的な相を特徴づけていこう。まず好況についていうと、この相の基本をなすのは、一般的利潤率の安定性である。生産方法の改善が同じペースで進むとすれば、同時に生活手段一単位を生産するのに要する労働時間$\boldsymbol{t}$が低下する。むろん、さまざまな部門で異なる改善がなされるわけであるが、それはここでの本質的な問題ではない。$\boldsymbol{t}$がすべてほぼ一様に下落すると考えれば、いわゆる相対的剰余価値の生産により剰余価値率は上昇し、一般的利潤率も上昇するはずである。ただし、これは、一時間当たりの生活手段の物量$\boldsymbol{b}$が一定であると仮定した場合にいえることであり、すでに考察してきたように、ここには労働力商品に関する本源的弾力性が、二重、三重にかかわっており、その大きさは変化する。ここで生活手段の構成比率の問題を捨象して考えれば、好況という相を特徴づけるのは生活手段の物量の増大傾向である。

生産方法の改善がもたらす $\boldsymbol{t}$ の低落はすべて資本に帰属するわけではなく、この局面では $\boldsymbol{b}$ の増大となってその一部が吸収され、場合によっては $\boldsymbol{t}$ の低下を $\boldsymbol{b}$ の上昇が上まわることも考えられる。こうして、価値賃金率 $\boldsymbol{bt}$ がおおむね一定の水準をキープすることに対応して、一般的利潤率 R もほぼ一定の水準で推移する。横軸に時間を、縦軸に利潤率をとれば、一般的利潤率は細かな変化を無視すれば水平な直線となる（図6.2）。

このことは、好況が拡大過程であることを否定するものではない。利潤の一部が蓄積されるかぎり、再生産の規模は必ず拡大する。形成された利潤の一部が、もし同じ割合で蓄積にまわされるとすれば、一定の利潤率のもとでも、資本規模は指数関数的に増大してゆく。さらに、利潤のうち再投下されない、いわゆる「資本家的消費」の量がもし一定に保たれると想定すれば、利潤量の増大は蓄積にまわされる比率を高めるので、資本規模は尻上がりに増大する。そして、この規模の増大による労働力の吸収効果が、生産方法の改善に伴う労働力の排出効果を上まわるかぎり、雇用労働の総量 T も増加し、新たに形成される価値生産物 $v + m$ も増大することになる。

こうした状態のもとでは、広義の商品在庫の増大が特に進む理由はない。したがって、一般的利潤率の規制力にも特段の変化は生ぜず、個別的利潤率の分散はほぼ一定に推移する。こうして、個別的利潤率の平均値も水平な一般的利潤率にそって、その下方で推移する直線となって現れる。要するに、いくつかの仮定をおき極端に図式化すれば、利潤率を指標とした好況の相は、一般的利潤率も平均的な個別的利潤率も、ほぼ水平な状態を保ち続けるのである。

このような状態のもとでは、取得される生活手段の総量 $\boldsymbol{B}$ で決まる労働者の生活水準は二重の効果で上昇する。$\boldsymbol{B} = \boldsymbol{B}/T \times T$ における右辺の両項、すなわち、一労働時間当たりの生活手段の量と、雇用総量がともに増大するためである。たとえば前者が三パーセント伸び、後者が二パーセント伸びれば、生活手段の物量は約五パーセント増加すると考えてよい。こうして好況のもとでは、一般に考えられているとおり、再生産規模が順調に増大するなかで、労働者階級の物質的な生活水準は上昇してゆく。以上が、相としての好況の基本形である。

■不況　不況はこのような好況と対極の相をなす。しかし、それは単純な裏返しではない。好況が一般的利潤率の高位持続であるのに対して、不況は低位持続だと対称に考えるのは早計である。不況を特徴づけるのが、一般的利潤率の低水準であることはたしかである。しかし、それは同じ低水準で推移するのではなく、基本的に上昇し続ける。好況期の《一定》に対する不況期の《変化》が、相として対極をなす。すなわち、不況期は、一般的利潤率が低位な水準から連続的に右上がりで上昇するパターンを基本形とするのである（図6.2）。

生産技術の改善が全過程を貫いてほぼ一様に進むと仮定した以上、不況の出発点で一般的利潤率が低位になるのは、好況の持続を可能にしてきた安定した価値賃金率 bt が、好況の末期に上昇したことによる。これは労働力の価値を支えてきた労働市場が市場としての機能を喪失し、貨幣賃金率の急騰が価値賃金率を押しあげた結果である。不況の基本は、価値賃金率の高位が、産業予備軍の増大と併存するところにある。生産規模が収縮し産業雇用が減少すれば、労働力に対する需要が減少し、賃金率は下落して当然だという需給説的賃金論からは、すでに第3章で決別した。好況期に生産規模が拡大しても、それに比例し、価値賃金率が連続的に上昇するわけではないのと同様、反対に、生産規模が収縮して産業予備軍が増大しても、ただちに価値賃金率の水準が下落することにはならない。

出発点における高位の価値賃金率が、そのまま持続するのではなく、不況過程を通じて下落してゆく理由は二つある。一つは生産方法の改善による投下労働量 $\boldsymbol{t}$ の減少の効果であり、もう一つは単位時間当たりの生活手段 $\boldsymbol{b}$ そのものの積極的な引き下げの効果である。前者については、次の点に留意する必要がある。すでに述べたように、ここでは、生産方法の改善自体は、好況にも不況にもどちらの相にも等しく漸進的に進むと仮定している。ただ、好況ではこの効果が一時間当たりの生活手段の物量 $\boldsymbol{b}$ の増大によって吸収されるのに対して、不況ではこの吸収が抑制されるために、生産力上昇による生活手段に対象化される労働時間 $\boldsymbol{t}$ の減少の効果を労働者が取得できず、価値賃金率 $\boldsymbol{bt}$ の低下を招くのである。

価値賃金率 $\boldsymbol{bt}$ を左右する二つの要因がともに低下することで、剰余価値率は徐々に上昇し、一般的利潤率は上昇する。ただし、$\boldsymbol{t}$ の低下は生産技術の変更を同時に伴っているため、剰余価値率の上昇に比例した一般的利潤率の上昇につながるわけではない。技術革新による $\boldsymbol{t}$ の減少効果を $c/(v+m)$ の上昇効果が打ち消し、一般的利潤率が下落する可能性も理論的には否定できない。一般的利潤率の上昇にとっては、物量賃金率 $\boldsymbol{b}$ の絶対的な削減が決定的な意味をもつ。しかし、それは労働市場の内部の原理で直接実現できるわけではない。実際の労働過程の内部にまで介入し、労働編成を分解・再編することで、既存の労働の型を壊し、新しい型づけを強制する必要がある。こうした労働過程の改変を前提に、生活手段の総量 $\boldsymbol{B}$ を一定に保ちながら、雇用総量 T が増大するなかで、結果的に $\boldsymbol{b}$ は削減される。いずれにせよ、不況期を通じて剰余価値率は徐々に改善されてゆくのであり、恐慌を通じて一気に改善されるわけではない。一般的利潤率は、低位から徐々に上昇してゆくことになるのである。

不況の持続性を理解するカギは、この上昇傾向を示す一般的利潤率の水準に対して、一般的利潤率の規制力を明確に区別することにある。すでに述べたように、好況期については一般的利潤率の規制力は、ほぼ一定に維持される。これに対して、不況過程ではこの規制力が弛緩する可能性が考えられる。この点にも、好況と不況の対極性が現れる。規制力が弛緩すれば、一般的利潤率が漸増するなかで、個別的利潤率の分散が広がり、その平均値$\bar{r}$が一般的利潤率R^*の上昇についていけない可能性がある。一般的利潤率と個別的利潤率の乖離現象である。

こうした乖離を引きおこす原因は、相の基本形を規定した論理レベルより、もう一段抽象度を下げて探るほかない。基本形と同じレベルで一つの原因に絞ることはできないからである。たとえば一因として、不況期の出発点における遊休生産設備の存在が考えられるだろう。不況は生産規模の不連続な収縮をもってはじまる。それは、典型的には、営利企業としての資本の倒産のかたちをとる。しかし企業が倒産しても生産設備は残る。そして倒産は、必ずしも生産設備の面での優劣によって決まるだけではない。それは、負債の支払不能など、生産条件と直接に対応しない、偶然的な要因によっても大きく左右される。したがって生産規模の収縮は、優等な設備も劣等な設備も巻き込みランダムに進み、不均質な生産設備の残存は、事実上、滞貨と同じ意味をもつ。それは現実に市場に滞留する商品在庫の増大となる部分が設備の遊休というかたちで潜伏しているにすぎない。このため、不況期を通じて価値賃金率が押し下げられてゆくなかで、休眠している設備が倒産を免れた資本によって買い取られ稼働される可能性がある。このレベルのさまざまな要因で、一般的利潤率の回復がただちに個別的利潤率の上昇につながらないという停滞状態が、不況という相の外観となるのである。

ここでもう一度、生産規模の推移について注意しておこう。好況に関してすでに述べたように、個別的利潤率がほぼ一定に維持されるということは、けっして社会的再生産の規模も一定に推移するということではない。好況期にはその規模は当然拡大してゆく。問題は、これに対して不況期の生産規模がどういう推移を示すかである。これまでの考察をふまえてみれば、不況期といってもけっして生産規模が漸次縮減してゆくわけではない。

利潤率が低位であるということは、けっしてマイナスであるという意味ではない。利潤率がプラスであるかぎり、基本的には資本蓄積が進むのであり、不況期においても社会的再生産の規模は拡大してゆくと考えなくてはならない。好況が拡大再生産の過程であり、不況が縮小再生産の過程であるわけではない。社会的再生産の規模を指標に、好況と不況とを判別する方法をとらない理由は、すでに述べたように、この点にあった。単純にマイナス成長が不況で、プラス成長になれば好況だというわけではない。相対的に低調であるとしても再生産規模が拡大し雇用量が漸増することが、生活過程を完全に破壊することなしに、物量賃金率 $\boldsymbol{b}$ を削減していける、いわば安全弁として機能するのである。

第3節　相の転移

■論理のレベル　以上のように好況と不況という相が識別できたとすると、次にこれら二つの相の間の転移が問題となる。この相転移の考察に際しては、論理レベルの違いを銘記する必要がある。二つの相が理論的に識別できるとしても、それと同じレベルで相転移が説明できるわけではない。チョークを床に落とせば、確実に砕ける。砕ける前の状態と後の状態はだれにでもわかる。だが、どのように砕けたかはそう簡単に説明できない。砕け方にも必然性はあろうが、それは二つの状態の説明とはレベルが異なる。相の存在が緩い条件の下で説明できるのに対して、相転移のほうは、チョークの内部状態、衝突の角度、床の硬さなど、さまざまな追加条件によって違いが生じる。だが、砕ける《過程》が明らかにできなければ、二つの《相》が識別できないということにはならない。

景気循環論が内部にこうした論理レベルの違いを抱えていることは、歴史的現象としての景気循環を捉えるうえで重要な意味をもつ。原理論における恐慌論は、好況と不況という二相とその転移が、どのような条件でどこまで説明できるのか、構造化することで、景気循環の歴史的変容を説明する理論として再構築されるべきなのである。

レベルの違いがわかれば、相転移を捉えるポイントもみえてくる。三点、指摘しておこう。第一のポイントは、好況から不況への接続面と、不況から好況への接続面とが対称にはならないという点である。これは好況と不況という相が、相似の関係ではなく、対極的な不整合の関係にあることとの必然的帰結である。とりわけむずかしいのは、二番目の相転移である。従来、一番目の相転移は「恐慌」と命名され、マルクス経済学における景気循環論の中心に据えられていた。これに対して、不況から好況への転移に関しては、ほとんど理論的な考察が施されず、その呼称すら一定しない。こうしたこともあり、不況から好況への転移を考えようとすると、恐慌からの類推で、それと同型のパターンを予想してしまう。たとえば、ここにも好況から不況への転移にみられる急激な拡張と収縮を推定する「中間恐慌」論はよく知られている。あるいはまた、好況を拡張過程、不況を収縮過程と規定したうえで、前者に対する「天井」と同様に、後者に対しても「底」の存在を考える反転論も、基本的には二つの転移に対称な関係を想定する立場である。しかし、相転移の論理レベルの違いをふまえ、単なる類推を避けて理論的に分析してみれば、不況から好況への転移の独自性がはっきり浮かびあがる。要するに、相転移も一種類ではなく二種類あり、異質なすがたで発現するのである。

第二のポイントは、個別的利潤率 r_i の一般的利潤率 R^* からの乖離である。一般的利潤率の水準とその動向が相の規定においては基本となるのに対して、相転移の局面では一般的利潤率が個別的利潤率に及ぼす規制力の弛緩や回復という契機が重要な意味をもつ。もちろん、二種類の利潤率の区別は好況に関しても不況に関しても存在し、両者の間で規制力の違いもみられる。しかし相転移の局面では、こうした規制力そのものを逸脱した、極端な価格の放散や利潤率の乱高下が観察される。相そのものと相転移との間の論理レベルの違いは、産業資本一般を対象とする利潤論の範囲において、すでに現れるのである。

第三のポイントは、この利潤論に対して、産業資本一般から商業資本や銀行業資本が分化した、発達した市場機構がはたす役割に対する評価にかかわる。これは第二のポイントの裏側の問題といってもよい。相転移の基本は、いま述べたように利潤論の範囲ですでに検出できる。しかし、このことは、景気循環論において、資本主義に特有な市場機構の影響を軽視してよいということではない。逆に相転移の態様を捉えるうえで、商業組織や信用機構は決定的な意義をもつ。ただその重要性は、相転移の多様性を分析する《手段》という点にある。相転移の一般論が、利潤論レベルでおさえられるとすると、これに対して相転移の局面に現れる歴史的差異の解明では、商業資本論や信用論が不可欠となる。市場機構論の役割は、たとえば一九世紀のイギリスにみられた激発性恐慌だけが純粋な相転移である、といったかたちで、相転移の単一性を証明することにあるのではない。それはあくまでも、激発性恐慌もその態様の一つに含む、相転移の多様性を理論的に分析する《手段》として重要となるのである。

■好況から不況への転移　まず、好況から不況への相転移のほうから考えてみよう。ここでも、理論的に説明可能なのはどこまでか、慎重に見きわめなくてはならない。時間軸に沿い生起しそうな出来事の記述で、過程を埋めても理論にはならない。実際の恐慌現象が、いかなる契機で発生し、どのように進行したのかは、種々雑多というほかない。歴史的に観察された諸現象のうちの一つのパターンが典型で、その他は非商品経済的な要因に影響された不純な形態だというのではない。抽象レベルを一段あげて、二つの相の不連続性を規定する要因を選り分ける必要がある。その手がかりとなるのは、好況末期と不況初期という二つの状態の対比である。確実に推論できるのは、好況末期の状態がどのような状態であるかという論点と、それがどのような状態に変化するのかという論点なのである。

好況末期と規定できるのは、労働力の吸収が全体として進み、産業予備軍が枯渇し、労働市場に固有の緩衝が機能しなくなる状況の出現である。そうなれば好況は終わるし、そうならないかぎり好況が続く。産業予備軍の枯渇は、価値賃金率の全般的上昇をもたらし、一般的利潤率の低落を生みだす。ポイントは、この一般的利潤率の低下が、どのような現象となって発現するのか、にかかってくる。個別的利潤率が一般的利潤率と歩調をそろえ素直に低下するのであれば、不連続な相転移は生じない。だがこのような一般的利潤率の低落のもとでは、次の二つの現象が並行して進む。第一は一般的利潤率の個別的利潤率に対する規制力の低下であり、第二はさまざまな投機が個別的利潤率に及ぼす偏倚である。

■生産方法の多層化　このうち第一の現象は、生産方法の改善にかかわるものであり、産業予備軍の枯渇に直接起因するものではない。新生産方法の導入に関しては、すでに述べた理由で（本書七八頁）、好況、不況を問わず、ほぼ一様なペースで導入されてゆくと仮定してきた。このように新技術が五月雨的に導入されると考えると、「生産方法の多層化」の問題が理論的に浮上してくる。好況期に新技術を体現した資本蓄積が進行しても、既存の生産設備がそのかわりに廃棄されるとはかぎらない。この結果、好況末期にかけて、労働力の吸収が進むと同時に、それぞれの産業部門の内部に生産性の異なる生産方法が層をなし堆積する。

このような生産方法の多層化は、個別的利潤率に対する一般的利潤率の規制力を弛緩させる可能性がある。すでに説明してきたように（本書一一九頁）、個別的利潤率が一般的利潤率を上限に下方分散するという命題は、厳密には、各部門にそれぞれ単一の生産条件が存在するという条件のもとで成立する。したがって、生産過程が流通過程に比べて技術的客観性をもち、どの個別資本にも共通する競争の前提条件を課すという条件が緩和されると、一般的利潤率の規制力もその分弱まる。

たしかに、生産方法がどのように多層化しても、技術的客観性そのものが消失するわけではないから、各部門に最優等な条件が一つだけ存在するということに変わりはない。ただ、ある部門の最優等条件は、一般にその原材料やさらに労働者の生活物資を生産する他の産業部門の生産条件に依存して決まる。しかも、それぞれの産業部門がその内部に同様に複数の生産条件を抱え、他の部門を前提に自己の最優等条件がわかるという複雑な関係におかれている。こうした複雑な相互依存から、特定の部門を切り離して、多層化した生産方法の間の優劣を判別することはできない。全体で決まる各最優等条件によって一部門一条件に整序すれば、理論値としての一般的利潤率が算定可能であることにかわりはない。ただそれは、個別資本の眼からますます見定めがたい値となり、生産価格の一意性も個別資本の眼には滲んで映る。好況を通じて進む生産方法の多層化は、市場価格に対する生産価格の規制力を弛緩させるのである。

■投機　第二の現象は、このような個別的利潤率の拡散を屈折したかたちで発現させる。好況末期にいくつかの産業部門では、個別的利潤率が投機活動に媒介されて急上昇してゆく可能性がある。生産価格の規制力は、一定の条件のもとで大量の商品が繰り返し生産され販売される流れのなかで発揮される。こうして安定的な価格が維持されると、それは、まだ実現されていない商品在庫に対する価値評価にも一定の基準を与えることになる。しかし、好況末期に産業予備軍が枯渇し、労働力の型づけの変更がスムースに進まなくなると、特定の商品では需要の増大に供給が追いつかず、場合によっては在庫も払底する。こうした商品種類では、信用価格に先導され市場価格の上方への放散が観察されるようになる。それはまた、さらなる上昇を期待して買い溜めをする、投機的な在庫形成を促進することにもなる。むろん投機はあくまで、特定の商品種類に対して、局所的《パーシャル》、間歇的《スポラティック》に発生するものであり、商品価格全般の上昇とははっきり区別されるべき現象である（4）。ただ投機の対象となる商品に関しては、転売が繰り返されるなかで販売価格はある期間、生産価格をこえて上昇し続ける。転売であっても、その価格による販売実績が積み重ねられれば、在庫全体の価値はその価格で評価され、この評価に基づく個別的利潤率も、一般的利潤率をこえて上昇して現れる。こうして好況末期には、価値賃金率が増大し、一般的利潤率の水準が下落するなかで、同時にその規制力が弛緩し、価格上昇を織り込んだ評価値ベースの個別的利潤率が上昇してみえる、不安定な状況が現れるのである

この投機的な利潤率の構造は、商業資本や信用制度といった資本主義経済に特有の市場機構によって加速され、さらに複雑な様相を呈する。社会的再生産の規模の急激な収縮を伴う恐慌現象は、基本的には債務の不履行の連鎖による倒産型の崩落である。それは、利潤率が徐々に低下するなかで蓄積がゼロになり、さらに粗投資から更新投資を控除した純投資がマイナスになる、累積型の収縮過程ではない。この崩落の発端が特定の産業資本の債務不履行からはじまるか、商業資本の投機の破綻からはじまるか、あるいは銀行資本に対する取付が契機となるのか、こうした恐慌の現実をいまの論理レベルで特定するのは無理である。原理的に詰めうるのは、不連続

な崩落を引きおこす商業資本や信用機構の特性までで、好況から不況への相転移が、必ず激発的な恐慌を経由するという積極的証明まではできない。確実なのは、相転移が必ず連続的な収縮になるとはいえない、という否定形の命題であり、もう少し踏み込んでいえば、資本主義に特有なこれらの市場機構の分析を欠く経済理論が考えているより、資本主義ははるかに崩落型の相転移を惹起しやすい経済だという推察になる。しかし、原理的にみるかぎり、相転移の現実は、いくつかの可能性の束であり、現実の恐慌過程は、歴史的現象として分析すべき対象なのである。

■転移後の状況　相転移の経路を特定することは困難だが、その帰結は理論的に考えることができる。好況末期の利潤率構造がどのようなかたちに変換されるのかは利潤論の抽象レベルで基本的に解明できる。検討するべき論点は、①不連続な収縮過程である恐慌が発生した場合、好況末期に低落した一般的利潤率はもとの水準に回復するのか、②またこれによって一般的利潤率の規制力は回復し、個別的利潤率の平均値は上昇することになるのか、この二点になる。

①についていえば、一般的利潤率の水準が即座に回復することは期待できない。というのは、一般的利潤率 R^* を規定している価値賃金率 $\boldsymbol{bt}$ がただちに低下するとは考えられないからである。たしかに、相転移に伴う不連続的な生産規模の崩落は、大量の失業者を排出し、労働市場における産業予備軍の緩衝は膨らむ。しかし、すでに述べてきたように、$\boldsymbol{bt}$ の水準は、労働力商品に対する需給関係で単純に決定されるわけではない。好況期に、雇用人口が増えていっても、それに歩調を合わせて $\boldsymbol{bt}$ が漸増し、一般的利潤率が漸減するのでないのと同様、雇用人口の減少を反映して $\boldsymbol{bt}$ が低落し、一般的利潤率が好況期の水準に復帰することにはならない。一般的利

潤率の復位が恐慌の結果、即座に実現せず、漸進的に進むために、不況という持続的な相が現れるのである。

②は、好況期に堆積された生産方法の多層化が解消されるかどうかという問題となる。たしかに、恐慌は生産規模の連続的・累積的な収縮とは異なり、債務不履行による倒産型の崩落を伴い、企業単位で既存の設備を一掃することになる。もし、このようなかたちで劣等条件の足切りが進むのであれば、再生産規模の収縮は同時に生産性の上昇となり、一般に個別的利潤率の平均値を押しあげるであろう。

だが実際には、再生産規模の収縮を惹きおこす原因は、投機の失敗にせよ、信用取引の破綻にせよ、短期資金の逼迫が原因であり、生産方法の優劣と直接に対応しない、財務的な困難に起因する。優等な生産条件を抱えているからといって、投機に失敗しないという保証はない。生産規模の縮小は、生産方法の多層性を温存するかたちで進む。いまある不均質な状態のまま、何割減かするだけで生産規模が収縮しても生産条件の不均質性は解消されず、一般的利潤率の規制力の回復に直ちにはつながらないのである。

以上を要するに、好況末期には、投機的な取り引きを契機に、市場価格が生産価格の規制力を脱して上方に放散し、予想のモメントをも含め、個別的利潤率も一般的利潤率の規制力を脱し、一時的に急騰してみえる状況が発生する。こうした乱調は、いくつかの経路で破綻する。投機が瓦解すれば、市場価格は反対に急落し、帳簿上で上昇した個別的利潤率は下落する。この下落は、単に水増しされた増分が消滅するだけでは終わらない。操業停止や倒産のかたちをとって、社会的再生産の規模も、好況末期以前の規模以下に不連続的に収縮する。その結果、高水準に見積もられてきた個別的利潤率の平均水準は大幅に下方修正され、個別的利潤率は好況末期にすでに低落し、規制力の弛緩している一般的利潤率の下で大きく分散した構造を露呈することになる。こうして、好況末期に予想ベースで進んだ個別的利潤率の上昇の陰に隠れていた、一般的利潤率の水準の低落と、規制力の弛緩による個別的利潤率の下方分散が表面化し、再生産規模の縮小と低利潤率という不況期の構造が立ち現れるのである。

■不況末期からの相転移　最後に、好況、恐慌、不況の順序で説かれてきた循環論で死角におかれてきた不況から好況への相転移について考えてみよう。再三注意してきたように、ここで恐慌からの類推に安易に頼ることは禁物である。その理由は、社会的再生産の規模について考えてみればわかる。収縮と拡張とでは、自ずとその態様に違いが生じる。不連続的な収縮のケースはさまざまに考えられるが、生産が不連続に拡張するという事態は考えにくい。好況末期における信用関係の急激な拡張と収縮、それに連動した投機の破綻などによって、再生産の連鎖が麻痺し、生産規模が一気に収縮するということはありえる。しかし、反対に不況末期は、必ずしも、ブームとその瓦解によって画されるわけではない(5)。

仮にブームが起こるとしても、好況末期と同型の瓦解が繰り返されるのであれば、不況の相へ逆戻りするだけに終わる。そのブームによって相転移が進むとすれば、それが恐慌となって単純に瓦解せず、不況期の低迷状態から抜けだし、円滑な拡張に転じる契機が独自に示されなくてはならない。いずれにせよ、第二の相転移が必ず第一の相転移と同型で進むという保証はない。好況から不況への相転移と、不況から好況への相転移もまた、基本的に非対称性を示す。そして、転移の経路に関しては、第一の相転移と同様に、どのような条件を想定すればどう決まってくるのかというかたちで、可能性の束として解き明かすほかないのである。

しかし、ここにはさらなる難問がある。恐慌と同レベルの画期的事象がないと、不況と好況の区別がつかなくなるのではないか、という問題である。ただ、この問題に関しては、もう一度、事象が相を画するのではなく、

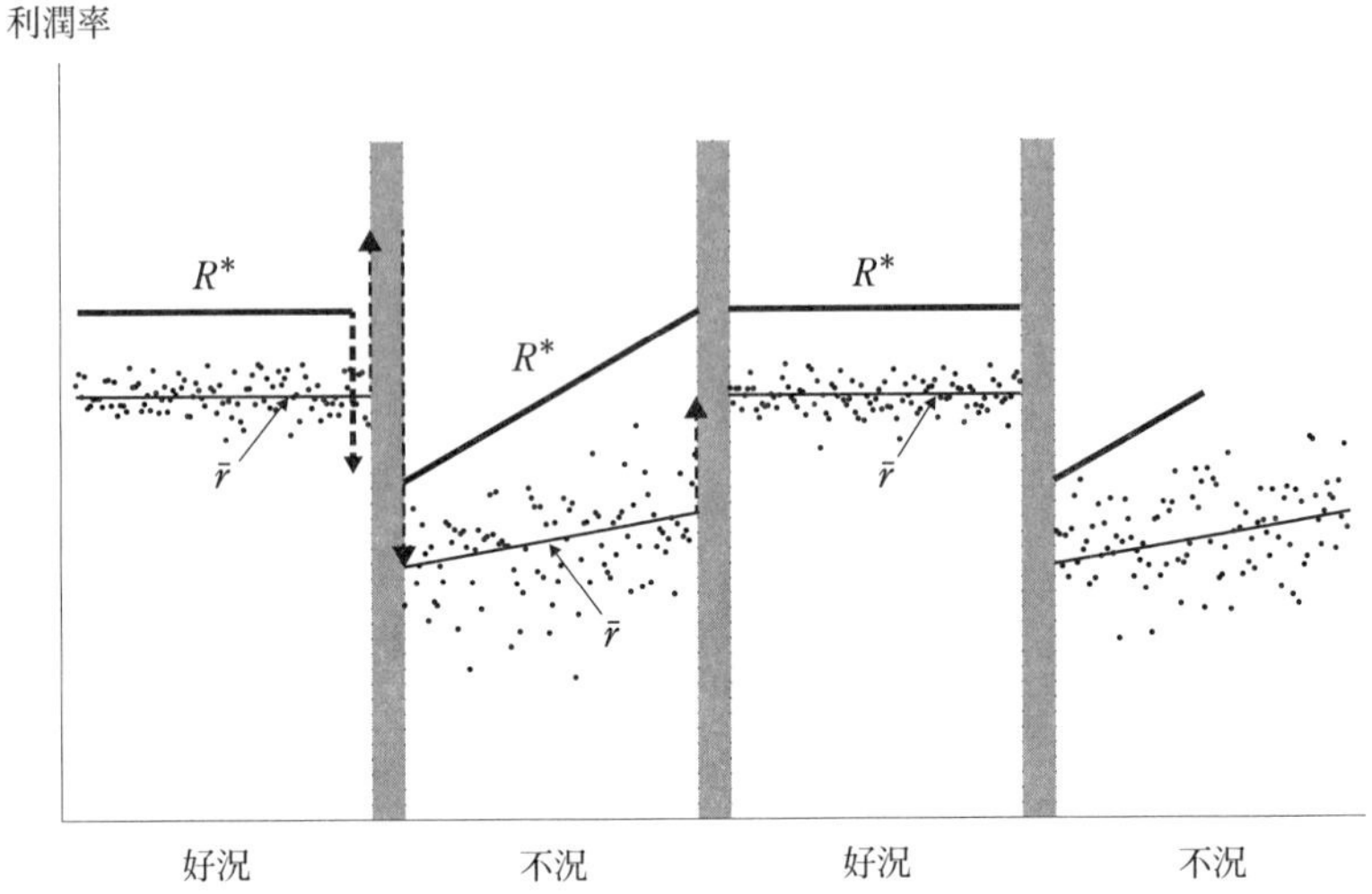

図 6.2　相と相転移

相の存在はそれに先行するものである、という基本的関係を確認しておく必要がある。好況と不況は、相転移の態様とは相対的に独立に規定できる、上位の概念なのである。その境目は特定できなくても、子どもか大人かの区別がつくように、異なる相の識別は可能である。景気循環の場合、子どもが大人になる日が確定できなければ、子どもと大人の区別もないのだ、という話になりがちなのは、時間の経過にそって現象を記述する発想からなかなか抜けきれないことによる。

とはいえ、このことは画期的事象が問えないということではない。不況から好況への相転移にも独自の不連続性が現れる可能性はある。右で述べた、どのような論理レベルで考察しているのか、注意しながら、もう少し踏み込んでみよう。ここでも、個別的利潤率を一般的利潤率から明確に分けて考えることが出発点となる。すでに述べたように、一般的利潤率についていえば、不況期にも初発の低水準がそのまま持続するのではなく、その水準は漸次上昇してゆく。思いきり単純化すれば、一般的利潤率の水準は、好況期には高位の水平な直線、不況期には低位の右上がりの直線でイメージしてよい。そして、好況から不況への接続面では、一般的利潤率の不連続な低落が現れるが、不況から好況への接続面では、連続的に屈折するかたちになる（図6.2）。

問題は、これに対する個別的利潤率の動きである。一般的利潤率が不況過程を通じて漸増してゆくとき、個別的利潤率もこれに連動して上昇するとはかぎらない。潜在的に一般的利潤率は上昇しながら、個別的利潤率がそれから取り残されて低迷する可能性がある。そうなる理由はいくつか考えられる。たとえば、労働内容の分解・再編を伴い、物量賃金率 $\boldsymbol{b}$ の圧縮をもたらすような生産方法の改変は、同時にまた生産力の上昇による供給圧力の増大を伴う。しかもこの圧縮は、労働者人口の取得する生活物資の総量 $\boldsymbol{B}$ を収縮させ、基礎的な消費需要の減退を生む。たしかに、雇用量 T の増大はこの減退を補完するが、この補完効果が物量賃金率の下落による需要減退を食い止められなければ、既存の固定資本をベースとした潜在的な供給能力と実質的な需要の間のギャップは膨らむ。こうしたなかで、不況過程にもちこされた劣等な生産方法を用いる資本が、固定資本の償却部分を度外視した費用価格で生産を継続すれば、その部門のなかに商品在庫の増大や稼働率の低落が誘発される。こうした要因が個別的利潤率の下方分散を拡大し、その平均値を低迷させる可能性は否定できない。不況という相の根本規定が一般的利潤率の漸増であるとすれば、この相を特徴づける現象は、それにもかかわらず持続する個別的利潤率の低迷である。不況末期においては、一般的利潤率と個別的利潤率が、好況末期とは逆方向に乖離する可能性が高まるのである。

不況から好況への相転移では、この乖離が一挙に解消され、たとえば、次のようなかたちで、生産力の急速な改善が進む余地がある。生産方法が多層化している状態のもとでは、劣等な条件が淘汰され、減退した需要水準に見合うような規模に潜在的な供給能力が調整されること自体、その部門全体の生産力を上昇させる効果をもつ。実質的には新たな生産方法の改善をいっさい伴わなくても、旧式の生産設備の廃棄は産業全体として見かけ上の生産力の増進をもたらす。不況末期に更新投資が特に集中する理由を一般的に説明することは困難であるが、ただ、生産方法の改善自体は景気循環の動向と独立に進んだとしても、更新投資の集中ということで説明しようとした事象は、好況期から持ち越されてきた劣等な固定資本の廃棄というかたちである程度説明がつくわけである。

あるいは、次のようなかたちで、個別的利潤率の急激な改善が進むかもしれない。残存する劣等な生産条件の解消が進み、生産価格の下に放散している市場価格の水準が上昇すれば、在庫の滞留やその変形である稼働率の低落によって生じていた個別的利潤率の下方分散も縮小する。すでに高位に達した一般的利潤率の水準に個別的利潤率が引きつけられてゆくようになると、単位労働時間当たりの生活物資の物量を引き下げる資本の行動も転換され、既存の物量賃金率を前提にして生産規模を拡大してゆく好況固有の相が発現してくるわけである。不況過程において、上昇する一般的利潤率と低迷する個別的利潤率の乖離が極端に開いた反動として、その解消が一気に進めば、個別的利潤率の平均値に着目するかぎり、不況過程で長期間低迷してきた利潤率が、その末期にいたって急激に上昇したようにみえるであろう。ただ、このような不連続な相転移は可能性の一つにすぎず、一般的利潤率と個別的利潤率の乖離が、徐々に解消されてゆくという事態も考えられる。不況から好況への接合面にはかなり多様な要素が相互に影響しあうため、好況から不況への接合面に現れる恐慌現象以上に複雑な様相を派生しうるのである。

景気循環論は、単一の純粋な循環パターンによって、原理論を締めくくるかたちにはならない。労働市場を基層に抱える資本主義経済は、たしかに、好況と不況の交替を大枠において免れえない。しかし同時にまた、二つの相の間の転移にはいくつかの開口部が潜んでおり、そのため、資本主義を特徴づける景気循環も原理的に複雑な変容を生みだすと考えられるのである。このような動的構造を内包する資本主義の原理像にたってみると、資本主義の歴史的発展も、従来とは異なったすがたで立ち現れる。最後に、こうした原理論の観点から、新たな発展段階論の可能性をスケッチしてみることにしよう。

註

（1）鈴木〔一九六〇・六二〕では、いわゆる自由主義段階のイギリス経済を基礎に、そこから純粋な資本主義経済を抽出するという宇野の方法論に対して、重商主義段階から自由主義段階へ、さらにそこから帝国主義段階へという歴史的な移行をも射程に入れた独自の理論展開を探ろうとする方法が提示されている。こうした観点から、第三篇「資本主義的生産の総過程」の第二章「利子」第二節「資本主義的蓄積の現実的過程」で好況、恐慌、不況の過程を順次展開したのち、第三節「資本主義的生産の運動法則」であらためて恐慌を「産業循環過程の切断面および結節点」（四五二頁）として位置づけ、循環的な運動のうちにやがて「生産規模の巨大化と生産過程への資本価値の大量的な固定的集積」（四五四頁）が生じ、その結果、株式形態を通じたあらたな生産力の処理が必然化するとして、最終の第三章「利潤の利子化」が展開されている。

（2）山口〔一九八五〕など。日高〔一九八七〕二二七頁では、宇野の『経済原論』と『恐慌論』における景気循環の叙述は相似形をなしているという解釈に基づき、いわば『経済原論』最後を修正し、『恐慌論』をそのあとにつなげるという構成が可能であるという見解が提示されている。これに対して、大内〔一九八一・八二〕では宇野〔一九五〇・五二〕と同様の構成が維持されている。また、伊藤〔一九八九〕では、ひとまず自由主義段階を基礎とした景気循環論が展開された後に、さらに長期波動論をも念頭においた、より長期の景気循環の変容に関する章を追加する構成がとられている。

（3）侘美〔一九七八〕は、資本蓄積論で労働力の吸収は説けてもその反発は説けないとして、資本蓄積論を景気循環論に先だって展開する宇野の原論構成自身を批判した。日高〔一九八七〕も侘美説を評価しつつ（一四六頁）、蓄積論の課題を労働力の吸収反発の交代ではなく、労働者人口から相対的に自立して資本蓄積が可能であろうことを一般的に示す点に設定すべきであるとしている。

（4）「総需要」が「総供給」を上まわるために、連続的に物価水準が上昇するという考え方がはらむ難点についてはすでに説明した（本書一二五 - 六頁）。しかし、この考え方に基づき、好況期における貨幣賃金率の上昇と物価上昇の関係を重視する研究は、宇野の景気循環論を基本的に支持する論者のなかにも広くみられる。栗田〔一九九二〕一三五頁、星野〔二〇〇七〕第七章など。なおこの考え方によらない物価騰貴論は古くからみられる。村上〔二〇〇二〕二三八頁以下の整理をみられたい。

（5）これに対して、不況から好況への転移にあたっても、やはり独自の不連続的な過程があるとみる立場もあり、従来からいわゆる中間恐慌論の展開として論じられてきた。この点に関しては、中村〔二〇〇五〕をみられたい。

第Ⅲ部　資本主義的発展の理論

第7章　原理論からみた段階論

はじめに

この最終章では、これまで積み重ねてきた原理論次元での恐慌論批判をふまえ、あらためて資本主義の歴史的段階を眺めなおしてみる。資本主義の原理像の再構築は、段階論の再構成につながる。こうした観点から、ここでは宇野弘蔵がかつて打ち立てた純粋資本主義の方法と、これに基づく段階論を批判的に再検討してみる。純粋資本主義論は、資本によって直接生産できない労働力商品の制約も、恐慌を含む景気循環を通じて、その内部で解消できるという原理像に立脚するものだった。このため、一九世紀のイギリスにみられた一〇年周期の景気循環から歴史的特殊性を取り除き、一般的な理論的タームで規定した循環過程論が、資本主義の純粋な理論像の内部に組み込まれた。純粋資本主義の原理像は、好況、恐慌、不況という単一の景気循環像をもって完成する。逆にいえば、景気循環の形態を変化させるような諸要因は、純粋な資本主義にそぐわぬものとして、原理論の外部に押しだされてきたのである。

このように周期的な恐慌を通じて労働力商品化の困難を独自に解決してゆく純粋資本主義の原理像は、そこに接近しながら、やがて離れてゆく純化・不純化の歴史として、現実の資本主義の発展段階を描きだす基盤とされた。純粋な資本主義像がなければ、一九世紀末におけるドイツをはじめとする後発諸国の資本主義化が、それまでのイギリスにおける資本主義の生成・発展と異なる、新たな段階を画するものにはみえない。原理論における周期的な景気循環の理論は、このような生成・発展・没落という発展段階論を根底で支えてきたのである。

しかし、資本主義は今日再び、大きな地殻変動を経験している。従来の生成・発展・没落という三段階では捉えることのできない、新たな歴史的発展である。おそらくわれわれは、一九世紀末におけるドイツを典型とする後発諸国の資本主義化に比定される歴史的な地殻変動を目撃しているのであろう。二〇世紀末にはじまる新たな資本主義の勃興は、発展段階論に抜本的な見直しを迫っている。以下では、このような現実認識にたち、宇野弘蔵が提唱した三段階論をオーバホールし、再点検してみようと思う。

第1節　段階論の原問題

■軌道のねじれ　マルクス経済学の理論は、自然科学における理論や、それを模した経済理論とは異なり、理論自身が二層にならざるをえない。資本主義の基本構造を分析する第一層だけではなく、時間の流れのなかで不可逆的に進む変化を解明する第二層が不可欠となる。ただこのような二層性は、対象としての資本主義自身の歴史的発展と向き合うなかで、いわば意図せざる結果として、自覚されるようになったのである。

問題は、マルクスの没後に顕在化した、ドイツをはじめとした後発資本主義国の発展に由来する。周知のように『資本論』は、一八四九年にイギリスに亡命したマルクスが、そこで目撃した一九世紀イギリスの資本主義的発展を主たる対象に考察を重ねてきた成果である。ただそれは、ドイツ語で書かれハンブルクで刊行され、ドイツの読者を直接の対象としていた。それなのに、なぜ、ドイツの現実ではなく、イギリスの現実のみがそれほど重視されたのか。『資本論』の答えは、そこにドイツの未来がみて取れるからだ、というものである。先発国を対象にした理論を、後発国に適用するという方法の問題を、もともと『資本論』は抱えていた。そして、発展の軌道は一条しかなく、ドイツは先行するイギリスと同じ軌道を高速で追いかけていると考える収斂説にたつかぎり、資本主義の原理像は単一となる。そうであれば、発展を扱うにしても、理論を二層化する必要はないことになる。

ところが、ドイツの発展は、イギリスとはズレた軌道を進み、イギリスの資本主義とは異なるタイプの資本主義を形づくっていった。収斂説的な資本主義像では捉えきれない、ドイツの資本主義化を特徴づける諸現象の解明が焦眉の課題となる。後発の資本主義が、先発の資本主義と異なるタイプの資本主義を形づくることで、新たな先進資本主義として台頭する、この《後発国＝先進国》というねじれが問われる。ここに、資本主義の歴史的な構造変化をどう理論的に捉えるのかという「段階論の原問題」が浮上したのである。

■方法論的転回　理論は現実に一対一で対応するべきだと考えるなら、「現実が変わったのなら、理論もそれに合わせてもう一度つくりかえるべきだ、『資本論』はもう古い」ということになる。だが、マルクス没後のマルクス主義者たちはそう考えなかった。『資本論』で明らかにされた本質は変わっていない、変わってみえるのは、ただ潜在的な傾向が発現したためだ、と捉えたのである。そこには、マルクスを擁護しようという意識がはたらいていたといってよい。本質は変わらない、変わるのは個々の現象だ、といった論法は、別にマルクス主義者に特有のものではない。こうして『資本論』の内容は、現実の現象の変化に合わせて独自に読み換えられていった。たとえば、資本の蓄積を通じて集中集積が進み、競争的な個別諸資本は少数の大資本に淘汰されてゆくという蓄積論は、現実の巨大独占資本の支配を説明する理論に拡張され、労働者階級の窮乏化は、帝国主義本国と植民地の間の格差の拡大の説明に援用された。このような拡張解釈の積み重ねで現象が説明できるかぎり、『資本論』に記された資本主義の本質は変わらないと頑張ることができた。

『資本論』を簡単にスクラップにすることを拒んだことで、マルクス主義経済学は、資本主義の歴史的発展を理論的に説明するという難題を自らに課した。単純な実証主義は、歴史に対する関心をスポイルし、反証テストを絶対視する姿勢は「変容」という問題を死角に追いやる。本来、特定の関心や課題が先行して、方法はそれに向けて工夫されるべきなのであるが、ある方法が確立されると、それが関心や課題のかたちを決めてしまうことは間々ある。これとは逆に、マルクス主義経済学は、意図せざる結果であったかもしれないが、対象が変化したのならそれに適した新たなモデルに取り替えればよい、と素直に考える複数モデル論の目には映らぬ世界に彷徨《さまよ》いでた。

とはいえ『資本論』の拡張解釈によるかぎり、同じレールのうえを追走する定向的な変化は説明できても、資本主義の不連続な「変容」を捉えることはむずかしい。たとえば、競争的状況と独占的状況は程度の差といえばいえるが、その移行は徐々に進んだわけではない。基軸産業の転換や中心国の交替を伴い、不連続な断層を形成する。『資本論』の拡張解釈で単一モデルを維持してみても、基本は複数モデル論と同じことになる。両者はともに、理論と現実は一対一で対応するべきだと考えているからである。この方法論に意識的に反省を加えないかぎり、新たな課題は理論の射程に浮かびあがってはこない。マルクス擁護に執着した「マルクス主義経済学」は、資本主義の歴史的発展という課題をつかみだしながら、その解明方法をなかなか確立できなかった。『資本論』の方法論を批判的に再検討することが、新たな「マルクス経済学」へ脱皮する跳躍台だったのである。

クリアすべきポイントは三つあった。第一に必要なのは、理論的な「発展段階」を、歴史分析や実証分析における「時代区分」や「比較類型」と明確に分離することである。もちろん、両者は密接に関連するが「方法」を異にする。歴史的発展のうちに不連続な局面を識別するだけなら、理論によらずともできる。「段階論の原問題」も、さしあたり、現実の歴史過程を熟視することで浮上してきたものだった。もともと時間の流れのなかで生起するさまざまな出来事は、ある意味では連続しているが、そうした一連の出来事に節目を設けることは、ごく自然におこなわれる。こうした区分は、出来事自体に刻まれているというよりは、それを眺める主体が複雑な現象を整理するために便宜的に設定したものである。ただ、こうした経験的な区分も、けっして恣意的とばかりはいえない。歴史的事象を調査し整理するかたちで、学問的に精緻化しうるものである。しかし、理論的な方法で資本主義の歴史的発展を捉えることは、このような歴史学的なアプローチとは本質的に異なる。それは原理論を基礎におき、対象を資本主義に限定することではじめて可能となる独自の「発展段階」論なのである。

第二に、この領域確保のためには、理論自身の内部を構造化しなくてはならない。すなわち、資本主義が歴史的に変容しながらも、それでも資本主義であることを保証する領域（原理論）と、その一般的な原理を満たしながら派生する複数の《状態》を説明する領域（段階論）とに二層化する必要がある。資本主義はその発展過程を通じて一つの状態に収斂するという歴史認識から離脱するためには、理論自身の構造も転換されなくてはならない。単一モデルからも、複数モデルからも脱却し、二層化された広義の理論が不可欠となる。段階論は原理論とセットとなって、広義の理論の内部に収まるのである。

第三に、この二層を関連づけるメタ理論が必要になる。両者を結びつける論理が明示されないかぎり、広義の理論として括ることはできない。この独自の理論領域を自覚的に確保しておかないと、「歴史的発展は原理論では説明できない、このことを確認することに、原理論の存在意義があるのだ」といった、どうしようもなく内向きで自己閉鎖的な世界に理論は追い込まれる。理論で歴史的発展が《すべて説明できる》というのがドグマであるのと同じく、また、《すべて説明できない》というのもドグマである。必要なのは理論的に説明可能な範囲を明示的に設定することなのである。この連結の論理こそ、歴史を理論的に解明するカギを握ることになる。

■純化・不純化論　こうして、歴史的に変化する対象を理論的に解明するという課題設定は、理論的な「発展段階」と経験的な「時代区分」の分離、理論領域の二層化、そしてメタ理論の明示化を不可避とするのである。

原理論と現状分析の間に段階論を媒介させる、いわゆる宇野弘蔵の三段階論は、「段階論の原問題」に応える方法論的試みだった。それは、『資本論』のような原理論を戦前の日本の現状分析に直接適用しようとすることには無理があるという認識から出発し、マルクスの時代と違って、資本主義が変質したことを知っているわれわれとしては、『資本論』を原理論として完成させるとともに、これによって、資本主義の歴史的発展段階を分析する段階論を構成し、「段階論を媒介に、個々の国々の、あるいは世界経済自体」(宇野〔一九七一〕三九) の現状分析に進むべきだ (宇野〔一九六二〕五) という方法に結実した。宇野はこうした観点から、『資本論』の内容を商品経済的な関係で編成された「純粋資本主義」の世界に再構成することで、資本主義の歴史的発展を、この世界に接近し、乖離する「純化傾向とその逆転」というメタ理論で《解釈》した。

■自由主義段階の始点　しかし、「純化傾向とその逆転」だけでは、発展段階論を構成するには足りない。イギリスを典型とする純化傾向が、ドイツの台頭のなかでイギリスも巻き込み逆転したとしても、それだけでは帝国主義段階と、それ以前という二局面しかでてこない。反転を伴う「発展論」にはなっても「段階論」にはならないのである。資本主義の生成、発展、没落といった「段階」stageという概念を構成するには、さらなるメタ理論が必要となる。このメタ理論が恐慌論であった。

宇野弘蔵の『経済原論』と『恐慌論』の関係は、すでに述べたように（本書一七四頁）、複雑であるが、発展段階論に対する関係ははっきりしている。純粋な資本主義であれば、周期的な景気循環を繰り返す、という原理的命題を基礎に、そこから眺めると「一八二五年、三六年、四七年、五七年、六六年と、ほとんど一様に一〇年内外の周期をもって恐慌が襲来している」（宇野〔一九五三〕九六）一九世紀二〇年代以降は、ある状態が続いているという意味で一つの「段階」と解される。これにより、単に純粋な資本主義の状態に接近している、という発展傾向をこえ、独自の「自由主義段階」がはじめて浮かびあがってくる。周期的な景気循環論を内包した資本主義の原理像は、二層化された理論の二段目を発展段階論として構成する《メタ理論》として不可欠な役割を担っているのである。

『恐慌論』はこの周期性を理論的に証明するために、固定資本の更新期間に着目する。資本主義の確立において「産業革命によって発展してきた近代的大工業における機械のごとき固定資本の意義」（宇野〔一九五三〕一八七）について論じた後、「好況期は主要産業における固定資本の一般的更新――それは競争によって多かれ少なかれその期間を短縮されて行われるのであるが、そしてまた新たなる改善せられたる方法による更新――をもって始まることになる」（宇野〔一九五三〕一九二）と結論する。周期性自体は実のところ、労働力商品の制約とは別立てに、更新投資の集中と新生産方法の一斉導入という想定によっている。宇野のテキストではさまざまな留保がなされているが、単純化すれば、恐慌の契機と不況から好況への転移の契機が別々に設定されると解釈できる。そのため「好況期が永くなればそれだけ不況期は短くなり、反対に好況期が短ければ不況期は永くなり、概して一定の周期をもつことになる」（宇野〔一九五三〕一九二）と推論する。仮に更新期間が一〇年だとすれば、七年目に恐慌が起これば不況は三年、逆に三年目に恐慌が起これば不況は七年続く勘定になる。いずれにせよ、固定資本の更新期間によるのでは、景気循環の周期性は説明できても、恐慌の周期性の証明に成功しているとはいえないのである。

このように、メタ理論としての要請は、原理論に対して過度の負荷を課した。《激発的な恐慌が周期的に発生する》という命題は、資本主義の原理像を構築できる抽象レベルで証明できるものではない。それは、さらに外的諸条件を特定することで、はじめて説明できる分析対象である。純粋資本主義のための恐慌論が抱える限界の指摘はもうこれ以上繰り返さぬが、ただ次のことは再度確認しておこう。この周期的景気循環論が《メタ理論》として機能することで、純粋化の「傾向」と明確に区別される「段階」の概念が定立されたという点である。自由主義段階はたしかに「終わり」だけではなく、「始まり」を確定され、その間、基本的に同じような景気循環のパターンが継続する「段階」が立ち現われる。恐慌論は、純化傾向論だけでは画することのできない「自由主義段階」の始点を定めることを可能にしたのである。

しかしこれはまだ、「自由主義段階」に先行する生成期が「重商主義」、後続する没落期が帝国主義という「段階」をなすことを保証するものではない。純化や不純化という《傾向》の持続と、同じパターンが繰り返される《状態》の持続だけでは、複数の段階が存在するというにはなお不充分なのである。周期的景気循環論を基礎に自由主義段階を規定し、これとの関連で前後に設定された重商主義段階にも、帝国主義段階にも、論理的な無理がつきまとう。周期的景気循環論からみえてくる、資本主義の生成・発展・没落型の三段階論は、美しくみえても、重商主義段階に関しても、帝国主義段階に関しても、ともに論理的に脆い部分を抱えているのである。

第2節　重商主義段階の多面性

■商人資本のもとでの労働力商品化　周期的景気循環論が、メタ理論としては自由主義段階に対してしか有効に機能しないという限界は、重商主義段階の規定のうちに端的に現れる。『経済政策論』（宇野〔一九七一〕）に内在するかたちで、その論理構成上の問題点をみてみよう。

＝b＝いわゆる問屋制度（家内工業）は、間接的にではあるが、生産過程に資本の支配力を滲透せしめる役割を演じたのである。個々の小規模なる個別的生産者は、商人を通して市場の大量的需要に応ずる商品生産者として現われ、形式的にはなお依然として中世的な独立の小生産者としてありながら、もはやそれに復帰しえない、資本関係のもとに包摂せられてゆくのであった。特に農業から分離して工業生産に従事するものにおいてそうであった。それと同時にまたマルクスのいわゆるマニュファクチァの形態のもとに同一の工場に多数の手工業者を集めて直接に社会的生産を行なう、新しい生産方法の出現をもみたのである。それは明らかに労働力の商品化を基礎とするものであった。しかしこの方法は、なお商人資本のもとに行なわれる問屋制度を排除して支配的地位をうるほどに有力ではなかった。……商人資本は直接の生産者を形式的には旧来の小生産者にとどめながら、実質的にはマニュファクチァの労働者と異ならない賃銀労働者に転化せしめつつその資本を蓄積し、資本家的生産方法の発展の基礎を形成したのである。(宇野〔一九七一〕四四 - 六)

『経済政策論』の篇別構成は、重商主義、自由主義、帝国主義の三段階を扱う三つの編からなり、各編の最初の章で、その段階における支配的資本の一般的、理論的な規定を与えるかたちになっている。ここに引用したのは第一編「重商主義」の第一章「発生期の資本主義」の結論に相当する部分である。思いきって単純化すれば、ここでの問題は《「個々の小規模なる個別的生産者」は、どのようにして賃金労働者に「転化」していったのか》であり、その答えは《この「転化」の基本は、マニュファクチュアに立脚した「産業資本」によってではなく、問屋制度に立脚した「商人資本」によって推進された》というものである。重商主義段階の本質は、商人資本による蓄積を通じて、独立の小生産者が、実質的には賃金労働者と変わらぬ存在に「転化」させられていった点にあるというのが結論になる。「形式的には」「実質的には」という対比は、明らかに『資本論』第一巻一四章における「資本のもとへの労働力の包摂」(Marx〔1867〕533)を意識したものといってよい。むろん、マルクスの包摂論を厳密に解釈すれば、資本賃労働関係(「資本関係」とも略され、二||b||の中頃にはこれがでてくる)がすでに成立している状態を前提に、産業資本のもとで進む熟練の解体が主題で、商人資本のもとで進む小生産者の賃金労働者へ「転化」がすんだ後の話である。ただ宇野は、賃金労働者の熟練の解体の過程を、独立小生産者の賃金労働者化の過程に重ね合わせ、この一連の過程のうちに重商主義段階における「純粋化傾向」を読み取ろうとしたと

考えられる。こうした過渡的性格をもちながら、重商主義段階は、ともかく「商人資本」が支配的な資本をなすというかたちで定立され、自由主義段階に先行する、一つの独立した別の「段階」とされたのである。

■重商主義段階の増築　しかし、この段階の規定には不自然さが払拭できない。このことは「段階論の原問題」に立ち返ってみれば、ある意味で当然のことである。帝国主義段階における逆転現象をどう理解するか、という原問題からは、重商主義段階を独自の一段階として規定する必然性はでてこない。帝国主義段階を自由主義段階と区別することと、重商主義段階と自由主義段階とを区別することとは、区別する理由が違っているのである。

重商主義段階の設定はおそらく次のような事情から、別個に追加されたと考えられる。第一に考えられるのは、宇野の段階論が「経済政策論」を講ずる準備作業として構想されたという点である。「重商主義」という呼称自体、もともと経済政策として「自由主義」に対置するかたちで与えられたものである。その政策は、アダム・スミスが『国富論』において重商主義の政策体系として批判対象にした「主義」であり、経済実態の分析のなかから導きだされた概念ではない。したがって、「重商主義段階」という呼称も、政策の転換の背後には必ず経済実態の転換があるはずだという前提のもとに、「段階」の呼称に政策の「主義」が冠された可能性が高い。これが国家の政策的枠組みと、発展段階のねじれた関係を掩蔽《えんぺい》する遠因となっている点は後に述べる（本書二四七頁）。

第二に、こうした経済政策に、特定の「支配的な資本」の利害関係を結びつける観点（宇野〔一九七一〕二六）が付加される。その結果、経済政策が大きく変わったとすれば、その背後に必ず「支配的な資本」の交替があるはずだと推論されることになる。「特許制度から航海条例、さらに一般的な貿易政策と転化したからといって、これを産業資本の政策とするわけにはゆかない。羊毛工業保護のためとはいえほとんど一世紀にわたってフランスと戦争状態にあるというようなことは、なんとしても産業資本の採る政策とはいえない」（宇野〔一九七一〕六九）という不可思議な確信が、資本主義の状態変化に結びつけられる。

第三に、これに「発生・発展・没落」という枠組みが重ねられることになる。宇野は純粋化傾向の鈍化・逆転をもって、「帝国主義時代」を「没落をひかえた爛熟期」（宇野〔一九七一〕一五四）と評価していたが、これをさらに「資本主義の没落期」と短縮し（宇野〔一九七一〕三九）、段階論の対象を「資本主義の発生・発展・没落の過程」（宇野〔一九六二〕五〇）と規定することもある。健全な「発展」が「没落」にいたるとすれば、その反対側には「発生」が対として必要になる。こうして、資本主義の「発生期」という段階枠が要請されることになったものと考えられる。

■重商主義段階の過渡的性格　このような重商主義段階のすわりの悪さは、加藤榮一氏が「宇野段階論の修正」の必要を唱えた理由の一つと重なる。

〘c〙資本の原始的蓄積過程を問題にする場合、通常一六世紀ないし一八世紀のエンクロージャーが重視されるが、宇野は、その過程を「一般的前提」とし、むしろ直接的あるいは間接的に商人資本の支配下にあった羊毛工業の発展による農工分離を重視する。したがって、宇野重商主義段階論に登場する商人資本は共同体間あるいは市場間に浮遊し、その価格差を利用して利益を挙げるたんなる商人資本一般ではなく、たとえ一部にせよ、社会的再生産を捕捉した商人資本であり、資本蓄積を進めれば進めるほど商人資本としての特性を喪失するという、すぐれて過渡的な性格を持った資本なのである。支配的資本のこの過渡期的性格は当然に重商主義的経済政策にも反映し、この時代の経済政策は時を経るにつれてむしろ重商主義本来の性格を希釈していくのである。このような支配的資本とその経済政策にみられた極度の過渡期性は、この時代がそれ自身の安定した〈発展構造〉を持っていないこと、したがって一個の独立した発展段階をなすものではないことを示しているといってよい。(加藤〔二〇〇六〕二四二)

加藤氏はこのように、重商主義段階において支配的だとされる資本が有する「過渡的な性格」を強調する。それは資本主義以前の市場にも遍在する「商人資本一般」とは異なり、「資本蓄積を進めれば進めるほど商人資本としての特性を喪失する」資本だというのである。この「喪失」は、逆にいえば、産業資本的な性質の「獲得」である。そうでなければ「過渡的」という意味がない。しかし、もし商人資本が産業資本へ発展したのだと露骨に言い換えてみると、この「過渡的な性格」だけを強調することの問題もはっきりする。羊毛工業をベースにした商人資本による問屋制度と、綿工業をベースにした産業資本による新興の機械制大工業とは、連続的な発展関係でつなぐわけにはいかない。事実、加藤氏も、両者を媒介する契機として、産業革命の存在を強調する。しかし、これはまた、すぐ後に述べるように、自由主義段階の性格を歪めることになる。このような問題を秘めた過渡期性を指摘したあと、加藤氏は次のような重商主義段階の位置づけを含む修正案を提示する。

=d=この時代を経過することによって生じた経済と経済政策の変化、換言すれば、重商主義段階と自由主義段階との差異はきわめて大きい。だがその変化は、いわば幼稚なものから成熟したものへの連続的な飛躍とでもいうべき変化であって、自由主義段階から帝国主義段階への変化のように「逆転」とか「転換」とかといわれるような、異質なものへの不連続な変化とは性質を異にするのである。要するに、一六、七世紀から一九世紀の七〇年代央にかけての期間は、漸進的発生期、飛躍的形成期、確立発展期という三つのサブステージを含む、いわば純粋資本主義へ向けての連続した一つの過程をなすものと理解しうるのである。この経済過程における純粋資本主義化傾向に対応して、世界システムにおけるパックス・ブリタニカの登場と確立、そして重商主義という鎧をまとっていた資本主義国家の自由主義国家への脱皮という過程が進行するのである。（加藤〔二〇〇六〕二四二）

ここでは前述の過渡期性が、自由主義段階への「連続した一つの過程」という規定に展開されている。「漸進的発生期」は従来の重商主義段階、「飛躍的形成期」は「産業革命期」、そして「確立発展期」は自由主義段階を意味し、この全過程を通じて「純粋資本主義化傾向」が一貫して貫いており、ここには自由主義段階から帝国主義段階への変化におけるような「逆転」は認められない、というのである。

たしかに、純化・不純化論は、帝国主義段階を自由主義段階と区別するために考案されたメタ理論だった。自由主義段階から、さらにもう一段遡って、重商主義段階を追加すれば、別の観点の混入によって純化・不純化論は不純化されざるをえない。段階論の核心は、先発資本主義の影響を受けながら勃興した後発資本主義が、新たな産業を基盤に、先発資本主義と異なる特性を具えて発展する結果、その反作用で先発資本主義も変貌を迫られるというダイナミズムにある。このダイナミズムが、収斂説ベースの単一理論ではどうしても捉えきれなかったのである。「段階論の原問題」に即していえば、「純粋の資本主義社会への近似化の傾向は失われる」（宇野〔一九七二〕二一四）関係が重要なのであり、それに先行する歴史過程を、さらに重商主義と自由主義という別の段階に区切る必要はない。このことが、段階概念の混乱と論理的不整合を生みだしている、というのが加藤氏の考えであろう。

ここまでは、私も同意できる。しかし加藤氏は、ここから、重商主義段階を独自に設定する必要はないとして、連続的な「純粋資本主義化傾向」を示す「前期資本主義」のサブステージとして位置づけなおす「修正」を主張する。これは私の解決策とは逆方向のものである。このサブステージ化には大きな落とし穴がある。そこに隠れているのは、資本主義そのものの「発生」すなわち「起源」を問う「資本の原始的蓄積」論と、資本主義のある状態から別の状態への「発展」を問う「段階」論の混交である。

■羊毛工業と原始的蓄積　この混交は、次のような加藤氏の原始的蓄積に対する理解にかかわる。

＝e＝宇野自身、重商主義とは、一方における直接生産者の生産手段からの分離＝労働力の商品化と、他方における「国民的富」の形成を進める政策であるといっているように、いわゆる資本の原始的蓄積過程である。重商主義を推進した直接的な動機はこの段階の支配的資本とされる商人資本の利害であるが、それが同時に資本の原始的蓄積過程を促進する歴史的役割を担ったのである。（加藤〔二〇〇六〕二四二）

「重商主義とは資本の原始的蓄積過程だ」という言い方はよく耳にするし、宇野自身がそういっている箇所も探せばあるとは思う。しかし「この段階の支配的資本とされる商人資本の利害」と「直接生産者の生産手段からの分離＝労働力の商品化」とは簡単に結びつくものではない。『資本論』第一巻第二四章「いわゆる原始的蓄積」を読むかぎり、この「分離」を進めたのは、資本家ではなく直接には土地所有者である。原料としての羊毛生産のためにせよ、あるいは商業的な穀物生産のためにせよ、土地と農民の関係を切り離した力は羊毛工業に携わる商人資本にはない。少なくとも『資本論』の原始的蓄積の概念は、宇野の「発生期の資本主義」における問屋制度で羊毛工業を支配する商人資本と大きく異なっている。この点に留意するならば、そう簡単に「重商主義段階」をサブステージに格下げするわけにはいかないはずなのである。

このような加藤氏の連続説を念頭において、もう一度『経済政策論』からの引用〓b〓に戻ってみよう。問題となるのは、その末尾にでてきた「資本家的生産方法の発展の基礎を形成した」というのは何を意味するのか、である。直前で述べられている小生産者の賃金労働者への転化のことのようにも読めるが、これだけでははっきりしない。ただ、これには次のような記述が続く。すなわち「マルクスは資本のいわゆる原始的蓄積のこの過程について」「農業生産者からの、農民からの土地収奪は、全過程の基礎をなす」といっていると述べ、『資本論』から該当箇所を引用したのち、これに次のような論評を加えてゆく。

〓f〓資本家的生産関係の形成、確立は、しかしそういう暴力的変革によって直ちに完成するものではない。「農業生産者からの、農民からの土地収奪」を「全過程の基礎」とする、直接の生産者と生産手段との分離の過程は、従来、農業と直接に結合せられていた、特に羊毛工業の工業としての独立化として具体的に実現せられる。この基礎をえてはじめて暴力的変革も資本家階級形成の槓杆となるわけである。（宇野〔一九七一〕四七）

この説明は、多少注意して読むと『資本論』の「いわゆる原始的蓄積」に対して、かなり批判的な内容になっているのがわかる。宇野の場合、「資本家的生産関係の形成、確立」の「基礎」は、マルクスが「全過程の基礎」

だと主張する「農業生産者からの、農民からの土地収奪」ではなく、「羊毛工業の工業としての独立化」が基本線になっているのである。もちろん、両者は必ずしも背反するわけではないが、「羊毛工業の工業としての独立化」は「農民からの土地収奪」と直接つながるものではない。「羊毛工業の工業としての独立化」による重商主義段階の特徴づけは、工業の農業からの分離を重視した結果なのである。だが、「羊毛工業の工業としての独立化」は、どういう意味で「資本家的生産関係の形成、確立」につながるのか。宇野は、商人資本による小生産者の支配は「農業から全く分離しつつ、漸次に原料、道具、仕事場というように生産手段を喪失した生産者を――もはや独立の生産者とはいえない生産者を――広く農村を基礎として造出してゆく」（宇野〔一九七一〕四五）というのであるが、これはあくまで羊毛工業に従事する小生産者における生産手段の喪失である。羊毛工業での小生産者の漸次的解体は、マルクスが「全過程の基礎」だとして重視した「農民からの土地収奪」によるプロレタリアート化とは別系列の話なのである。

事実、『資本論』で「いわゆる原始的蓄積」を論じた章には、羊毛工業における商人資本の問屋制支配を重視した形跡はみあたらない。それは文字どおり、資本主義的生産様式の発生過程、すなわち「起源」を論じたものである。それは「農村民からの土地の収奪」（第二節）を通じた「鳥のように自由なプロレタリアの暴力的創出」、「十五世紀末以来の被収奪者に対する流血の立法。労賃引き下げのための諸法律」（第三節）を通じ「彼らを賃金労働者に転化させた血なまぐさい訓練」（Marx〔1867〕770）の歴史をたどり、第四節「資本主義的借地農場経営者の創世記」で「資本家たちは本源的にどこからきたのか」という問いに対して、「『カテゴリー上の』“kategorischen” 意味では、借地農場経営者は工場主と同じように産業資本である」（Marx〔1867〕777）と指摘し、要するに「本源」は借地農場経営者にある、と答えるかたちになっている。

この「起源」のインパクトを明らかにしたあと、マルクスは「工業への農業革命の反作用。産業資本のための国内市場の形成」（第五節）ではじめて、「農村副業の破壊、マニュファクチュアと農業との分離過程」に言及する。宇野が重視した農業と工業の「分離」であるが、そこで明らかにされているのは、あくまで「農村家内工業の破壊のみが、一国の国内市場に、資本主義的生産様式の必要とする広さと強固な存続を与える」という側面である。農村家内工業は「破壊」されてなくなる存在であり、その内部に、商人資本による問屋制支配から資本・賃労働関係への発達を展望するような観点はみられない。だから、つづく「産業資本家の創世記」（第六節）には、もはやこうした「農村家内工業の破壊」や農工「分離」が登場する余地はない。この「産業資本家」の「産業《インダストリ》」は、「農業《アグリカルチャ》」に対する「工業《マニュファクチャ》」の意味である。そして、この工業部面への拡張は、借地農業経営者の場合のように「漸次的に」ではなく（Marx〔1867〕S.777）、国家権力のゲバルトを背景に「植民制度、国債、重税、保護貿易、商業戦争など、本来的マニュファクチュア時代のこれ等の若芽は、大工業の幼年期中に巨大に繁茂する」（Marx〔1867〕S.785）かたちで圧縮されて急激に進むというのである。この場合の「大工業」は、「機械と大工業」（第一三章）で分析された綿工業を念頭においたものである。要するに、どこをどうひっくり返しても、『資本論』には、羊毛工業が独自の一段階を形づくるという観点もなければ、またそれが過渡的な性格をもつとする観点もないのである。

このようにふり返ってみると、宇野の重商主義段階は「発生期の資本主義」（宇野〔一九七一〕第一編第一章）と題されているが、マルクスの「いわゆる原始的蓄積」と根本的に異なっていることがわかる。『資本論』に「商人資本としてのイギリス羊毛工業」を軸に資本主義の「生成」を捉えようとする視点はない。たしかに宇野が強調するように（宇野〔一九七一〕四九）マルクスも「本来的マニュファクチュアの時代は国民的生産をきわめて断片的に征服するにとどまり、つねに都市の手工業と家内的・農村的副業とを広い背景としている」（Marx〔1867〕S.776）と指摘している。しかし、だからといって「商人資本の問屋制度」が支配的であったという捉え方はまたどこにもみられない。後者はあくまで宇野が「大体リプソンによって、十七、八世紀のイギリスの代表的産業としての羊毛工業における商人資本の支配の具体的関係をみた」（宇野〔一九七一〕五五）ものである。しかし、商人資本による問屋制家内工業の発展は、農業部面において展開された「鳥のように自由なプロレタリアート」（Marx〔1867〕744）の暴力的創出と、直接にはかかわりない。また、このプロレタリアートが羊毛工業に流れ込み、「商人資本の問屋制度」のもとに組み込まれたわけではない。いわんや「商人資本の問屋制度」のもとにおかれていた「旧来の小生産者」が「賃金労働者に転化」したという過程は、あったとしても、農村における土地収奪によるプロレタリアートの創出に代わりうるものではないのである。

要するに、

農民からの土地収奪 ─→ 近代的プロレタリアートの創出

を基軸に、資本主義的生産様式の「起源」を論じた『資本論』の原始的蓄積論に対して、

小生産者の商人資本への従属化 ─→ 資本・賃労働関係の形成

を焦点に、羊毛工業をベースにした独自の「段階」を描きだした宇野の重商主義段階論は、簡単に重なるようなものではない。それは時期が異なるとか、対象になっている産業が異なる、とかいっただけの問題ではない。資本主義のある状態を意味する「段階」は、非資本主義的な関係から資本主義的な関係が発生するという意味での

「起源」と概念的に異なる。両者の関係を明確にしないまま、「発生段階」という曖昧なかたちで一体化させた重商主義の段階規定は、もともと論理矛盾を内包しているのである。

■農業的起源　以上のように、マルクスが「いわゆる資本の原始的蓄積」において論じた資本主義の起源は、羊毛工業をベースにした宇野の重商主義段階の内容に結びつくものではない。ところが、宇野自身は、この違いをある程度意識しながら、商人資本の支配する羊毛工業から産業資本の支配する綿工業へという「発展」を描こうとした節がある。だが、労働力商品化は、羊毛工業に従事する小生産者が実質的には賃金労働者に転化するという道筋をたどるものではない。この問題に立ち戻って、宇野の重商主義段階の限界を明確にしたのは櫻井毅氏である。

櫻井氏によれば、宇野が羊毛工業における独自の生産様式として「商人資本が生産者を支配する問屋制」の役割を強調した背景には、戦後の西洋経済史研究のなかで大塚久雄氏らが主張した

農村マニュファクチュア──→綿工業

という連鎖に、これを対置し批判する狙いがあった。この批判自体は妥当なものといってよいが、ただ、この結果として宇野の段階論に埋めこまれた

商人資本（問屋制支配）──→綿工業

という発展の連鎖にもまた、大きな誤りが含まれているという。

このような櫻井氏の宇野批判は、McNally〔1988〕など近年の「資本主義の農業的起源」説に対する積極的評価を基礎にしている。すなわち、資本主義的社会関係は、当時の基幹産業である穀物生産で、地主、借地農場経営者（farmer 企業家）、賃金労働者の「三肢構造」に由来するという主張である。櫻井氏はこれに基本的に賛意を示し、イギリス資本主義の「起源」をたどれば、

地主資本主義（*landed capitalism*）（農業資本主義）──→機械制大工業

という経路が浮かびあがってくるという。たしかに、機械化が進む以前の大規模農業では、大量の単純労働が必要とされたことは想像に難くない。それは、協業の原理で商品生産をおこなう、文字通りの「農場」だった。資本の力で単純労働を買い集め、集団力による生産性を利用して、大量生産型の商品生産を展開する、まさに資本主義的生産様式である。屋外型の「農場」が、機械化を通じて屋内型の「工場」に転化したのであり、両者はフィールドは違っても経営様式としては変わらない。

■農業の資本主義不適合説　櫻井氏は、このように農業資本主義論者の主張に対して一定の理解を示しながら、では重商主義段階は農業資本主義の段階というべきか、という段になると、それにはなおさら無理があると途端に躊躇を示す。この背景には、「農業という産業が資本家的生産にははなはだなじみにくいものだ」（櫻井〔二〇〇九〕二五五）という農業の資本主義不適合説がある。しかし、この不適合説は、裏を返せば、一九世紀イギリスの綿工業を基軸にした経済こそ、資本主義の本来のすがただ、という固定観念による。機械制大工業を基礎に純粋資本主義を構築する、原理論のドグマになお囚われているということもできる。しかし、資本主義的生産に

最適な産業のタイプは一つだけあり、これ以外はみな不適応症を引き起こし資本主義を歪める、といった窮屈な関係はない。資本主義は、産業の特性に応じて、労働市場や市場機構を変容させ、柔軟に対応できる経済である。この過程で生じる種差は適不適に還元できない。この種の二分法は純粋資本主義の宿痾《しゅくあ》である。

では、自由主義段階に先行する段階は、どう規定したらよいのか。それは「段階」と規定するに値しない資本主義を準備する「過程」にすぎないのか。櫻井氏は、「特定の産業を典型にしえないような状況が、むしろ商人資本の支配するこの時代の特徴」(櫻井〔二〇〇九〕三五〇)であり、重商主義段階とよばれてきた局面は「産業資本主義の初期段階というよりも、産業資本の確立を前提とする、その前段階」(櫻井〔二〇〇九〕三六〇)とみるべきだという。

〓g〓資本主義というものを産業資本の成立と考えなければならないならば、重商主義段階は産業資本主義の成立を準備する前資本主義段階と規定すべきではなかったか。(櫻井〔二〇〇九〕三五二)

これが櫻井氏の留保含みの結論である。前述の加藤氏が重商主義の過渡期性を重視し、自由主義段階にいたる一連の過程に一括したのとは対照的に、櫻井氏はその異質性を強調し、重商主義段階を自由主義段階から切断する。羊毛工業における商人資本による問屋制による支配よりは、農業資本主義のほうがまだ、資本主義的生産の性質を具えているが、それも資本主義的とは言い難いというかたちで、けっきょく、宇野の増築した重商主義段階そのものを解体する。独立の重商主義段階を否定するというかぎりでは、加藤氏と同じ結果になるが、櫻井氏の立場はより徹底したものとなっている。

櫻井氏が宇野の重商主義段階論に対して抱いた疑問に関しては、私も同様の疑問を覚える。そして、この疑問に正面から答えようとすると「重商主義段階論にとどまらず、宇野の段階論そのものの検討に進まざるをえない」（櫻井〔二〇〇九〕三六〇）というのもまったく同感である。ただ、櫻井氏の疑問は、《純粋資本主義＝機械制大工業》のドグマに発するものであり、けっきょく、重商主義段階を切り捨てるかたちで、疑問を自己解決することになっているのである。

■プレートの交替　私は、このような重商主義段階に対する疑問を、逆の方向で解決すべきだと考える。資本主義の起源には、自由主義段階のイギリス資本主義の成立過程に集約できない広がりがあり、西ヨーロッパ全体を視野にいれ、あらためて捉えかえす必要がある。もともと羊毛工業は、古くはベネチア、フィレンツェあたりから北西にかけて発展し、フランドルやオランダで隆盛をみた、一連の流れを形づくってきた基軸産業であった。それは、はじめから市場めあての商品生産として出発しており、農村に立地したとしても、この性格は変わらない。そこでは、商人資本による問屋制度による小生産者支配に類する、歴史的に多様な資本と生産の癒合が生みだされていった。そうした流れのなかで、イギリスは当初、原料供給地として出発しながら、やがて紡毛、製織という加工系列に進出し、やがて重商主義的な政策を駆使して、オランダを凌駕した。このような一連の流れを「前資本主義段階」だと裁断するのは、資本主義の判別基準を無産労働者の有無に帰着させる純粋資本主義のドグマではないか。資本主義の起源を歴史的に考えるのであれば、一五・一六世紀にはじまる西ヨーロッパにおける商業的発展を無視することはできない。今日の資本主義に連なる歴史的現象に対して、原理論は、定型文集ではなく、複雑な歴史的発展を解釈するための、いわば文法書として活用すべきであると私は考える。

それはともかく、こうした商業的発展は、『資本論』のなかでも、資本主義の起源をめぐる考察に色濃く投影されている。マルクスは「商品流通は資本の出発点である。商品生産、および発達した商品流通――商業――は、資本が成立する歴史的諸条件をなす。世界商業および世界市場は、一六世紀に資本の近代的生活史を開く」(Marx〔1867〕161)という書き出しで「貨幣の資本への転化」の章をはじめ、さらに「いわゆる原始的蓄積」の章も第一節で「資本主義的生産がもっとも早くから発達していたイタリアでは、農奴制諸関係の解体ももっとも早くから起こっている」と述べ、「一五世紀以来の世界市場の革命が北イタリアの商業的覇権をくつがえしたとき、反対の運動が起こった。都市労働者は群れをなして農村に追い込まれ、そこで園芸方式で経営される小規模耕作に未曾有の隆盛をもたらした」(Marx〔1867〕744)と資本主義の初期段階の興亡に論及している。

だが、マルクスはこの「世界市場の革命」が商品生産としての羊毛工業を核に、前述した一連の流れを形づくっていった関係をこれ以上追究することなく、「いわゆる原始的蓄積」の章の第二節以降では、前述したイギリスの農業におけるプロレタリアートの形成と借地農業資本家による大規模経営の発展に焦点が移される。二つの流れを大局的に捉えかえせば、この《「農業革命」(Marx〔1867〕751)――→「産業革命」(Marx〔1867〕392)》、すなわち《農業資本主義―→綿工業》という発展経路は、商業革命に端を発する《世界商業―→羊毛工業》という一連の流れを、同じイギリスの地で突き破るかたちで表出したと考えられる。このような衰退と興隆の葛藤、連続と断絶の交錯の過程は、一つながりの生成・発展・没落の「段階」を逸脱する現象として興味深い。重商主義段階とよばれてきたものは、大陸で生成・発展した古いかたちの資本主義が、イギリスに迫《せ》りだし成熟しながらやがて没落する一連の過程であり、この没落の背後で新たなかたちの資本主義が同時に台頭しつつあったのである。この最後の局面だけを切りとり、「重商主義」というラベルをはり、一つの「段階」とよぶこと自体にそもそも無理がある。それは資本主義の「プレート」の交替とでもよぶのが相応しい、不連続でダイナミックな地殻変動であった。ここには「原問題」に直結する段階論のコアが潜んでいる。ただこのコアは、自由主義段階という厚い堆積層に覆われており、通常は目にすることはできない。その発掘には、自由主義段階の内実を再検討し、純粋資本主義的アプローチによる理念化を批判的に捉えかえすことが必要となる。

第3節 「機械化」の理念化

■熟練と機械　『経済政策論』では、重商主義と自由主義という二つの段階を明確に区切る必要から、「機械化」という契機が強調される。しかし、その内容は、この段階の資本主義像を、歴史的現実に比して、過度に理念化し一面化する結果になった。第二編第一章「成長期の資本主義」の規定に即してみてみよう。

〓h〓機械の出現は、……商人資本による直接の生産者と生産手段との分離の過程を完成すると同時に商人資本の支配を終結せしめるものとして歴史的に画期的なるものであった。したがってそれは、すでに羊毛工業に対する商人資本の支配を通して実現せられてきた農業と工業との分離を、綿工業の機械化として完成したことに意義があるのである。それは単に機械が発明されたとか、何らかの産業部門に採用されたとかというのではない。直接の生産者と生産手段との分離の永い間の過程の内に大衆的に造出されてきた無産労働者を真に無産者化するものとして革命的なのである。手工業を基礎とするマニュファクチァにおいては、その生産方法の発展は労働者の労働力そのものを出発点とするのであって、いかに分業的に部分作業化しても熟練労働から解放されるわけにはゆかなかった。ところが機械的大工業は、労働者の作業そのものを個々の労働者から解放する労働手段の機械化を出発点とするものであって、労働者からいわばその腕前をも奪って真に無産者化してゆくのである。紡績機械が十八世紀のイギリスにおける産業革命の出発点をなすといわれるのも決して偶然ではない。実際また主要産業におけるかかる変化は他の産業部門にも機械化を促進せずにはいない。それは交通運輸にまで一段の発展をもたらしたのである。（宇野［一九七一］七八－九）

重商主義段階は技術的には手工業ベースであり、そのため労働力の商品化は不徹底であったが、自由主義段階にいたると「労働手段の機械化」によって労働者の熟練が解体され、労働力商品化が現実のものとなったというのがここでのポイントであろう。「商人資本による直接の生産者と生産手段との分離の過程を完成する」というのは、原材料や道具といった生産手段だけではなく、小生産者が最後まで所有していた「腕前」（熟練）という「生産手段」が、機械に置き換えられ不用になったという意味であろう。こうして、代替可能な大量の単純労働が広く普及すれば、産業資本の利潤率をめぐる競争によって、生産部門間の編成が流動的に達成できるようになる。新興の綿工業で「産業革命」というかたちをとってはじまった「機械化」をメルクマールに、旧来の羊毛工業との不連続性が強調され、自由主義段階が一つの段階として確定されたのである。

■**全面的な機械化**　ところが、すでにみたように、『資本論』の「いわゆる原始的蓄積」の本筋は、農民と土地の分離による労働力の商品化であり、機械化による労働力の商品化という観点はみられない。〈原始的蓄積 ──→ 資本主義的蓄積〉という『資本論』の展開に対して、重商主義段階と自由主義段階を区切るため、宇野は「商人資本による直接の生産者と生産手段との分離の過程」という媒介項を挿入し、『資本論』の第一二章「分業とマニュファクチュア」から第一三章「機械と大工業」にかけての記述をここに移植したのである。

だがこの移植は、内容を変更せずにできるものではなかった。マルクスの説明は、概略次のようになる。第一二章は、共通の手工業的技術に立脚しながら、独立分散型の小生産者に対して、工場制度の「マニュファクチュア」のほうに優位性があることを明らかにし、資本主義的生産様式に共通する基盤が「協業」にあると結論する。ついで第一三章では、同じく工場制度に立脚しながら、労働者の熟練を組織化する「マニュファクチュア」に対して、機械による熟練の解体を徹底させた、機械制大工業が優位にたつとされる。宇野はこの「マニュファクチュア」はあくまで部分的・補足的な存在にすぎなかったとして、「商人資本による小生産者の問屋制支配」と「機械的大工業」を直接対比する。『資本論』の場合、機械が解体したのは、実は独立小生産者の個人的な「腕前」ではなく、「マニュファクチュア」のもとで、社会的に規格化され等級化された組織的熟練であった。宇野はこの組織的熟練の存在を消極化し、独立小生産者・マニュファクチュア・機械的大工業という三層構造、厳密にいえば（独立小生産者vs.（マニュファクチュアvs.機械的大工業））という階層構造で展開されている、熟練と機械に関するマルクスの議論を「機械化」一般に単純化し、重商主義段階と自由主義段階の切断に用いたのである。しかし、この「機械化」による切断は、段階論にも原理論にも、深い疵痕を残す結果となった。段階論のほうからみていこう。

『経済政策論』の場合、第二編「自由主義」の第一章「成長期の資本主義」は、「機械化」の意義を強調したあと、原理論レベルの景気循環論をほぼそのまま紹介するかたちになっている。機械化によって労働の単純化がどんなに徹底しても、労働力商品はなお「元来資本自身によっては生産せられない特殊の商品」として、量的な供給制限を抱える。自由主義段階の資本主義は、この基本矛盾を、周期的景気循環を通じて間接的に解消することで、「労働力の商品化を確保する特殊の資本家的機構」を確立したというのである（宇野〔一九七一〕八二）。

こうして、自由主義段階のイギリス資本主義は、機械的大工業一色で塗り固められた世界として描きだされる。自由主義段階の均質性は、問屋制度による商人資本にマニュファクチュアが混織された重商主義段階や、巨大株式会社と中小資本が棲み分ける帝国主義段階と好対照をなすという。こうして、第一章「成長期の資本主義」の内容は、事実上、純粋資本主義の想定に基づく宇野の『経済原論』と大差ないものに終わる。

たしかに、続く第二章「産業資本としてのイギリス綿工業」では、綿工業を中心に国際貿易を含めた経済史的分析が提示されてはいる。しかし、それもけっきょく「イギリスにおける十九世紀二十年代から六十年代までは、以上述べてきたような綿工業の資本主義的発展を基軸とした産業資本の確立の時代といってよい。それは鉄工業その他のあらゆる産業にも同じような資本主義的発展を促進する作用をもっていたという意味で支配的な産業をなしていた」（宇野〔一九七一〕一〇七）というように、基本的に同質化、均質性を強調するかたちで総括される。

しかし、すでに原理的考察を通じて明らかにしたように（本書三三二頁）、自由主義段階にかぎってみても、このような「機械化」が一律に進展したとは考えがたい。綿工業についてみても、大量生産される綿布を消費に送り込むアパレル産業が川下に発達し、「近代的マニュファクチュア」（『資本論』第一巻第一三章第八節ｃ）や「近代的家内工業」（同節ｄ）に多くの手工業的労働が吸収されていた。また、綿工業が資本主義的発展の「基軸」であったとしても、「鉄工業その他のあらゆる産業」も、綿工業と同じように、婦人や児童労働で編成可能な自動化された工場に転じたとはいえない。イギリス綿工業の発展は、その生産物の加工系列や機械設備の生産の面においても、原料棉花や労働者の食料生産の面においても、機械的大工業とは別種の経営様式の拡大と連動していたのである。[1]

たしかに第一章の末尾では、「この体制も、すでに述べたように全社会にわたってあらゆる産業にかかる転化を実現することによって確立されるというものではない」（宇野〔一九七一〕八四）ことも示唆されてはいる。だが、これもけっきょく「イギリスは綿工業によって他の諸国を農業国としながら自らは『世界の工場』としての地位を確保し、それによって資本主義の第二の発展段階を世界史的に代表する発展をとげた」（宇野〔一九七一〕八五）という《農業押出論》に解消され、イギリス国内の資本主義的均質性を強調するかたちで総括されるのである。

一般に中心部の発展は、国内・海外を問わず周辺部に強いインパクトを及ぼし、新たな段階に移行する潜在的エネルギーをそこに蓄える傾向をもつ。自由主義段階もこの例外ではない。本来、こうした全体構造として捉えられるべき自由主義段階像が、中心部の均質性に還元されてしまったのは、純粋化傾向とその逆転という《メタ理論》のせいであろう。こうして「産業革命」による重商主義段階と自由主義段階の区分は、局所的でしかない「機械化」を理念化し、原理論との距離を保ちがたい、無理な段階論を生んだように思われる。

■「機械的大工業」の理念化　「機械化」による切断のダメージは、原理論の側において、より深刻だった。一言でいえば、「機械的大工業」の理念化である。「機械的大工業」というラベルは、その内部構造をそれ以上理論的に分析することを封じてしまう。たとえば『経済原論』のレベルで「機械は、一方では作業を労働者の手から奪って労働を単純化し、熟練労働者を不用にすることによって労働者の範囲を広く婦人、少年等にまで拡大する」（宇野〔一九六四〕七二）というとき、これは一九世紀イギリス綿工業に関する実情の《記述》なのか、資本主義のもとでは一般にそうなる必然性があるという理論的《分析》なのか、あるいは簡単化のためにただこう想定するという便宜的な《想定》なのか、こうした点が判然としない。

またこの「機械的大工業」によって、「いわば資本主義が自ら前提とする単純なる労働力商品を自らその特殊なる発展動力によって実質的に完成するものとして、その自立性を明らかにする」(宇野〔一九六四〕八一)というが、資本主義は「機械化」によって残存する「熟練」をただ解体し、自己に適合的な労働力にかえるというだけではない。同時に、生産技術の発展は、それに応じて新たなタイプの熟練を生みだし、資本の側もこれへの適応を迫られる。こうしたなかで、労働組織や労働市場も変容する。《労働力商品を「資本主義が自ら前提とする」単純なる労働力商品」でなくてはならない》という一般論と、《労働力商品は「機械的大工業」における「機械的大工業」がもっとも適合的な労働組織で、それからという命題は別である。問題は、資本主義にとって「機械的大工業」がもっとも適合的な労働組織で、それから乖離すれば不調をきたす、といった強い対応関係を想定すべきかどうか、この自立性論は、資本主義の原理像は単一不変のすがたをとるはずだというドグマによっているのではないか、という点にある。

この問題に答えるためには、原理論レベルで「機械的大工業」という概念を構成する諸契機を明確にする必要がある。ところが、この用語は、それが指す概念の分析を封印するラベルとなっている。「作業を労働者の手から奪って労働を単純化」するということは、原理的には何を意味するのか、これ以上詳しい説明はみられない。その内容を分析するためには、労働過程の一般的・抽象的次元から、熟練という概念について原理的な解明を積みあげてゆく必要がある。内部構造に原理的なメスを入れないかぎり、機械が「自動組織」を「完成」した工場で、なお「機械が労働者を使役する」(宇野〔一九七一〕七九)というグロテスクなイメージを、目撃したことのない一九世紀イギリス綿工業のうちに投影することで終わる。しかし、一方的な「機械化」の帰結なら、「機械的大工業」が大量の単純労働を吸収・反発する（宇野）というより、相対的過剰人口を排出し産業予備軍を累積させる（マルクス）というほうが、はるかに理に適《かな》うように思われる。

■労働組織の変容　こうした意味で、熟練と労働組織は、原理論の主要テーマの一つとされるべきだった。もとより、資本主義のもとでは、修練を積めば「名人芸」に達するような個人的熟練は問題にならない。定量化が困難なこの種の熟練は、そもそも、市場における売買に適さない。しかし、協業を第一原理として多数の労働者の集団力に基礎をおく資本主義的生産様式では、新たに組織的熟練が重要な役割を果たす。そこでは、熟練の内容が第三者によってはっきりわかるよう標準化される必要がある。一定の水準がクリアされることが重要なのであり、それを共通の基準にすることで、分業編成は可能になる。協業のもとでは、人並み外れた個人的なスキルは役に立たない。それは、職種ごとに規格化されたものであればよいのである。等級化された賃金体系をベースに労働組織は構成され、熟練の分解はいわゆるバベッジ原理で効率化を生む。個人的熟練と組織的熟練の区別が重要なのであり、両者を一括して捨象するべきではないのである。

資本が労働力を用いるのは、それが人間にとってはどんなに当たり前の作業であっても、機械には、まだマネのできない何かがあるからである。資本は、これを要素に分解し、徐々に機械の自動的過程に組み入れる。労働は一面で機械化されながら、しかし同時に他面で繰り返し新たなスキルを生みだす。いわば労働はこれから機械化されるものとして、つねに機械の一歩先を進む。こうして原理論レベルでみても、協業を共通のベースとする資本主義的生産様式は、熟練の処理方式として、機械的大工業という型と同時に、その対極をなす型、これをマニュファクチュア型とよぶとすれば、そうした別種の型に分化すると考えられるのである。

宇野は、マルクスが『資本論』の随所で、現実は絶えず攪乱を伴うが、理論的考察においては「商品は価値どおりに売られる」と「想定」すべきだと注記したことに対して、「無政府的な諸『契機』をただ『捨象』してしまったのでは、『形態』規定を『純粋に把握する』ということはできなくなる」(宇野〔一九六四〕八五)と的確に批判した。まことに慧眼だとは思うが、これと同類の陥穽を、宇野の「機械的大工業による労働力商品化の実質的完成」(宇野〔一九六四〕八一)は抱えている。熟練をただ「捨象」してしまったのでは、資本主義的な労働編成に潜む変容の契機を把握する途を遮断することになる。原理論で解明すべきは、「機械化」や「熟練」という概念の内部構造なのである。機械的大工業は、丸ごと原理論に投げ入れるべき概念ではない。それは、外的条件を明示し、理論の第二層をなす段階論で解明するべき課題である。これに対して、原理論の課題は、「機械的大工業」を含む、さまざまな労働組織に変容する分岐構造を抽象化して一般的に示すことにある。「機械的大工業」の理念化は、原理論における労働過程や労働組織の分析を貧血状態に陥れたといってよい。

第4節　ドイツの資本主義化

■固定資本の巨大化　『経済政策論』の第三編「帝国主義」も、第一・二編と同様、第一章「爛熟期の資本主義」において、この段階の特徴を概説している。自由主義段階のメルクマールが「機械化」であったとすると、帝国主義段階のそれは「固定資本の巨大化」である。この章では「固定資本の巨大化」が契機となり、株式会社が一般産業に普及し、それが信用機構のすがたを変え、さらに景気循環の変容を引きおこすといった、一連の関係が説明されてゆく。ここでは、事実上、原理論において、外的条件が変化(固定資本の巨大化)したとき、それが全体の状態をどのように変容させてゆくのかが、理論的に論じられている。その意味でこの第一章は、本章のはじめに述べた二層性をもつ理論の第二層目すなわち、理論としての段階論がどのように展開されるべきかを知るヒントとなり、理論上の《変容》と歴史的《発展》の関連を考えるうえでも興味深い。

とはいえ、方法に対する評価と内容に対する評価は別である。「帝国主義段階」の内容は、前節でみた「機械化」という契機が拡張され、「機械制大工業の輸入」というかたちで、後発資本主義国の台頭を特徴づけるものとなっている。たとえば、ドイツ、フランス、アメリカなど後発諸国の「資本主義化」を一般的に論じた第三編全体の序の部分では、この点が次のように説かれている。

〓i〓これら諸国は、一七、八世紀のイギリスにおける資本主義の発生期をそのまま繰返すわけではなかった。すでに産業革命を経て機械化された衣料品工業を輸入して、いわば産業資本による資本の原始的蓄積を、いいかえれば無産労働者の形成を実現したのである。……資本の原始的蓄積の過程自身が機械的大工業による資本主義化においては、その手段も、その期間も、商人資本の支配によるイギリスの場合と著しく異なったものとなるのである。フランス、アメリカ、ドイツ等がこの期間にそういう資本主義化を実現したものといえるのであるが、特にドイツにおいてそれは顕著なる代表者を見出すのであって、その後の資本主義の発展は、むしろこの国に展開されることになった新しい資本の支配的形態を典型的なものとすることになったのである。（宇野〔一九七一〕一四九‐一五〇）

要するに、ドイツを典型とする後進諸国の資本主義化は、イギリスの場合とは異なり、①「機械化された衣料品工業を輸入」することにより、②商人資本ではなく「産業資本による資本の原始的蓄積」というかたちをとったという。

そして、さらに次のような説明がこれに続く。

〔…〕当時の資本主義化がまず第一に衣料品工業、特に機械的綿工業の輸入に始まることはいうまでもない。しかし単にそれだけではなかった。ドイツの資本主義化は、三十年代の後半から始まる鉄道事業の発展をも伴って行なわれた。また四十年代まではなお例外的にしか見られなかった産業における株式会社形式が、五、六十年代になると急速に普及してきた。後進国としてのドイツにとっては綿工業にしても株式会社形式による輸入を便利としたことはいうまでもないが、鉄道事業とともに発展する鉄、石炭等の重工業をも同時に資本主義的に比較的大規模に経営するものとして、それはむしろ当然のことであった。銀行もまたこういう資本主義の発展に対応して早くから株式会社の設立に関係するいわゆる大陸型の産業銀行的性格をもたざるをえなかったのである。（宇野〔一九七一〕一五〇）

もとよりこれは、〈「機械的綿工業の輸入」→「鉄道事業」→「鉄、石炭等の重工業」〉という発展の序列を述べているのではない。③「株式会社形式」によって、大規模経営の重工業が発展し、その過程はイギリスのように長期の重商主義段階を通じて、まず大量の「無産労働者」が創出され、それを基礎に自由主義段階の「機械的綿工業」が発展したという二段階を経由することなく、④同時並行的に圧縮して進んだ。およそ以上の四点に、ドイツの特徴があるというのである。

■産業資本による原始的蓄積　しかし、ドイツの資本主義化を典型とする帝国主義の段階規定には、次のような概念の形骸化と論理的混乱が含まれている。第一に、資本主義の「起源」と「発展」をめぐる混乱であり、それは「産業資本による資本の原始的蓄積」という奇妙な規定となって露呈している。『資本論』における「いわゆる原始的蓄積」の本義は、すでにみてきたように「無産労働者の形成」であり、この労働力商品の形成によって「貨幣の資本への転化」（第一巻第四章）の歴史的前提を与えることにある。『資本論』の場合、貨幣が「転化」する先は、商人資本ではなく産業資本である。そして産業資本が誕生すれば、労働力商品を基礎に剰余価値が内的に形成され、その一部が蓄積される。すなわち、産業資本のもとで「剰余価値の資本への転化」（第一巻第二二章）による「資本主義的蓄積」がはじまるのである。

「資本主義的蓄積」という概念は「原始的蓄積」と対をなし、両者に重なり合うところはいっさいない。このマルクスの用語法にしたがえば、「産業資本による資本の原始的蓄積」というのはどうみても語義矛盾である。ところが、すでに指摘したように、宇野の場合、重商主義段階でも、「農村民からの土地の収奪」よりも、「商人資本による問屋制家内工業の発展」のほうに重心がおかれていた。これにより、マルクスの「原始的蓄積」という概念に、すでに「商人資本による原始的蓄積」という修正が加えられていたのだが、後発諸国の資本主義化ではこれが「産業資本による資本の原始的蓄積」に変更される。前者ならまだしも、後者は概念的に無理といわざるをえない。このように「原始的蓄積」という用語が、段階論において拡張されてしまうのは、資本主義の「起源」と段階的な「発展」に対して、概念的な区別を明確にすべき原理論のどこかに不備があるためと考えざるをえない。

この問題は、原理論に遡って再検討してみる必要がある。『資本論』の場合、「資本主義的蓄積」がはじまれば、資本構成の不断の高度化を通じて雇用量が縮減する、いわゆる「窮乏化法則」の支配が想定されている。そのため、「資本主義的蓄積」が非資本主義的な生産様式を分解し、そこから追加的な労働力を引きだすといった事態は理論上はありえない。これに対して宇野は、一方で『資本論』の「窮乏化法則」は、一九世紀イギリスの特殊な歴史過程を一般化したもので、原理的に説明できる法則とはいえないと批判し、「資本主義的蓄積」においても追加的労働力が必要となる点を強調しながら、他面で、純粋な資本主義を想定すれば、この追加的労働力の供給制約は、周期的景気循環を通じて内的に解除されると主張した。しかし、これはけっきょくのところ、「純粋資本主義」は労働力商品についても、外部の世界を必要としないという結論（自立性命題）に合わせて、必要な条件を絞りこんだ論理になっている。

だが、原理的に必要なのは、労働市場を支える産業予備軍の存在を正面から理論的に分析し、厳密な概念を与えることだった。資本主義的蓄積が一般に追加的労働力を不可欠とする以上、それは直接雇用されている労働者群だけではなく、失業者群を内包した労働市場を不可欠とする。これは「純粋資本主義のもとで単に失業者はどうやって食べているのか」といった矮小な問題ではない。産業予備軍の存在を、一方で労働市場における在庫（バッファ）であると同時に、他方で雇用労働者の労働力を直接・間接に維持・再形成する非資本主義的生産様式を構成する、両義的存在として、本書の第2章で試みたように、原理論のうちに位置づけられるべきだったのである。

こうして一層目の理論（原理論）を拡充することで、追加労働力に対して外部からの吸収が閉ざされたときにどのような状況が生じるか、原始的蓄積と資本主義的蓄積が並進する場合にはどうなるのか、こうした問題を考察する場が開かれる（段階論）。このような分岐点ないし開口部を明示した労働市場論を再構築しないかぎり、イギリスとドイツの資本主義化の位相差にメスを入れることはむずかしい。前項で「機械化」の理念化が、原理論における労働組織の分析を狭窄していることを指摘したが、労働市場についても同じように、純粋資本主義のヴィジョンが、原理論の展開を限定し、段階論の展開を封じ込めている。これは労働力商品にかかわる領域にかぎられるわけではない。原理論の他の領域もまた、段階論とセットをなすものとして見なおされなくてはならないのである。

第5節　起源と発展

■機械的大工業の「輸入」　『経済政策論』の帝国主義段階には、さらに「輸入」をめぐる問題が潜んでいる。宇野はドイツの資本主義化は「機械化された衣料品工業を輸入」するかたちで進んだというのであるが、いうまでもなく、機械は輸入できても、資本・賃労働関係は輸入できない。これはただ、資本構成が高いため労働力の吸収力が弱かった、といいたかっただけであろう。別に揚げ足をとるつもりはないが、この「輸入」という表現によって、ドイツにおける労働力商品の「創出」の側面が覆いかくされた。このあと、ドイツの資本主義化に関して、宇野は頻りに「輸入」という用語で、イギリスとの種差を強調するのであるが、それでは、ドイツにはドイツなりの資本主義の「起源」があるという問題の核心を逸する。イギリスを対象とした『資本論』の「いわゆる原始的蓄積」の内容と違うから「原始的蓄積」というべきでない、と杓子定規にいうのではない。「原始的蓄積」という用語を、資本主義化という意味で用いるというならそれはそれでよい。ただ、ドイツの資本主義化において、先進国イギリスの外力が重要な影響を及ぼしたとしても、後進国ドイツにはドイツなりの独自の内力があったはずである。二つの作用は概念的に区別すべきだった。「輸入」というかたちでドイツの資本主義化を特徴づけたために、ドイツに固有の「起源」がどこかに輸出されてしまったのである。

すでにみてきたように、資本主義の「段階」という概念には、非資本主義社会から資本主義が誕生するという「起源」の契機と、ある状態から別の状態に移るという「発展」の契機とが微妙に絡みあっている。宇野の場合、この両者が充分に区別されていないことが、重商主義段階と帝国主義段階における段階概念を不完全なものにしているのである。そしてここでは、これに機械的大工業の「輸入」説が結びつくことで、資本主義は世界史上ただ一回イギリスにおいて発生し、それが後発諸国に拡大していったという、資本主義の《単一起源説》に結実している。あるいは逆に、この単一起源説的なヴィジョンが、「起源」と「発展」の区別を困難にしているのである。

もちろん「起源」といえば、語義的には一回限りの出来事となるが、問題はこの考え方が、資本主義が異なる国・地域において、それぞれ独自の契機を抱えながら、発生してきた側面を後景に追いやる点にある。後発諸国の資本主義化が、先発資本主義国の影響を受けるということはたしかだが、それは単なるコピー、「輸入」ではない。この点こそ、マルクス没後のマルクス経済学が、射程に収めんと苦闘してきた「段階論の原問題」であった。

■重商主義段階と帝国主義段階の相似　そこで「起源」と「発展」を明確に区別して、あらためてイギリスの「重商主義段階」をふり返ってみると、そこには実はドイツの資本主義化とよく似た構造が浮かびあがってくる。イギリス羊毛工業も、ある意味では、先発地域であるオランダやフランドル地方から「輸入」された一面をもつ。ドイツ衣料品工業は、イギリス羊毛工業と論理上、同じ位相にたつ。そして、イギリス資本主義が、羊毛工業ではなく、それと競合する綿工業を基軸に確立されたように、ドイツ資本主義も「輸入」された「衣料品工業」ではなく、鉄鋼業のような新たな産業をベースに進んだ。ドイツの資本主義化は、イギリスの重商主義段階から自由主義段階への「発展」と類似した顔をもち、ドイツ帝国主義はイギリス重商主義にオーバーラップしてくる。こう考えると、重商主義段階を資本主義の生成期、帝国主義段階を爛熟期として対照することに、そもそも無理があったように思えてくる。

誤解を避けるために付言しておくと、宇野の「輸入説」自体が、《イギリス重商主義はドイツ帝国主義と等しい位相の概念である》という意味に解釈できるといっているのではない。そのポイントは、すでにみたように(二四一頁④)、ドイツの資本主義化の同時並行性を明らかにする点にあった。イギリスが二つの段階を要した資本主義化をドイツは帝国主義段階一つに圧縮して実現した、という違いが強調されているのであり、いかなる意味でも類似性を示唆するものではない。ただ解釈は別にして、重商主義も帝国主義も、国家の経済過程への介入を求め、対外的には植民地を求める等のかたちで、伝統的な社会関係を利用し、ひろく非商品経済的要因に依存するという共通性をもつことは事実として否めない。

■多重起源説　こうして、重商主義と帝国主義という段階を重ね合わせてみると、資本主義の単一起源説には大きな疑問符がつく。イギリスの重商主義段階も含めて、資本主義化(「起源」)は、異なる時期に、異なる諸国家・諸地域で、異なる産業を基盤に繰り返され、それは同時に、先行する型を打破して、特有の個性をもった新たな状態に「発展」する。後発資本主義は、先発資本主義の影響を受けながらも、独自の「起源」をもって先進化するのであり、その反作用で先発資本主義も新たな状態に転じる。イギリス羊毛工業の場合も、先行する大陸

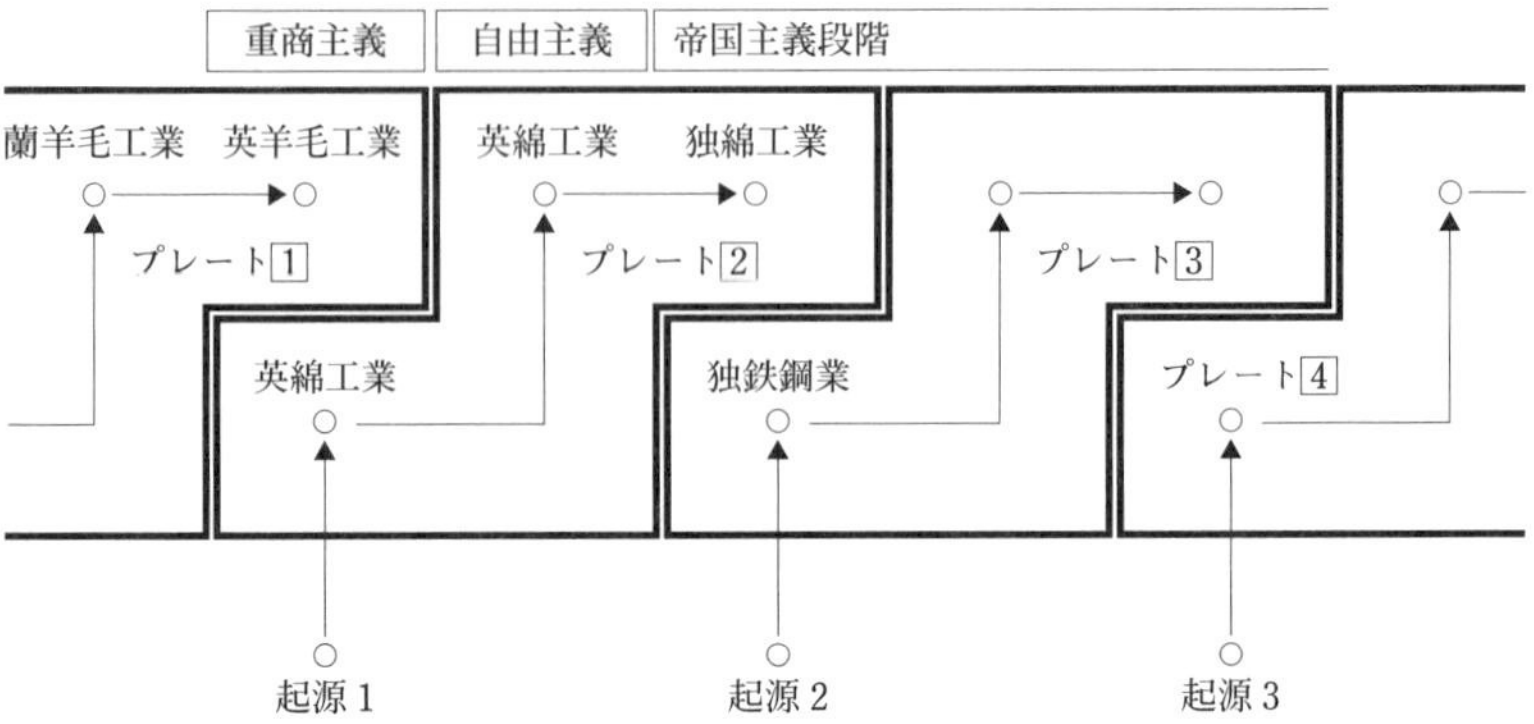

図 7.1　多重起源説

の羊毛工業を導入し、やがてそれを凌駕するところにまで発展した。しかし、それは同時に、国内で台頭してきた新興の綿工業に押しのけられ衰退する運命をたどる。この二重性をもった動態は、イギリスという一国の枠組みで、羊毛工業を基盤とする重商主義段階と、綿工業を基盤とする自由主義段階という二段階に、垂直に区切るだけでは捉えきれない。たしかに、経済政策という面からいえば、イギリスという国民国家がタテの枠組みとなる。だからこそ、重商主義的政策をとるか、自由主義的政策をとるか、二者択一的な国策論争になるのである。しかし、産業構造的には、ヨーロッパ大陸につながる手工業的生産による羊毛工業と、新大陸を原料供給地とし、機械制生産に立脚して世界市場への輸出を目指す綿工業という世界的なヨコの関係が対抗軸となる。このように「起源」と「発展」が折り重なった転換構造は、すでに述べたように（二二三頁）、嵌入する異なる二つのプレートの交替として捉えるほかない。歴史的発展を外部から観察し、生成、発展、没落という段階区分を組み替えるだけではすまないのである。

　このプレートの交替説は、あえて図式化すれば、図7.1のようになる。『経済政策論』における「重商主義」の段階は大陸経由の英国羊毛工業が対象であり、その起源はここでは取り上げられていない前史に属する。このプレート1を突きやぶるかたちで、機械制大工業による英国綿工業は勃興し、「自由主義」の段階において全面化した。そして、このプレート2は一九世紀を通じて、ドイツにも「輸出」されその表層を形成した。しかし、「帝国主義」の典型をなす後発国ドイツの先進化はその延長線上にはない。それは、株式資本形式を利用したドイツ鉄鋼業が、再度この表層を突き破る過程を経て現実化したのである。過度に単純化された概念図に、これ以上説明を加えても誤解を招くだけなので控えるが、ただ、『経済政策論』では対象とされていない第一次世界大戦以降、今日にいたるまでの資本主義的発展について、暫定的な見通しを添えておこう（詳しくは小幡〔二〇一二〕）。

まず「帝国主義」がのったプレート3の本体は、二つの世界大戦を経て冷戦構造のもと、アメリカ合衆国を中心とする資本主義世界として結実した。その意味で、『経済政策論』におけるドイツを典型とみる「帝国主義」の段階規定は、発端部分で切られたかたちになっており、加藤〔二〇〇六〕などですでに指摘されている修正は不可避である。さらに二〇世紀末には、それまで資本主義的発展の道を閉ざされてきた諸国・地域において、新たな資本主義の勃興をみた。「東西問題」という冷戦構造は、同時に第三世界の発展を塞ぐ「南北問題」に立脚していたが、この抑圧関係が徐々に崩れていったのである。グローバリズムと総称されるようになったこのプレート4の隆起は、新たな地殻変動を意味している。本章で、あえて重商主義段階にまで遡って宇野の段階論を再検討したのも、実は眼前のプレートの交替をなんとか射程に収めたかったからにほかならない。

たしかに、現実の資本主義は、絶えず非資本主義的関係に作用し、それを分解する性質を広範に具えている。その意味で、資本主義化は、資本主義の外縁につねに遍在する。ただこのプレートの交替には、このような「万年原蓄論」に還元できない、もう少し構造的な問題がある。それは間歇的な群発性が生みだす資本主義的《発展》のダイナミズムである。ある状態が確立する局面では、周辺の資本主義化は抑圧されるが、先行する状態が限界にいたると、抑圧されていた資本主義化のエネルギーが噴出する。このダイナミズムは、部分的だが恒常的に進む市場原理の浸透一般に解消できない。開口部に外的条件を取りこみ、歴史的時間のなかで不可逆的に進む《発展》は、その点でやはり、原理論で解明される《変容》一般と区別すべき概念なのである。こうして、資本主義は、先発資本主義からの影響をうけながら、異なる国家・地域で、独自の契機を伴って異なる時代に群発する。このようなかたちで段階発展を捉える立場を、単一起源説に対して《多重起源説》とよぶとすれば、これが、本書でたどりついた山頂から遠望できる、資本主義の発展段階論のすがたである。

このような多重起源説は、原理論からみた段階論にすぎず、まだ仮説の域をでるものではない。ただそれは、二〇世紀の後半にマルクス経済学の研究に着手した私が、純粋資本主義的アプローチによる、生成・発展・没落の三段階説の視野に収まらない、ＮＩＥｓやＮＩＣｓとよばれた都市的局所的工業化の群発に興味を覚え、やがてこの流れに巨大な人口を抱える大国がマウントするかたちで顕在化する新たな資本主義の勃興に触発され、このグローバリズムの底流を射程に収めうる新たな原理論を模索するなかで、どうにかたどりついた出口らしきもののすがたである。このさき何が待ち受けているのか、歴史的発展の常ではあるが、それはわからない。過去をふり返れば、つねに《そうならざるをえなかった》という歴史的必然性を見いだすことはできる。しかし、未来に先回りし、現在に向かって同じような判断を下すことはできない。その意味で一歩先はいつも《謎》であり、歴史は予想を塗り替えてゆく。ただ、こうした裏切りの歴史に対して、理論は《少なくともこういうことは起こりえない》という否定形で未来を論じる特権をもつ。資本主義の歴史は、マルクスの唯物史観とも宇野弘蔵の発展段階論とも異なる道を歩んでいる。眼下に横たわるこの資本主義の大河がどこに流れてゆくのか、確たることはわからないが、どんな大河もやがては海に流れ込む。次回は、そのゆくえを見定める、そんな河下りの原理論にチャレンジしてみたい。

註

（1）柳澤〔二〇〇六〕は、第一章「最終消費財生産の資本主義化」で、資本主義の本来的な二重構造を問題にしている。ここでは、「産業革命」といえる画期があったか否かをめぐる最近の論争をふまえ、「革命」ととる断絶説に対して、その影響は決定的とはいえず、むしろ漸進的に資本主義化したとみる連続説に近い立場から、最終消費財の生産には長い間、手工業Handwerkが不可欠であり「中世的手工業の解体の画期は通常考えられている産業革命期ではなく、独占形成が問題となる一九・二〇世紀交の時期であった」という（柳澤〔二〇〇六〕一六）。たしかに、手工業の残存は『資本論』でも「近代的マニュファクチュア」としてふれられていることであり、原理的に考えても、資本主義は単一の労働編成、経営様式を不可避とするわけではない。こうした観点から、宇野がこの手工業的な中小資本の残存を、ドイツに特異な「不純な要素」と捉え、これを逆転と規定したことを批判し、その「『解体過程』はマッソンのいう『消費財革命』」（柳澤〔二〇〇六〕一三）で終わるという。しかし、この熟練の解体はいわば人間労働について回るものであり、どこかで終焉を迎えるものではない。それは、熟練解体の何ラウンド目かの終了にすぎない。現代のグローバリズムのもとでも、医療や教育など、今まで資本の浸透を拒んできた新たな領域で、情報通信技術の発展をベースに新たな「解体過程」が進行しているのである。この解体は、資本主義の常態として、原理的に内蔵されているのである。

参考文献

石垣博美〔一九六四〕「労働力の価値規定」『資本論講座（二）』青木書店 所収。

伊藤誠〔一九七三〕『信用と恐慌』東京大学出版会。

伊藤誠・櫻井毅・山口重克編訳〔一九七八〕『論争・転形問題――価値と生産価格』東京大学出版会。

伊藤誠〔一九八一〕『価値と資本の理論』岩波書店。

伊藤誠〔一九八九〕『資本主義経済の理論』岩波書店。

宇野弘蔵〔一九五〇－五二〕『経済原論』岩波書店（合本改版一九七七年）。

宇野弘蔵〔一九五三〕『恐慌論』岩波書店。

宇野弘蔵〔一九六二〕『経済学方法論』東京大学出版会。

宇野弘蔵〔一九六四〕『経済原論』岩波書店。

宇野弘蔵〔一九六九〕『マルクス経済学の諸問題』岩波書店。

宇野弘蔵〔一九七一〕『経済政策論 改訂版』弘文堂。

大内力〔一九八一－八二〕『経済原論（上・下）』東京大学出版会。

置塩信雄〔一九七六〕『恐慌論』筑摩書房。

置塩信雄〔一九七七〕『マルクス経済学――価値と価格の理論』筑摩書房。

置塩信雄・伊藤誠〔一九八七〕『経済理論と現代資本主義』岩波書店。

小幡道昭〔一九八八〕『価値論の展開』東京大学出版会。

小幡道昭〔一九九七〕「協業と分業」『經濟學論集』（東京大学）第六三巻第二号（一九九七年七月）。

小幡道昭〔二〇〇一〕「資本主義的生産様式の理論」『經濟學論集』（東京大学）第六七巻第一号（二〇〇一年四月）。

小幡道昭〔二〇〇九〕『経済原論――基礎と演習』東京大学出版会。

小幡道昭〔二〇一二〕『マルクス経済学方法論批判』御茶の水書房。

小幡道昭〔二〇一三〕『価値論批判』弘文堂。

加藤榮一〔二〇〇六〕『現代資本主義と福祉国家』ミネルヴァ書房。

岸本英太郎編〔一九五七〕『資本主義と失業』日本評論社。

栗田康之〔一九九二〕『競争と景気循環』学文社。

小西尚志〔一九九〇〕『資本と賃労働』世界書院。

櫻井毅〔二〇〇九〕『資本主義の農業的起源と経済学』社会評論社。

佐藤金三郎〔一九六〇〕「産業予備軍理論の形成」横山正彦編『マルクス経済学論集』河出書房新社 所収（一九五九年初出）。

鈴木鴻一郎編〔一九六〇－六二〕『経済学原理論（上・下）』東京大学出版会。

高須賀義博〔一九七九〕『マルクス経済学研究』新評論。

侘美光彦〔一九七八〕「「生産論」の構造――資本蓄積論との関連を中心に」日高普・大谷瑞郎・斎藤仁・戸原四郎編著『マルクス経済学・理論と実証』東京大学出版会 所収。

戸原四郎〔一九七二〕『恐慌論』筑摩書房。

中村泰治〔二〇〇五〕『恐慌と不況』御茶の水書房。

馬場宏二〔一九七八〕「不況論の問題点」日高普・大谷瑞郎・斎藤仁・戸原四郎編著『マルクス経済学・理論と実証』東京大学出版会 所収。

日高普〔一九八三〕『経済原論』有斐閣。

日高普〔一九八七〕『資本蓄積と景気循環』法政大学出版局。

平野厚生〔一九八一〕『マルクス資本蓄積論の研究』青木書店。

星野富一〔二〇〇七〕『景気循環の原理的研究』富山大学出版会。

村上和光〔二〇〇二〕『景気循環論の構成』御茶の水書房。

森田成也〔二〇〇九〕『価値と剰余価値の理論——続・マルクス剰余価値論の再構成』作品社。

柳澤治〔二〇〇六〕『資本主義史の連続と断絶——西欧的発展とドイツ』日本経済評論社。

山口重克〔一九八五〕『経済原論講義』東京大学出版会。

吉田義三〔一九五七〕「「資本制蓄積の一般的法則」における産業予備軍の問題」岸本英太郎編『資本主義と失業』日本評論社所収（一九四九年初出）。

和田豊〔二〇〇三〕『価値の理論』桜井書店。

Böhm-Bawerk, Eugen von〔1896〕*Zum Abschluß des Marxschen Systems*, in Etappen bügerlicher Marx-Kritik, Band I, *Die Marx-Kritik der Österreichischen Schule der Nationalökonomie*, S.47-132. 木本幸造訳『マルクス体系の終結』未来社、一九六九年。

Bowles, Samuel and Herbert Gintis〔1977〕"The Marxian theory of value and heterogeneous labour: a critique and reformulation," *Cambridge Journal of Economics*, 1-2, June.

Braverman, Harry〔1974〕*Labor and Monopoly Capital: The Degradation of Work in the Twenties Century*. 富沢賢治訳『労働と独占資本——20世紀における労働の衰退』岩波書店、一九七八年。

Dobb, Maurice〔1950〕*Political Economy and Capitalism*. 岡稔訳『政治経済学と資本主義』岩波書店、一九五二年。

Dobb, Maurice〔1973〕*Theories of Value and Distribution since Adam Smith: Ideology and Economic Theory*. 岸本重陳訳『価値と分配の理論』新評論、一九七六年。

Hilferding, Rudolf〔1904〕*Böhm-Bawerks Marx-Kritik*, in Etappen bügerlicher Marx-Kritik, Band I, *Die Marx-Kritik der Österreichischen Schule der Nationalökonomie*, 1974, S.133-184. P・M・スウィージー編、玉野井芳郎・石垣

博美訳『論争・マルクス経済学』法政大学出版局、一九六九年 所収。

Kautsky, Karl〔1899〕*Bernstein und das sozialdemokratishe Programm.*

McNally, David〔1988〕*Political Economy and the Rise of Capitalism: a Reinterpretation*, Berkeley: University of California Press.

Marx, Karl〔1847〕*Misère de la philosophie*, deutschen Ausgabe 1885 in *Marx-Engels Werke*, Band 4, 1959.

Marx, Karl〔1867〕*Das Kapital* Band I, nach der vierten Auflage 1890, in *Marx-Engels Werke*, Band 23, 1962.

Marx, Karl〔1885〕*Das Kapital* Band II, in *Marx-Engels Werke*, Band 24, 1963.

Marx, Karl〔1893〕*Das Kapital* Band III, in *Marx-Engels Werke*, Band 25, 1964.

Meek, Ronald L.〔1967〕*Economics and Ideology and Other Essays*, 時永淑訳『経済学とイデオロギー』法政大学出版局、一九六九年。

Smith, Adam〔1776〕*An Inquiry into the Nature and Causes of the Wealth of Nations.*

Steedman, Ian〔1977〕*Marx after Sraffa.*

Sweezy, Paul Marlor〔1942〕*The Theory of Capitalist Development: Principles of Marxian Political Economy.* 都留重人訳『資本主義発展の理論』新評論、一九六七年。

Wood, Ellen Meiksins〔1999〕*The Origin of Capitalism*, Monthly Review Press. 平子友長・中村好孝訳『資本主義の起源』こぶし書房、二〇〇一年。

おわりに

もうかれこれ三十年あまりになろうか、私は同じ大学に間口五尺の小さな店を借り、経済原論という看板を掲げて、一人細々と教師家業を続けてきた。その前に、自分が客として通った十余年を加えれば、半世紀になんなんとする。長いといえばたしかに長い。だが月日は加速しながら、あっという間に過ぎ去っていった。主な客筋は大学院生で、二十過ぎから顔を見せるようになり、三十前後で一廉の食通を気取り何処かに去ってゆく。思い返せば、いろんな人がいたし、いろんな人がいなくなった。その間、店主は一人齢《よわい》を重ね、客との年の差は嵩むばかり、今では孫に近い世代の常連を相手に、この本の話をすると「オヤジさん、盛りつけがちょっとレトロにすぎない」とか、「付け合わせと主菜、逆にしたほうがいいよ」などと、利いた風なことを言う。二〇〇八年の金融危機の印象が鮮明な若い人の口にはどうも合わぬようだ。景気循環論というなら恐慌を中心に盛りつけるべきで、経済の金融化や金融不安定性が味の決め手だ、というのだろう。労働市場をベースに、好況と不況を対極のフェーズと捉え、相転換の多態性を説くなどといえば、時代遅れに映るのも無理ない。

そういわれて、ふとふり返れば、私もかつて、同じような違和感を覚えた記憶が蘇る。一九七三年秋のオイルショックの翌年、大学院に入ったころのことだった。高度成長期の日本経済にどこか重なるようで馴染みやすかった周期的景気循環論ではイメージしがたい何かが動く気配がした。そんななか、純粋な資本主義は労働力の商品化という困難を景気循環を通じて内的に解決できるとする原理像に違和感を感じ少しためらいつつも、宇野弘蔵の三段階論に即し、原理論の研究に手を染めていった自分を懐かしく想いだす。

そうした私の眼前で、資本主義の歴史的発展は、たえず予想を裏切って進んだ。エネルギー資源を外部に依存し、もっとも深刻なダメージを受けると考えられた日本は、七九年の第二次オイルショックを乗りきるや、均質化した中間層をベースに、協調的労資関係を形成し、賃金上昇を生産性の改善にリンクさせる体制を構築することで、西ドイツとともに、新たな発展の旗手と目されるようになる。これに対して、英米では階級対立が激化し、貿易・財政の「双子の赤字」に苦しむ混迷の時代が続いた。サッチャーリズムもレーガノミックスも、当初は理念ばかりでほとんど実効性をもたなかった。福祉国家の拡充を通じて脱資本主義化が進むのだ、会社主義は社会主義だ、クリーピング・ソーシャリズムが現実化した、といった希望的観測を、このころよく耳にした気がする。

とはいえ、それも束の間の話、八九年のバブル崩壊以降、今度は日本が長い不況に苦しむようになり、逆に賃金率が上がりにくい体制を構築した英米が新自由主義を謳歌する時代がはじまる。日本でもこれに倣い競争的な労働市場の導入が画策されるが、輸入品価格が下落し消費者物価が低迷するなかで、実質賃金率を引き下げるのは困難で、資本は低賃金を求め本格的な海外進出をはかるようになった。そして、今回のリーマンショックを迎えることになる。好調を続けた合衆国も、サブプライムローンの外皮が破れれば、隠れていた失業と低賃金が露出する。一パーセント対九十九パーセントという貧富の対比は『資本論』の集中・集積論を彷彿させ、封印されてきた窮乏化法則が再び二一世紀の資本主義を支配するかにみえる。しかし、こうした現象も、二〇世紀後半の資本主義を根底で支えてきた米ソの冷戦構造が壊れ、第三世界の一部で漸進してきた工業化の流れに、億単位の人口を抱える大国がマウントし、新たな資本主義が台頭する大きな地殻変動の一面であり、グローバルに捉えれば、一方的な集中・集積でも窮乏化でもない複雑な相貌をのぞかせる。

こうした資本主義的発展を横目にみながら、景気循環の原理論を再構築しようとすると、次の二点が避けて通れないように思われてきた。抽象化と歴史的視野の拡大である。両者は別のことではない。歴史的発展の一局面に現れた特定のかたちから解き放ち、超長期の観点から景気循環の歴史的展開を捉える方向に理論を拡張しようとすれば、単純な一枚岩の理論ではなく、前提条件を異にする諸理論を積み上げ抽象度を高めてゆくほかない。これが、若い人から「オヤジさん、時代遅れだよ」といわれた、労働市場ベースの三層構造が私に不可欠だったワケである。ただこれは所詮、後ろ向きの言い訳に過ぎず、このワケからは何も生まれない。いま大事なのは若い人が感じる違和感のほうだろう。それがタネになり、もし新しい理論が生まれるなら、それこそ望外の喜び、できれば私もそのご相伴《しょうばん》に与ろうと密かに狙っている。

このように変わりゆく現実にたえず引っ張られながらも、私がこの歳になるまでずっと抽象的な理論の世界を徘徊していられることを不思議がる人もいる。ただこっちのワケは単純で、経済原論という看板を掲げたこの小さな店のお陰というほかない。毎週できかけのアイデアを味見してもらい、客の反応を覗き見ながら、ときに一品料理に仕上げて玩味してもらうのを楽しみに生きてきただけのことだ。この大学院がなければ、私もとっくに原理論から遠ざかっていたことだろう。本書は、こんなふうにいままで単品で味わってもらってきた料理を一皿に盛ったかたちになっている。ただ、すでに賞味期限も切れているので、今回、すべて作りなおした。その結果、ほとんど原型を止めぬものに化してしまったことを断っておく。

■初出一覧

第一章―「労働市場の変成と労働力の価値」『経済学論集』(東京大学)五六‐三、一九九〇年一〇月、第一節

第二章―同 第二・三節

第三章―「資本蓄積と労働力の価値」『経済学論集』(東京大学)五七‐四、一九九二年一月

第四章―「生産価格の規制力」山口重克編『市場システムの理論』(御茶の水書房)一九九二年三月

第五章―「利子率水準と利子率変動」小幡道昭・青才高志・清水敦編著『マルクス理論研究』(御茶の水書房)二〇〇七年三月

第六章―「相としての景気循環」伊藤誠編『資本主義の機構と変動』(御茶の水書房)二〇〇一年六月

第七章―書き下ろし

こうしてみると、本書は、ずいぶん長い年月、変わらず一つ所で商売をさせてもらった賜《たまもの》というほかない。しかし、安い店賃で使わせてもらってきたこの店の契約もあとわずかで期限切れ、さて、どこかに移ろうかと思っても「博士号をもってないと、役所の検査のとき、引っかかるんで……」などと渋い顔をされそうなご時世、「嫌いなものは、権威、権力、賞に式」などと嘯く人間には、大講堂の修復もなり、学位記伝達式などと大層な

名前で卒業式が盛大に執り行われる近頃の大学はもう住みやすいところとはいえない。とはいえ「原理論の研究は一人ではできない。抽象的に考えることを厭わぬお客さんがいないとはじまらないし……」などと低回していると、それならいっそ、「何も大学ばかりが学問研究の場じゃないはず、塀の中の学問の自由よりも塀を壊す自由な学問こそ大事なんだ」などと友人と勇ましく語りあっていた「あの頃」にもどって、これからはそうした人が住んでいそうな裏町に、こちらから屋台を引いて出向くのも一興かと思えてくる。一服しながらあれこれ、取り止めもなく懐かしんでいると、アナーキーでラディカルな自分には、常設の見世より自由な流しのほうが、もともと性に合っていたような気さえしてくるのである。

例によってこんな勝手気儘で大雑把なことばかり夢想している私に、東京大学出版会の大矢宗樹さんは、『経済原論――基礎と演習』のときと同様、今回も沈着冷静に校正に励むよう勧め、装幀や組版に懇切丁寧なアドバイスを与えてくれた。末尾になったが、本書の刊行にあたり東京大学大学院経済学研究科より二〇一三年度研究成果刊行助成金の支給を受けたことを記し、併せて謝す。

二〇一四年九月

小幡道昭

索　引

さ　行

た　行

な　行

は　行

ま　行

や　行

ら・わ　行

著者略歴
1950 年　東京生まれ
1974 年　東京大学経済学部卒業
1981 年　東京大学大学院経済学研究科博士課程退学
1982 年　東京大学経済学部助手
1984 年　東京大学経済学部助教授
現　在　東京大学大学院経済学研究科教授

主要著書
『価値論の展開』東京大学出版会，1988 年
『市場経済の学史的検討』（共編著），社会評論社，1993 年
『貨幣・信用論の新展開』（編著），社会評論社，1999 年
『マルクス理論研究』（共編著），御茶の水書房，2007 年
『経済原論——基礎と演習』東京大学出版会，2009 年
『マルクス経済学方法論批判——変容論的アプローチ』御茶ノ水書房，2012 年
『価値論批判』弘文堂，2013 年

労働市場と景気循環
恐慌論批判

2014 年 10 月 20 日　初　版

［検印廃止］

著　者　小幡《おばた》 道昭《みちあき》

発行所　一般財団法人　東京大学出版会

代表者　渡辺　浩

153-0041 東京都目黒区駒場 4-5-29
http://www.utp.or.jp/
電話 03-6407-1069　Fax 03-6407-1991
振替 00160-6-59964

印刷所　大日本法令印刷株式会社
製本所　誠製本株式会社

ISBN 978-4-13-046113-9　Printed in Japan